湖南省教育科学"十二五"规划 2015 年度课题
音乐教师教育中的应用研究》阶段成果，课题编号：
　　本书由湖南第一师范学院音乐与舞蹈学"双一流　　　　建设经费资
助展开研究

# 小学音乐教学技能

## 研究与实践探索

胥娟　印亭蓉　著

九州出版社
JIUZHOUPRESS

**图书在版编目（CIP）数据**

小学音乐教学技能研究与实践探索 / 胥娟，印亭蓉
著．-- 北京：九州出版社，2019.10
ISBN 978-7-5108-8338-5

Ⅰ．①小⋯ Ⅱ．①胥⋯ ②印⋯ Ⅲ．①音乐课－教学
研究－小学 Ⅳ．① G623.712

中国版本图书馆 CIP 数据核字（2019）第 206110 号

**小学音乐教学技能研究与实践探索**

| | | |
|---|---|---|
| 作　　者 | 胥　娟　印亭蓉　著 | |
| 出版发行 | 九州出版社 | |
| 地　　址 | 北京市西城区阜外大街甲 35 号（100037） | |
| 发行电话 | (010)68992190/3/5/6 | |
| 网　　址 | www.jiuzhoupress.com | |
| 电子信箱 | jiuzhou@jiuzhoupress.com | |
| 印　　刷 | 定州启航印刷有限公司 | |
| 开　　本 | 710 毫米 ×1000 毫米　　16 开 | |
| 印　　张 | 15.25 | |
| 字　　数 | 249 千字 | |
| 版　　次 | 2019 年 10 月第 1 版 | |
| 印　　次 | 2019 年 10 月第 1 次印刷 | |
| 书　　号 | ISBN 978-7-5108-8338-5 | |
| 定　　价 | 68.00 元 | |

# 前　言

在小学音乐教学活动中，教师作为教学的组织者和引导者，是沟通学生与音乐的桥梁。让每个学生得到良好的音乐教育，并在音乐的作用下健康成长，是每个音乐教育工作者神圣的使命。经历多年的课改实验，小学音乐课程教学已经发生巨大转变。其一，以学生为本，关心每一位学生的成长、进步。关注学生的兴趣爱好和生活经验，尊重学生音乐学习的感受与见解，细心保护其学习的主动性、积极性，培育学生的创新思维。以学生为主体，教师为主导，建立平等交流的师生关系。其二，在音乐教学活动中，促进学生学习方式的转变，使学生学会学习，学会独立思考。倡导同学间的合作学习，使学生善于与他人交流、沟通、分享。倡导探究式学习，培养学生收集信息、处理信息的能力。其三，将以往相对单一的"知识技能"课程目标转化为"三维融合"的课程目标，即"情感态度与价值观""过程与方法"和"知识与技能"的有机结合，促进学生成长。其四，健全和完善评价机制，不仅重视单一评价的甄别作用，还发挥多重评价的诊断、激励与改善功能；转变评价的方法，采用形成性评价与终结性评价相结合，定性述评与定量测评相结合，自评、互评、他评相结合，以及"音乐成长记录册""班级音乐会"等多种形式进行评价，有利于增强学生的学习信心和动力。

在小学音乐教育中，培养学生的创新精神是当前教育改革及发展的方向，也是新的教育形势下对教师的更高要求。本书充分吸纳课程改革以来课堂教学的新成果、新经验，注重结合一线教学中的实际问题，从新知识、新技能、新视野、新观念等方面指导小学音乐的有效教学，不断开创教育教学的崭新局面，使小学课堂教学呈现新的气象。

本书在介绍小学音乐教学基本知识的基础上，具体阐述了小学音乐教学的基本原则、小学音乐教学的设计与计划、小学音乐教学的策略，并对小学音乐教学的技能研究、小学音乐教学的实践性分析进行了叙述。然后，概要分析了小学音乐有效教学的实践研究、现代教育技术在小学音乐教育中的应用、小学音乐教学的评价与反思，使读者可以清晰地了解和掌握小学音乐教学技能与教学实践研究的相关内容。

本书在撰写过程中参考和借鉴了部分专家、学者的研究成果和观点，在此表示最诚挚的感谢。另外，由于时间和精力有限，书中难免存在不妥和疏漏之处，敬请各位专家同行批评指教，不胜感激。

# 目 录

# 第一章　小学音乐教学概述

小学音乐教育是基础音乐教育的重要阶段，对帮助小学生树立正确的音乐审美观、丰富情感、获得音乐能力具有重要作用。但是，它的基本性质如何？相对于其他学科教学而言，它具有哪些基本特征和功能？它的课程目标是什么？本章我们将就这些问题进行探讨。

## 第一节　小学音乐教学的性质

### 一、审美性

2011 年版《义务教育音乐课程标准》（以下简称新《标准》）指出："'以美育人'的教育思想与我国的教育、文化传统一脉相承，是培养德智体美全面发展的社会主义建设者和接班人的教育方针的有机组成部分。通过音乐教育培养和提高学生感受美、表现美、鉴赏美、创造美的能力，陶冶情操，发展个性，启迪智慧，丰富和发展形象思维，激发创新意识和创造能力，全面提升学生的素质。"由此可见，音乐教育属于审美教育的范畴，审美性是它最具学科特色的性质之一。在音乐审美教育中，重点是培养学生的爱美心理。

也许会有人说，爱美之心人皆有之，不需要去培养，但事实上并非如此，因为存在一个美的标准问题。如果一个人分不清美、丑，甚至把丑的东西当作美的事物来对待，那他所爱的就不是美。爱美心理的培养不仅关系到审美观的问题，还关系到道德观、人生观和价值观等问题。在对学生进行爱美心理教育的过程中，主要解决两个问题：第一，对美的认识和鉴赏；第二，对美的追求和创造。

首先，我们来谈谈对美的认识和鉴赏问题。什么是美？美就是人类社会实践活动、自由创造的形象体现。所谓自由创造的"自由"，不是随便、任意的意思，而是在认识到客观必然性、规律性的基础上，能动地去改造世界，以实现人类的目的和要求。这种自由包含了创造，是人在创造中对自身的一种解放。

美的形态主要分为四种，即社会美、自然美、艺术美和形式美。

社会美主要包括人的美、劳动产品的美、劳动环境的美和生活环境的美等。通常我们所说的仪表美、语言美、行为美、心灵美，就是指人的美（这里面包含了道德观、人生观、价值观等因素）。

自然美包括两种情况：一种是经过劳动改造的自然景物，如美丽的田野；另一种是未经改造的自然景物，如蓝天、大海、森林等。

艺术美是美的集中表现，它是对人类生活、社会实践和自然中的美的能动反映，因而它是美的高级形态。艺术美来源于生活、实践，但并不等于生活、实践，它在再现社会现实的同时，注入了艺术家对现实的感情、态度、评价，表达出一种观念和思想，是客观与主观、再现与表现、改造与创造的有机统一。艺术美是艺术家在生活的基础上，创造性劳动的结果，它能在精神上、思想上给人以巨大的影响，成为鼓舞人们改造世界、追求新生活的强大精神动力。

形式美是指自然、生活、艺术中各种形式因素（如色彩、线条、形体、声音等）及其有规律的组合所具有的美。换言之，形式美是人们在接触某一事物时，抛开事物的内容直接在事物的形式上所感受到的美感。例如，人的身材、形象给人的美感；各种色彩给人的美感（红色使人感到热烈兴奋，黄色象征着华贵，绿色使人感到安静，白色象征着纯洁）。形式美与艺术美是密切相关的，因为艺术美离不开完美的艺术形式，而创造完美的艺术形式必须运用形式美的有关法则。

以上美的四种形态在音乐教育中都会涉及，但重点是艺术美。作为音乐来讲，它的艺术美主要体现为：优美动人的旋律、生动的音乐形象、丰富多彩的音色组合、深远的意境和神韵。

那么，在音乐教学中怎样指导学生去鉴赏美呢？

第一，要让学生掌握音乐审美的基本知识和方法。例如，了解音乐语言的内部结构和音乐语言的特殊性，掌握音乐语言的基本规律等。

第二，帮助学生建立正确的音乐审美观，即引导学生认识什么样的音乐才能称之为"美"。这个问题很难用几句话来说清楚，但针对小学生来讲，美的音乐应当具有如下特征中的第一条，再加上其他任意一条：①旋律优美动人，意境深远感人，而不是声嘶力竭的叫喊，令人作呕的发泄；②能使人精神振奋，有益于学生的学习和身心健康，而不是使人精神颓废，感觉麻木；③符合各个年龄阶段学生的心理特征，反映当代学生的理想、愿望和思想品德；④体现广大人民的利益，能表达广大人民的心声，抒发人民对祖国、对党的热爱之情。

我们再来谈谈对美的追求和创造。前面介绍了美的四种形态，从这里不难看出，教育学生追求美和创造美，不仅是一个艺术美和形式美的问题，而且还关系到社会美和自然美。换句话说，在协同教育中，不仅要教学生怎样去欣赏音乐、表现音乐和创造音乐本身的艺术美和形式美，而且还要教学生理解和引申音乐作品中深层次的思想内涵，领悟和拓展音乐作品中用语言无法表达的精神境界和神韵，使学生对美的追求和创造从音乐延伸至文学、美术、环境、仪表、外貌、行为和心灵等各个方面，从而达到陶冶情操、净化心灵的目的。

音乐教育的审美性决定了音乐教育在实施的过程中，必须以审美为核心。从教学内容的确定，到教学形式、教学方法的选择；从教师的语言表达，到作品的范唱、范奏；从师生的衣着仪表，到教学环境的布置，都应当体现审美的特点，使学生在美的熏陶和愉悦之中，感受人生的真谛，成为道德美好、情操高尚、心灵纯洁的人。

## 二、人文性

新《标准》首次明确提出音乐课程的性质具有"人文性"，指出："音乐是文化的重要组成部分，是人类宝贵的精神文化遗产和智慧结晶。无论从文化中的音乐，还是从音乐中的文化视角出发，音乐课程中的艺术作品和音乐活动，皆注入了不同文化身份的创作者、表演者、传播者和参与者的思想情感和文化主张，是不同国家、不同民族、不同时代文化发展脉络以及民族性格、民族情感和民族精神的展现，具有鲜明而深刻的人文性。"并将2001年《全日制义务教育音乐课程标准（实验稿）》（以下简称2001年《标准》）中"弘扬民族音乐""理解多元文化"两条基本理念合二为一，更改为"弘扬民族音乐、理解音乐文化多样性"。这不仅更加凸显了音乐教育中人文性的特点和重要性，而且表明了应该在尊重各个国家、各个民族的文化和审美哲学的基础上，学习和评价不同的民族音乐。因此，不管是民族音乐教育还是多元音乐教育，都应该凸显其音乐的人文性。

在音乐课教学中，无论是音乐欣赏还是音乐表现，都应该在感受、理解、分析音乐语言的基础上，引导学生从历史的、文化的、精神的层面去理解、学习。

## 三、多元性

音乐教育的多元性主要表现在如下三个方面：

### （一）音乐教育中包含了丰富的横向学科知识

音乐，作为一种社会文化现象，它与人类文明历史的发展有着千丝万缕的联系。无论是社会科学、人文科学，还是自然科学，我们都可以在音乐中感受到它们的存在。具体来说，音乐教育与政治、语文、历史、地理、宗教、伦理，甚至数学、物理、化学等课程之间，都存在着内在的必然联系，这是音乐教育多元性的客观因素之一。

音乐教育的这一特点决定了它不仅具有审美的功能，而且具有辅德、益智、健体等作用。这是我们研究音乐教育在素质教育中的地位与作用，以及如何发挥音乐教育在素质教育中的作用的重要基础。

### （二）音乐教育自身是一个多元性的系统结构

音乐教育自身多元性的系统结构主要体现在两个方面：一是知识传授的多元性。小学音乐教材的内容有：歌唱、器乐、音乐欣赏、识谱、表现与创作等，这些科目都有各自不同的理论知识；二是能力培养的多元性。在音乐教育中，既有音乐能力的培养，也有一般能力的培养。音乐能力的培养，如演唱能力、演奏能力、识谱能力、音乐感受能力、音乐欣赏能力、音乐表现能力、音乐创作能力等。一般能力的培养，如注意力、观察力、记忆力、想象力、思维能力、创造力等。

### （三）音乐教育中体现了真、善、美的和谐统一

美是人类自由创造的形象体现，而自由创造又是合目的性、合规律性的统一体。合乎规律性是真，合乎目的性是善。法国启蒙思想家狄德罗说："真、善、美是些十分相近的品质，在前面两种品质之上加上一些难得而出色的情状，真就显得美，善也显得美。"应该说，美的内涵之中必然包含真、善。音乐教育是审美教育，因而它体现了真、善、美的和谐统一。例

如，人民音乐家冼星海创作的《黄河大合唱》，以中华民族的发源地——黄河为背景，通过《黄河船夫曲》《黄河颂》《黄河之水天上来》《黄水谣》《河边对口曲》《黄河怨》《保卫黄河》《怒吼吧，黄河》八个乐章，用叙述和浓缩的艺术手法，真实而生动地再现了日本帝国主义侵略中国并给中国人民带来深重的灾难这一段历史，反映了当时的中国人民不甘为奴隶，誓死保卫国家的坚定决心。作品的内部结构具有很强的逻辑性和因果关系，符合人们的思维方式和事物发展的规律，这是真；作品对于当时的抗战具有强烈的号召性和鼓舞作用，实现了作者想要达到的目的，这是善；作者用高超的艺术手法，通过优美抒情、令人震撼的旋律，把真善融入其中，这就是美。

以上三个方面可以说明，音乐教育具有知识面广、综合性强等特点，是其他任何学科都不能替代的特殊学科。

## 四、工具性

人类音乐文化有着几千年的光辉历史，许多古老的音乐珍品之所以能够流传至今，其中最大的功劳属于音乐教育。从远古的口传心授，到利用乐谱教学，再到现代化的电化教学，音乐教育以各种手段来传授、传承音乐文化信息。从这种意义上讲，音乐教育具有工具性。也就是说，音乐教育是传递音乐文化信息的工具。

音乐教育的工具性还体现在它可以成为为一定阶级利益服务的工具。西周的姬旦、春秋时期的孔子都非常重视音乐教育，他们认为音乐教育可以培养统治阶级的接班人，可以成为统治人民的工具。在抗日战争时期，音乐教育曾经是反映人民心声，鼓舞人民抗日救亡的有力工具。在我国改革开放，大量吸收、引进西方科学、技术、文化的同时，西方的某些政治家也曾扬言，要通过音乐这条途径，使中国年轻的一代逐渐接受西方的文化和思想。

音乐教育的工具性说明它具有鲜明的阶级性和思想性。因此，在音乐教育中，我们要把艺术性与思想性有机地结合起来，要让学生学习最优秀的、有益身心健康的音乐作品，要重视音乐对学生思想意识的潜在作用。正如匈牙利著名音乐教育家柯达伊所说："我们一定要考虑到儿童纯洁的心灵是神圣的，灌输给他们的东西一定要经得住任何考验。如果播种下坏的东西，就将毒害他们的心灵，直至终生。"

# 第二节 小学音乐教学的特征与功能

## 一、小学音乐教学的特征

### （一）以情感体验和形象思维作为审美的主要途径

情感是人对客观事物态度的体验，是人的需要是否获得满足的反映。人的需要是多种多样的，按需要的起源，可以分为生理需要和社会需要；按需要所指向的对象，可以分为物质需要和精神需要。通常来说，需要获得满足就会产生积极的情感；需要得不到满足就会引起消极的情感。可以说，在日常生活和工作中，情感体验一般与个人的利益是密切相关的，它带有直接的功利性。但是，在音乐审美教育中，大部分情况下，情感体验并不与个人的利益有直接的联系，如我们在欣赏乐曲《江河水》时，那哭泣的音调，那时而凄凉时而悲愤的旋律，使我们从内心深处深深感受到一种痛不欲生的情感，这时，我们的心情是沉重的、同情的，甚至会流下伤心的眼泪。很明显，我们在欣赏作品时，并没有遭遇作品中主人公的不幸，但为什么会有与主人公一样的情感体验呢？这是因为音乐欣赏通过一种看不见摸不着、特殊的物质材料——音响，作用于人的听觉神经，而引起人的联想、想象等一系列心理活动，这时的情感体验是由审美主体（人）的审美观、价值观、道德观、世界观来决定的。所以，从这个角度来说，音乐教育中的情感体验是超功利的，音乐教育中培养的情感是一种高尚的情感，它可以使人的思想达到最高境界。

音乐审美教育中，除了有情感体验之外，还会有形象思维，两者是密切相关的。当我们体验到作品的某种情感时，会在脑海里产生一定的"形象"——某种特定的场景或人物。当然，有时也可能是先有形象思维，然后才有情感体验，但这并不是我们要讨论的问题。我们所要讨论的是，这种"形象"不是指绘画、摄影、雕塑、舞蹈、戏剧等视觉意义上的形象，而是指听觉意义上的形象。视觉意义上的形象具有客观性和审美时的共性，即大家所看到的是同一幅画或同一件艺术作品，而听觉意义上的形象存在于每一个人的脑海里，具有很大的主观性和审美时的个性，它可能是某一事物的典型形象，也可能是某一具体形象的再现，还可能是各种形象的综合体。总之，它是由审美主体（人）的生活经历、文化程度、艺术修养所决定的。应该说，音乐审美中的情感体验和形象思维都具有不定性、主观性、抽象性和创造性。

可见，在音乐审美教育中，情感体验和形象思维是我们理解音乐，感受和评判音乐美的主要途径，没有它们，音乐审美将无法进行。同时，我们要认识到，这种情感体验和形象思维具有一定的抽象性、可塑性和审美主体之间的差异性。

### （二）以技能技巧的传授作为审美的工具

在音乐教育中，不仅要培养学生感受音乐、鉴赏音乐的能力，而且要培养学生表现音乐、创造音乐的能力，因而光有理论知识的传授是不够的，还必须传授一定的技能技巧。例如，歌唱的演唱姿势，发声的方法，咬字、吐字的处理；器乐的演奏姿势，演奏方法，弓法、指法及常用技巧的掌握，识谱能力训练等。这些技能技巧的传授，是进行审美教育的必备工具，也是艺术教育学科不同于其他教育学科的个性特征之一。

技能技巧的传授必须在大量的实践中才能进行。音乐教师要有意识、有目的地让学生多参与音乐实践活动，把音乐理论知识的讲解与技能技巧的培养结合起来，不断提高学生的音乐表现能力和创造能力。

值得注意的是，音乐技能技巧的传授是为音乐审美教育服务的。这句话有两层含义：第一，进行音乐审美教育需要一定的技能技巧，但技能技巧的传授必须与美感经验、美感表现相结合，坚决反对枯燥乏味的纯技术训练。第二，音乐审美教育是目的，技能技巧传授是实现目的的工具，两者是主次关系。有些音乐教师在这个问题上没有认识清楚，他们把技能技巧的传授作为衡量音乐教育质量的标准，其中最突出的现象就是把识谱教学当成音乐教育的主要内容，把音乐课变成了背概念、记口诀的公式化教学课，这就完全失去了音乐教育的意义。

### （三）使人在愉悦和游戏之中接受教育

音乐给人的愉悦感实际上是通过听觉产生的一种"审美趣味评断"。它是审美经验积淀、综合的心理反应，是一种美感享受。音乐的愉悦性本身就是一种美的体现。当它以特有的艺术魅力给你带来愉悦的同时，也在滋润着你的心灵，使你在不知不觉中受到陶冶和教育，真可谓"润物细无声"。这种"寓教于乐"的教学形式使音乐教育具有强大的生命力。

　　小学生大都具有好动好玩的特点，特别是低年级的学生在这方面表现得更为突出。因此，小学音乐教学应该让学生从座位上解放出来，让他们在游戏之中、在轻松愉快的气氛之中，自觉地、积极主动地学习音乐。要做到这一点，教师不仅要有意识地把知识性、思想性融入游戏教学和愉悦性之中，而且要认识到愉悦是有层次的。比如，有听觉官能的愉悦，有情感体验的愉悦，也有理性分析的愉悦。不同层次的愉悦给人带来的教益是有别的。对于小学生来说，能激发他们学习兴趣的是听觉官能的愉悦。但是，我们的音乐教学不能只停留在这个层次上。教师要善于引导学生学会感受体验作品的情感，同时，培养他们对音乐的乐句、乐段及各音乐要素作出正确的反应，逐步提高他们的音乐素养。

## 二、小学音乐教学的功能

### （一）审美教育功能

　　音乐的本质是美的，它的美独具魅力，使无数人为之倾倒。《论语》中记载："子在齐闻《韶》，三月不知肉味。曰：'不图为乐之至于斯也。'"这是孔子听乐后的感受。而大文豪巴尔扎克认为，"只有音乐的力量使我们返回本真，而其他的艺术却只能给我们一些有限的快乐"。音乐教育是针对音乐本质的教育，它是一种以音乐为内容、以音乐的情感体验、形象思维为有效途径，并结合一些教学手段和教学方法，培养人们认识美、欣赏美、表现美、创造美的能力的教学实践活动。所以，审美教育功能是音乐教育最本质、最核心的功能。

　　具体来说，音乐教育的审美教育功能主要体现在两个方面。

　　第一，通过恰当的方法和途径向人们展示音乐的美。古希腊客观主义哲学家、美学家柏拉图曾说过："节奏与乐调有最强烈的力量浸入心灵的最深处。如果教育的方式适合，它们就会拿美来浸润心灵，使它也就因而美化。如果没有这种合适的教育，心灵也就因而丑化。"所以说，音乐美的传播很大程度上取决于音乐教育。

　　第二，通过审美教育培养人们欣赏美、表现美、创造美的能力，丰富人的情感，美化人的心灵。马克思曾经说过："只有音乐才能激起人的音乐感。对于没有音乐感的耳朵说来，最美的音乐也毫无意义，不是对象。""有音乐感的耳朵"是欣赏音乐美的前提条件。但它并不是每个人都天生具有的，更多是依赖于后天的培养，音乐教育正承载了这样的任务。

### （二）文化传承功能

音乐是人类文明的一种，它会随着时代的发展和历史的变迁而产生、发展、沉淀、消逝。而音乐教育为音乐的延续和发展提供了可能性，也正是由于音乐教育，一些传统音乐文化和表演技艺才得以保存和流传。从最初的口传心授到后来正规的学校教育和广泛的社会教育、家庭教育，音乐教育的形式不断地发展和完善，它的传承功能也随之丰富和深化。具体说来，音乐教育具有传递、选择、改造和创新音乐文化的功能。

在音乐教育传承文化的整个过程中，音乐教师具有关键性的作用。因此，教师应做到三点。

第一，选择优秀的音乐作品作为教学内容。这些音乐作品应该既是音乐文化中的精品，又要符合学生的心理特征，既要涵盖世界各地的优秀作品，又要突出本民族的音乐特色。这样才能使学生主动地、全面地、科学地学习音乐文化。同时，教师应该引导学生在课余生活选择恰当的音乐作品进行欣赏和学习。

第二，引导学生正确地、富有个性和创造性地欣赏和表现音乐作品，只有把握好音乐作品的本质和精髓，人类历史的音乐文化才能得以真正意义上的传递。

第三，鼓励学生根据自己的理解和所处的时代背景对音乐作品进行加工和再创造，在吸收历史音乐文化的同时充分发挥自己的创造能力。

值得一提的是，在音乐文化的传承过程中，本国的和本民族的音乐应得到足够重视，因为每个民族在传承自己的音乐文化方面都有得天独厚的优势，如果这一优势得到很好的发挥，世界音乐文化就会越来越丰富多彩，趋于多元化。反之，世界音乐文化就会越来越中和，趋于一元化。

### （三）协同教育功能

音乐与社会科学、人文科学、自然科学有着广泛的、密切的联系，所以，音乐教育在进行以审美为核心的教育活动中，必然会与语文、政治、历史、地理、美术、体育、数学、物理、化学等课程产生联系，为音乐教育与其他学科教育协同提供了可能和条件。具体来讲，音乐教育在进行审美教育的同时，可以与思想素质教育、文化素质教育、心理素质教育、身体素质教育、劳动素质教育协同教育。根据协同的原理，当系统内的各个子系统的关联运动占据主导地位时，各个子系统就会自动地服从于整体，产生协同效应，形成整个系统的整体功能和联合作用，这时的整体功能大于各个部分功能之和。显而易见，音乐教育与素质教育的各个子系统协同教育，会促进、加强各个子系统的关联运动，以形成协同效应，优化素质教育系统的整体结构和整体功能，使整体功能大于各部分之和。我们应该充分重视和发挥音乐教育的这种特殊作用和功能，使学生在美的体验、感悟和创造中，得到全面的综合素质教育。

美国著名心理学家霍华德·加德纳在《多元智能》一书中提出的多元智能理论，从另一个角度证实了音乐教育的协同教育功能。该理论指出，人类至少存在七种智能，除了语言智能和数学逻辑智能之外，还有音乐智能、身体运动智能、空间智能、人际关系智能和自我认识智能。这些智能之间是相互联系、和谐统一的。各智能要相互促进、均衡发展，人的潜能才能最大限度地被开发。

音乐教育可以全面培养人们的注意力、记忆力、观察力、想象力、思维能力、创造力等多种能力，从而促进其他智能的发展。例如，音乐旋律与体态律动的结合可以培养协调性，对身体运动智能的发展有一定促进作用；合唱、合奏等集体协作活动可以培养人们的合作意识，发展人际关系智能。在音乐教学过程中，教师要注意音乐知识和其他文化知识的协同，有意识地培养学生的综合能力。

### （四）社会交往功能

社会交往是指在一定的历史条件下，人与人之间相互往来，进行物质、精神、情感方面交流的社会活动。由于音乐教育涉及不同年龄层次、不同社会阶层的人，所以具有社会交往功能。音乐教育的社会交往功能体现在三个方面。

第一，音乐教育是一种富有强烈艺术感染力的教育形式，它可以把高度发展的社会理性转化为生动、直观的感性形式，起到净化心灵、陶冶情操、完善人格的功能。从远古时代起，音乐教育的道德教化功能就被人们重视并加以运用。《尚书·舜典》中记载："帝曰：'夔，命汝典乐，教胄子。八音克谐，无相夺伦，神人以和。'"这段文字出现在舜治理天下的策略之中，可见在氏族社会时期，舜就已经注意到音乐的教化功能，并且将音乐作为巩固政治统治的一种手段，最终目的是要达到"神人以和"的境界。

第二，音乐教育可以帮助人们在参与音乐活动中，相互交流思想和感情，增进友谊和了解，达到促进社会和谐发展的目的。

第三，音乐教育活动可以培养人们的群体意识、合作精神和人际交往能力。

### （五）娱乐健体功能

音乐教育可以帮助人们认识和欣赏美的音乐，引导人们追求高层次的、美的音乐作品，从而提高人们的文化品位和生活质量。所以说，音乐教育可以怡情养性、修养身心，对于引导人们积极健康地生活、形成良好的社会风气有着积极作用。

具体来说，音乐教育的娱乐健体功能主要表现在三个方面。

第一，通过音乐娱乐活动促进身体健康。音乐娱乐活动可以直接给人们带来快乐，这种快乐对于人的身体健康具有积极的促进作用。

第二，通过调整人的情绪对身体健康起到保护作用。众所周知，情绪直接影响到人的身体健康。假如一个人的情绪很不好，他的身体很有可能就会出现毛病。心理学、生理学的实验证明，音乐可以对人的情绪直接产生作用，美的音乐能使听者变得冷静、平和、理智，使紧张的脑细胞活动得到缓解；旋律优美、节奏平衡的音乐，通过调整人的情绪，能激发人体内的激素、酶、乙酸胆碱等物质的分泌，这些物质对内分泌系统、自主神经系统有明显的促进作用。音乐调整人的情绪主要通过缓解、释放、交流三种途径。缓解就是用安谧、甜美的情感体验去缓解焦躁、低落的情绪。释放就是用音乐表现的形式释放压抑的心情。交流就是以音乐为媒介进行人际间或人与音乐之间的情感交流，使人的情绪得到转化或改善。

第三，通过"动"促进身体健康。在广播体操和艺术体操等体育运动中，常常伴有节奏明快的音乐，这实际上是两种运动的协同形式，在体育运动中，音乐运动（旋律与节奏的流动）为其增强韵律感，激发运动者的激情，促进身体动作的协调一致，以提高锻炼的效率。此外，在音乐学习中还有许多内容与身体运动有直接的关系。例如，歌唱时的呼吸本身就是一种运动形式。音乐教学中的体态律动就是一种全身运动。

# 第三节　小学音乐教学的课程目标

## 一、课程总目标

新《标准》对于基础音乐教育阶段的课程总目标做出了明确规定："学生通过音乐课程学习和参与丰富多样的艺术实践活动,探究、发现、领略音乐的艺术魅力,培养学生对音乐的持久兴趣,涵养美感,和谐身心,陶冶情操,健全人格。学习并掌握必要的音乐基础知识和基本技能,拓展文化视野,发展音乐听觉与欣赏能力、表现能力和创造能力,形成基本的音乐素养。丰富情感体验,培养良好的审美情趣和积极乐观的生活态度,促进身心的健康发展。"这一课程总目标涵盖了小学和初中阶段的音乐课程教学要求,并以如下三个维度进行表述。

### (一) 情感·态度·价值观

1.丰富情感体验,培养对生活的积极乐观态度

音乐学习可以丰富学生的情感体验,使其情感世界受到潜移默化的感染和熏陶,建立起对人类、对自然、对一切美好事物的关爱之情,进而树立对生活的积极乐观态度和对美好未来的向往与追求。

2.培养音乐兴趣,树立终身学习的愿望

通过各种有效的途径和方式引导学生走进音乐,在亲身参与音乐活动的过程中喜爱音乐,掌握音乐的基本知识和基本技能,逐步养成欣赏音乐的良好习惯,为终身喜爱音乐奠定基础。

3.提高音乐审美能力,陶冶高尚情操

通过训练学生对音乐作品情绪、格调、人文内涵进行感受和理解,培养学生的音乐欣赏能力,养成健康向上的审美情趣,使其在真善美的艺术世界里受到高尚情操的陶冶。

4.培养爱国主义情感,增强集体主义精神

通过音乐作品中所表现的对祖国山河、人民、历史、文化和社会发展的赞美和歌颂,培养学生的爱国主义情感;在音乐实践活动中,培养学生良好的行为习惯和宽容理解、互相尊重、共同合作的意识,增强集体主义精神。

5.尊重艺术，理解世界文化的多样性

尊重艺术家的创造劳动，尊重艺术作品，养成良好的欣赏音乐艺术的习惯。通过系统地学习母语音乐文化和不同民族、不同国家、不同时代的作品，感知音乐中的民族风格和情感，了解不同民族的音乐传统，热爱中华民族音乐文化；学习世界其他民族的音乐，理解音乐文化的多样性。

### （二）过程与方法

1.体验

完整而充分地聆听音乐作品，在音乐体验与感受中，享受音乐审美过程的愉悦；体验与理解音乐的感性特征与精神内涵。

2.模仿

通过亲身参与演唱、演奏、编创等艺术实践活动，并适当地运用观察、比较和练习等方法进行模仿，积累感性经验，为音乐表现和创造能力的进一步发展奠定基础。

3.探究

培养学生对音乐的好奇心和探究愿望，重视自主学习的探究过程，使学生能够积极参与以即兴式自由发挥为主要特点的探究与创作活动。

4.合作

在音乐艺术的集体表演形式和实践过程中，能够与他人充分交流、密切合作，不断增强集体意识和协调能力。

5.综合

通过以音乐为主线的艺术实践，渗透和运用其他艺术表现形式和相关学科的知识，更好地理解音乐的意义及其在人类艺术活动中的特殊表现形式和独特的价值。

### （三）知识与技能

1.音乐基础知识

学习并掌握音乐基本要素（如力度、速度、音色、节奏、节拍、旋律、调式、和声等）、常见结构、体裁形式、风格流派和演唱、演奏、识谱、编创等基础知识。

2.音乐基本技能

学习演唱、演奏、创作的初步技能，能够自信、自然、有表情地演唱歌曲和演奏课堂乐器，了解音乐创作的基本方法。在音乐听觉感知基础上识读乐谱，在音乐实践活动中运用乐谱。

3.音乐历史与相关文化知识

了解中外音乐发展的简要历史和有代表性的音乐家，初步识别不同时代、不同民族的音乐。认识音乐与其他艺术的联系，感知不同艺术门类的主要表现手段和艺术形式特征。了解音乐与艺术之外其他学科的联系，扩展音乐文化视野。根据自己的生活经验和已学过的知识，认识音乐的社会功能，理解音乐与社会生活的关系。

## 二、课程学段目标

新《标准》将义务教育阶段的9学年分为3个学段，各学段的课程目标都有不同的要求，其中小学的学段目标是：

### （一）1～2年级

充分注意这一学段学生以形象思维为主和好奇、好动、模仿力强的身心特点，善于利用儿童的自然噪音和灵巧形体，采用歌、舞、图片、游戏等相结合的综合手段，进行直观教学。聆听音乐的材料要短小有趣，形象鲜明。

（1）激发和培养对音乐的兴趣。

（2）开发音乐的感知力，体验音乐的美感。

（3）能自然地、有表情地演唱，参与其他音乐表现和即兴编创活动。

（4）培养乐观的态度和友爱精神。

### （二）3～6年级

随着生活范围和认知领域进一步扩展，学生的体验感受与探索创造的活动能力增强。注意引导学生对音乐的整体感受，丰富教学曲目的体裁、形式，增加合唱、乐器演奏及音乐创造活动的分量，以生动活泼的教学形式和艺术魅力吸引学生。本学段5～6年级部分学生进入变声期，应渗透变声期嗓音保护知识。

（1）保持对音乐的兴趣。

（2）培养音乐感受与欣赏的能力，初步养成良好的音乐欣赏习惯。

（3）能自信地、有表情地演唱，乐于参与演奏及其他音乐表现、创造活动。

（4）培养艺术想象和创造力。

（5）培养乐观的态度和友爱精神，增强集体意识，培养合作能力。

# 第四节　小学音乐教学的基本原则

音乐教学的基本原则是音乐教学活动必须遵循的准则。音乐教学原则是以音乐教育的理论，音乐教学的目的、任务，教学过程及教学活动的规律，学生的年龄特征为依据，在总结教学实践的基础上制定出来的。它是音乐教学客观规律的反映。音乐教师在教学中能否正确地遵循和贯彻音乐教学的基本原则，将直接关系到教学质量的提高。因此，我们要深刻认识音乐教学的基本原则，并在教学实践中科学、合理地运用好音乐教学的基本原则。

人们对教育规律的认识是随着社会的不断发展而逐步提高的。因此，人们对教学实践中总结出来的教学原则在提法、名称、内容、结构等方面，各流派、各历史时期都不尽相同。但有一些教学原则，如科学性原则、启发性原则、直观性原则、教师主导作用与学生主动性相结合原则、统一要求与因材施教相结合原则等，对于小学音乐教学也具有普遍的指导意义；而音乐教学的基本原则更应体现出学生审美活动的发展特点和音乐艺术的教学规律和特殊性。所以，作为全日制义务教育的小学音乐教学应重视体现以下基本原则。

## 一、审美性原则

美育，即审美教育，又叫作美感教育。它通过一定的方式和途径，培养学生形成正确的审美观，健康高尚的审美情趣，提高感受美、鉴赏美、表现美和创造美的能力。音乐教育是学校美育的重要组成部分，它通过音乐艺术的手段，主要作用于人的情感世界，对学生进行生动、形象的审美教育。

音乐课是人文学科的一个重要领域，是实施美育的主要途径之一。它的基本价值在于"通过以聆听音乐、表现音乐和音乐创造活动为主的审美活动，使学生充分体验蕴含于音乐音响形式中的美和丰富的情感，为音乐所表达的真善美理想境界所吸引、所陶醉，与之产生强烈的情感共鸣，使音乐艺术净化心灵、陶冶情操、启迪智慧、情智互补的作用和功能得到有效的发挥，以利于学生养成健康、高尚的审美情趣和积极乐观的生活态度。"音乐教学的各项活动均是一个审美的过程，以审美为核心是音乐学科必须体现的主要特征。因此，审美性是音乐教学必须贯彻的教学原则之一，在贯彻这一原则时应注重以下几个方面。

### （一）音乐教学以审美为核心

以音乐审美为核心的基本理念，应贯穿于音乐教学的全过程，渗透在各个不同的教学领域中，培养学生的审美感知、丰富审美情感、发展审美想象、深化审美理解，有效地提高学生的音乐审美能力。

感受与鉴赏是音乐学习的重要领域，是整个音乐活动的基础，是培养学生音乐审美能力的有效途径。在教学过程中，应激发学生听赏音乐的兴趣，养成聆听音乐的良好习惯，逐步积累鉴赏音乐的经验。采用多种形式引导学生积极参与音乐体验，鼓励学生对所听音乐有独立的感受与见解，帮助学生建立起音乐与人生的密切联系，为终身学习和享受音乐奠定基础。

表现是实践性很强的音乐学习领域，是学习音乐的基础性内容，是培养学生音乐表现力和审美能力的重要途径。在教学中应注意培养学生自信地演唱、演奏能力及综合性艺术表演能力，发挥学生的表演潜能及创造性潜能，使学生能用音乐形式表达个人情感并进行情感交流，进而享受到美的愉悦。

创造是发掘学生想象力和思维潜能的音乐学习领域，是学生积累音乐创作经验和发挥创造思维能力的过程和手段。在教学中应通过探索音响与音乐、即兴创造、创作实践培养学生的创新精神，发掘学生的审美创造潜能。

教学中还应注重音乐与相关文化的学习，直接增进学生文化素质，扩大学生文化视野，促进学生对音乐的体验与感受，提高艺术审美能力。

### （二）遵循音乐艺术的审美表现特征

音乐是听觉的艺术，它以旋律、节奏、节拍、力度、速度等多种外部形态的有机结合，构成完美的音乐形式，作用人的听觉感知。因此，虽然用语言来诠释音乐及用各种媒体辅助教学是必要的，但必须注重听觉感受在音乐教学中的主导地位。

音乐是时间的艺术，是在声音运动过程中提供审美信息的。因此，在教学中应倡导完整而充分地聆听音乐，让学生在音乐的逐步深入与展现过程中获得感受与体验。由于音响会随时间的瞬逝而消失，应注意在反复地听、唱、奏等实践活动中培养学生的音乐记忆能力。音乐的时间性还反映在每个音符、休止符和乐句之中，因而还应注意培养学生正确的时值概念。

音乐是"情感的语言"，抒情是音乐的重要特征。在教学中应充分发掘音乐中的情感因素，注重音乐教学在各项实践活动中的情感体验和师生的情感交流，突出音乐情感审美的特质。应善于引导学生领会音乐要素在音乐表现中的作用，对音乐表现形式和情感内涵在整体上进行把握。

### （三）知识与技能学习渗透在审美体验中

音乐基础知识和基本技能的学习是小学音乐教学的基本环节。学生掌握了音乐知识和技能就能接近音乐的本体，去欣赏音乐的美、表达音乐的美、创造音乐的美。因为音乐课程目标的设置是以音乐课程价值的实现为依据的，而审美体验是体现课程价值的一个主要方面，所以音乐教学中的音乐基础知识和基本技能学习，应有机地渗透在音乐艺术的审美体验中。

在音乐基本知识与基本技能的教学中，不能"重技轻艺"只教技能不教审美，而应遵循听觉艺术的规律，把审美体验建立在聆听音响的基础上。听觉体验是学习音乐的基础，发展学生的音乐听觉应贯彻在音乐知识与技能的教学中。在知识与技能教学中应以生动的音乐为载体，引导学生发现美、体验美、表达美，在审美过程中获得愉悦的感受和体验，启发学生在积极体验的状态下，充分展开想象，并尊重个体不同的音乐体验。

小学的音乐知识技能教学不同于音乐专业的知识与技能教学，它的教学应符合小学音乐课程目标，适应学生审美心理发展的特征。

### （四）强调师生审美活动的相互融合

音乐教学应该是师生共同体验、发现、创造、表现和享受音乐美的过程。因此，音乐教学的内容应具有高度的艺术性和美感，以激起学生对美的追求，教学形式应灵活多样。根据不同的教学内容和教学目标，采用与之相适应的教学组织形式，创设充满音乐美感的教学环境；应面向全体学生、以学生为主体，师生互动，注重把全体学生的普遍参与和发展不同个性的因材施教有机结合起来，使教学生动活泼。

教师的音乐审美修养与音乐表现能力在审美信息传递中，有着十分重要的作用。教师能否在音乐表现中充分发挥音乐作品潜在的美，决定着音乐美的优化状态。因此，教师必须不断提高自身的审美修养、教学技能和音乐表现能力；要善于引导学生喜爱音乐，用自己对音乐的感悟激起学生的情感共鸣，以美的歌声、琴声、语言、动作将音乐的美传递给学生。在音乐实践活动中师生共同得到审美的愉悦。

## 二、教育性原则

音乐是人类创造的许多文化现象之一，是人类社会意识形态的一个部分，它以其独特的语言（旋律、节奏等）表达人的思想情感。古今中外的许多优秀音乐作品，不仅给人以美的感受，而且能使人获得积极的精神力量。

音乐教育是审美教育，也是精神文明教育，它所带来的充满人格美的精神世界，具有深远的社会意义。它不仅包括技能教育，同时它与思想政治教育、道德伦理教育、行为规范教育等，互相配合与渗透，作用于人的心理，以利于人的综合素质的发展。音乐审美教育不仅培养学生感受音乐、理解音乐、鉴赏音乐、表现音乐和创造音乐的能力，而且能促进人自身各种因素的平衡和协调，实现个性全面、和谐的发展。奥尔夫曾经说过，"音乐教育是人的教育"，"对于一切，我关注的最终不是音乐，而是精神的探索"。

《全日制义务教育音乐课程标准（实验稿）》指出："通过对音乐作品情绪、格调、思想倾向、人文内涵的感受和理解，培养音乐鉴赏和评价的能力，养成健康向上的审美情感，使学生在真善美的音乐艺术世界里受到高尚情操的陶冶。""通过音乐作品所表现的对祖国山河、人民、历史、文化和社会发展的赞美和歌颂，培养学生的爱国主义情怀；在音乐实践活动中，培养学生良好的行为习惯和宽容理解、互相尊重、共同合作的意识和集体主义精神。"因此，教育性原则是音乐教学中必须贯彻的教学原则之一。在音乐教学中应遵循音乐学科的特点，寓思想教育于音乐艺术之中，让学生在音乐审美能力提高的同时，精神境界、思想品行也得到升华。在贯彻这一原则中应注意以下几个方面：

### （一）有　意

有意，即在音乐教学中有意识地进行思想品德教育，而不是随意地、盲目地进行。首先，应有意识地按照思想性与艺术性相统一的原则选定教学内容。由于音乐作品的良莠不齐，所以应选用优秀的、艺术性高的、有品位的音乐作品作为教学内容，同时不应忽视民族音乐作品，以构建良好的审美对象。其次，教师在钻研教材时，要有意识地发掘教材中的思想性，根据教学内容、学生的实际水平和音乐艺术的特点，制定出适当的思想教育方案。根据教学内容的不同，学生年龄的差异，在确定课堂教学思想情感目标、教学手段时，应注意其科学性和可行性。

### （二）有 机

有机，即在音乐教学中应寓思想教育于音乐艺术之中。要注意思想品德教育与音乐兴趣和音乐能力培养、音乐知识学习的有机结合。在音乐教学中，我们既不能把音乐看成纯知识与纯技术的东西来追求，也不能脱离音乐特质去进行思想教育。应充分发挥音乐艺术的感染作用，把思想性与艺术性有机地结合在一起。例如，在歌曲《保卫黄河》的教学中，不能离开音乐去讲作者生平、时代背景、社会意义等，离开音乐的说教是空洞的。因为音乐家在创作中总是把自己对现实生活的感受、思想情感、政治态度融进作品中，通过各种表现手段，如用旋律、节奏等来塑造音乐形象。音乐的教育作用主要是通过对音乐作品的表演、欣赏等途径来实现的。因此，应通过加强学生的音乐实践活动去理解歌词，感受跌宕起伏的旋律、明快的节奏、鲜明的民族风格，结合对歌曲背景的了解，使学生激起更多的情感投入，领悟到更多的精神力量。

### （三）有 度

有度，即在音乐教学中应适度把握思想教育的容量和分寸。在教学中的另一种倾向是进行思想教育的无限拔高，从而使音乐课成了说教课、政治课。例如，在欣赏打击乐合奏《鸭子拌嘴》的教学中，牵强附会地联系同学间不应该骂人、打架，要团结友爱，然后又延伸到抨击社会上的不良现象，这就成了说教，反而失去了应有的教育意义。用"音乐来教育"注重的是"潜移默化""润物细无声"。因此，在欣赏教学中应运用多种教学手段，揭示乐曲的艺术形象，让学生感受乐曲多变的节奏及丰富的演奏技巧所描绘出鸭子惟妙惟肖的生动形象，并在愉悦的情感体验中，展开丰富的想象，潜移默化地培养学生热爱祖国民族乐器、民间音乐的思想情感。

在合唱教学中培养学生的集体主义精神，在器乐教学中培养学生的意志，在唱游教学中培养学生的合作意识，在乐理教学中培养学生辩证的思维观，在创作活动中培养学生的创新精神等，都是在长期潜移默化的教学中逐步实现的，急于求成的思想是不可取的。

### （四）提高教师自身的审美修养

在音乐教学中，教师应不断提高自身的审美修养。教师不仅要以高尚的师德、正确的言行、得体的教态等成为学生的表率，同时，还应树立正确的音乐教育观和良好的审美意识，并不断拓展文化和专业知识面，掌握扎实的专业技能和教学基本功，用先进的素质教育理念实施音乐教学，做到既教书又育人。

## 三、情感性原则

音乐是通过声音来表达人们对客观事物的各种愿望和情感的。在音乐的进行过程中，人的思想认识、人世间的喜怒哀乐等得到充分的展示与表现。音乐通过其独特的"音乐语言"（旋律、节奏、节拍、力度、速度、和声等）能够表达语言所不能表达的情感。贝多芬曾说过："语言的尽头是音乐出现的地方。"音乐是情感的极佳载体，借声传情是音乐艺术的特殊手段。音乐作为一种审美形式，其重要的特质就是情感审美。情感的抒发、情感的交流、情感的激发，始终蕴含在音乐的审美活动中。

在音乐教学的审美实践活动中，学生的情感随着音乐的发展产生共鸣与起伏，并从中得到心理上的满足。心灵的陶冶正是在多次这样的情感体验中来完成的。"动之以情"是一般的教育手段，也是音乐教育的目的之一。逻辑认识的积累发展了智力，情感体验的积淀则升华了精神。作为艺术审美的音乐教学，无疑要按照音乐善于抒发情感的特点来进行，实现情感体验是其必须体现的学科特征。

《全日制义务教育音乐课程标准（实验稿）》在课程目标中突出了情感态度与价值观，指出"通过音乐学习，使学生的情感世界受到感染和熏陶，在潜移默化中建立起对亲人、对他人、对人类、对一切美好事物的挚爱之情"，情感性原则是音乐教学必须贯彻的教学原则之一。要贯彻这一原则，应注重以下几个方面。

### （一）情感体验进入教学目标

素质教育强调情感交流、人格影响。学校从单纯重视学生的逻辑生活，进而全面关心学生的情感生活，是教育史与教育现实中的共同发展趋势，也是审美教育的发展历程。美国教育家、心理学家卢姆和克拉斯沃尔在 1981 年已初步制定情感目标及其评价方法，作为艺术课程，应率先进行实践与研究。教师不仅要重视对学生知识技能的传授，更要重视对学生情感体验的培养。把知识传授、技能训练、思想教育、情感体验四个方面同时列入教学目标。不仅要制定总体情感目标，而且要尽量把每一节音乐课的情感目标制定得明确、具体，以利于在课堂教学中实施与完成。

**（二）培养学生良好的情感品质**

由于音乐是人类社会的一种意识形态，音乐作品的情感无疑会打上思想的烙印，从而具有一定的品质倾向。朝气蓬勃、雄壮有力，抒情优美、欢快活泼的音乐，对学生的情感培养会产生良好的积极作用。反之，颓废、萎靡、伤感的音乐，对学生的情感培养会起到消极的作用。所以在教材的选择上，在音响媒介的使用上，教师要把好关，并做好学生音乐实践活动的引导工作。同时，还要根据学生的年龄特征来考虑教学内容，使学生的情感与音乐的发展产生良好共鸣。因此，对中小学学生不宜教唱爱情歌曲，更不应该把不健康歌曲带进校园。对于一些优秀的爱情题材器乐作品（如小提琴协奏曲《梁山伯与祝英台》等），也应从社会意义和艺术高度来指导学生欣赏。

**（三）丰富学生的情感体验**

情感体验是感知音乐的基础。要丰富学生的情感体验，教师应在教学中充分发掘音乐形象中的情感因素（欢快、喜庆、赞美、坚定、雄壮等），引导学生由浅入深、由单纯到复杂等，去体验音乐中的情感。可以先接触篇幅较短小、音乐形象较单一的音乐作品，再接触篇幅较大、音乐形象复杂有变化、情感丰富的音乐作品，使学生的情感体验在音乐的审美实践中逐步发展与丰富。

**（四）提高学生的音乐情感表现力**

抒发情感是音乐最基本的表现特征。如果说听觉感受是进入音乐大门的一把钥匙，那么情感的抒发便是音乐审美的中心了。

音乐艺术是表演艺术，要很好地表现音乐作品，仅有知识和技能是不够的。我们经常看到一些学生在演唱、演奏时基本技能很过硬，可就是不能打动听众的心，这是因为缺乏音乐情感的表现力。所以，在音乐教学中要注重学生情感表现力的培养。

要提高学生的情感表现力，首先教师应有良好的情绪状态，只有教师先动了情，才能感染给学生，使学生实实在在地体验情感，并通过音乐实践活动去实现。其次，在音乐教学中应以学生为主体，帮助他们了解作者的创作意图，作品的时代背景和它所表达的内容，按照作者的创作意图来分析理解作品，剖析作品的表现手段，掌握作品的风格和表演方法，在正确理解作品的基础上，对音乐作品进行再创造。引导学生积极主动参与音乐实践活动，在情感体验中去表现音乐。

## 四、创造性原则

音乐实践包括创作、表演、欣赏三大环节。在音乐创作中，创作者主动寻求和创造符合自己审美意愿的音乐，是一种创造性的活动。从乐谱变为生动的音响，必须通过演唱、演奏者的表演活动。在音乐表演活动中融汇了表演者的心血和对音乐的再创造，即音乐的"二度创造"。因此，音乐表演也是充满创造性的艺术活动。音乐欣赏是欣赏者（主体）与被欣赏的音乐作品（客体）相互交融的过程。在这个过程中，欣赏者不断将自身的情感和想象等投入到音乐作品中，把音乐作品这个外在的审美客体变为欣赏者主体的审美感受。因此，音乐欣赏的审美体验活动也是一个积极的创造过程。

教育部制定的《全日制义务教育音乐课程标准（实验稿）》指出："创造是艺术乃至整个社会历史发展的根本动力，是艺术教育功能和价值的重要体现。音乐创造因其强烈而清晰的个性特征而充满魅力。在音乐课中，生动活泼的音乐欣赏、表现和创造活动，能够激活学生的表现欲望和创造冲动，在主动参与中展现他们的个性和创造才能，使他们的想象力和创造思维得到充分发挥。"因此，创造性原则是音乐教学中必须贯彻的教学原则之一。在音乐教学中应遵循音乐学科的特点，在生动的音乐实践活动中增强学生的创造意识，开发学生的创造性潜质，并使音乐审美能力得到提高。在贯彻这一原则中应注重以下几个方面。

### （一）兴趣是创造性学习的基本动力

兴趣本身不属于音乐能力，但能对学生进行各项音乐实践活动产生积极的动力。学生只有发挥主体性，才能使其学习更有创造性成分，从而主动地获得发展。《全日制义务教育音乐课程标准（实验稿）》中指出："在教学过程中，应设定生动有趣的创造性活动内容、形式和情景，发展学生的想象力，增强学生的创造意识。"

因此，音乐教学的内容应丰富多彩，重视内容与学生的生活经验相结合，加强音乐课与社会生活的联系，使学生对教学内容感到亲切、真实、有吸引力。应根据内容及不同年龄学生的心理特征设计灵活多样的教学模式，生动活泼的教学形式，恰当运用各种形象的教学媒体。应引导学生积极主动参与音乐实践活动，在有兴趣的音乐实践活动中体验创新的快乐，更好地发挥自己的潜能。

### （二）民主是创造性学习的重要保证

教师是教学的组织者和指导者，是沟通学生与音乐的桥梁。平等、和谐的教学氛围能使学生的心情愉快、情绪轻松、思维敏捷、想象力丰富，在充满自信的状态下主动去探究、去创造。因此，民主是创造性学习的重要保证。

教师应突出学生在教学中的主体地位，要理解、尊重、信任学生，努力建立民主、平等的师生交流互动关系。在和谐的双向交流中，使学生形成探求的心理取向，有利于激发学生创造性思维的火花。教师在启发学生创造性地进行艺术表现中，不要用"标准答案"去束缚学生。同一个练习，可能有多种答案；同一首歌曲，可能有多种处理方法；同一首乐曲，可能有多种理解。教师对学生的评价不仅要有"科学性"，还应采用以"激励为主"的评价方法，以保护学生的学习积极性和创造精神。

### （三）想象是创造性学习的重要基础

音乐实践的每一个环节都必须参与想象心理活动。作曲是一种创造性的想象，表演是一种再造想象，欣赏是一种知觉想象。音乐的非语义性、不具象的艺术特点，可以给人在广阔的想象天地中感受、表现和创造音乐美。同时，创造是发挥学生想象力和思维潜能的音乐学习领域，是学生积累音乐创作经验和发掘创造思维能力的过程和手段，对于培养具有实践能力的创新人才具有十分重要的意义。

培育学生的想象力促进其创造力的发展，首先，应注意拓宽学生的知识面，扩大音乐文化视野。教学内容应贴近学生生活；具体、鲜明、生动的音乐能丰富学生的情感体验，促进想象力的发挥；恰当的媒体运用（电视、图片等），能帮助学生拓宽想象空间。其次，音乐的想象是自由的，但也不是脱离作品的胡思乱想，应引导学生准确感知、理解音乐。结合对音乐作品的时代背景、创作思想、题材、体裁、风格，按一定的思维定式展开想象。再次，应注意鼓励学生根据一定的内容，展开想象，进行即兴创造活动和运用音乐材料创作音乐。

### （四）探究是创造性学习的重要手段

学生的创造性音乐实践活动，不仅是一个接受的过程，还应是一个敢于自我发现、不断探索的内化过程。学生是创造性学习过程中的探索者。《全日制义务教育音乐课程标准（实验稿）》强调教学过程和方法中的探究。

1.通过提供开放式和趣味性的音乐情景，激发学生对音乐的好奇心和探究愿望。教师应努力为学生提供表现的机会，对学生的探究愿望要充分给予满足，以培养和保护他们的探究精神。

2.引导学生进行以即兴式自由发挥为主要特点的探究与创造活动。教师应允许学生的"非正常"思维，鼓励他们的"异想天开""多向思维"与独创性。

3.重视发展学生创造性思维的探究过程。注重在动态的过程中提升学生的探究和创新精神，主动去发现音乐美和创造美。

### 五、综合性原则

音乐是人文学科的一个重要领域，是基础教育阶段的一门必修课。音乐教学的领域包括感受与鉴赏、表现、创造、音乐与相关文化四个领域。这四个音乐教学领域是一个相互联系、相互渗透的整体。例如，"感受与鉴赏"即包含有"音乐与相关文化"，音乐表现的过程同时也是音乐感受和培养、展示创造力的过程。音乐感受与鉴赏能力的提高，可以丰富音乐的表现，促进音乐创造力的发展。同理，"音乐与相关文化"也只有在音乐鉴赏、表现和创造活动中才能真正得以理解和体现。

音乐艺术除了有自身的特质以外，还与舞蹈、戏剧、影视、美术等姐妹艺术具有形象性、情感性、审美性等共同的特征；在相互交融中又有着密切的联系。例如，反映在音乐教学中的"综合性艺术表演"中的律动、集体舞、音乐游戏、歌表演以及歌剧、戏剧、曲艺片段的聆听与演唱等，多种艺术形式融为一体。

音乐是一种社会文化现象，它的审美活动以社会生活为基础，与各学科，尤其是社会学科有着千丝万缕的联系。例如，歌曲中的文学因素、音乐作品中的历史背景、地域风格，都涉及文学、历史、地理等方面的知识。

因此，音乐教学应提倡学科综合，包括音乐教学不同领域之间的综合；音乐与舞蹈、戏剧、影视、美术等姐妹艺术的综合；音乐与艺术以外的其他学科的综合。综合性是音乐教学必须贯彻的原则之一。在实施中，应以音乐为教学主线，通过具体的音乐材料构建起与其他艺术门类及其他学科的联系。贯彻这一教学原则应注重以下几个方面。

**（一）优化音乐教学不同领域间的相互综合**

教师应全面理解和掌握音乐教学各领域的内容要求及其相互关系，并在教学中科学安排各项教学内容，采用多种教学形式、运用灵活的教学手段，将其融合成有机整体，使音乐教学的综合达到最优化，从而全面提高学生的音乐素质。

例如，音乐感受力的培养，不仅是聆听与欣赏，还应让学生在演唱、演奏、即兴创造等音乐实践活动中，提高对音乐的感受力。又如，器乐教学与唱歌、鉴赏、创造等教学内容密切结合，用乐器为歌唱作伴奏，演奏欣赏曲的主题音调等，使学生对音乐的感受与鉴赏、表现力、创造力等方面都得到提高。

**（二）注重其他艺术表现形式的渗透与运用**

教师应将其他艺术表现形式有效地渗透和运用到音乐教学中，引导学生认识音乐与舞蹈、戏剧、影视、美术等姐妹艺术的联系，感知不同艺术的主要表现手段与艺术形式特征。通过以音乐为主线的综合艺术实践，帮助学生更直观地理解音乐的意义及其在人类艺术活动中的价值。

例如，在低年级的集体舞教学中，通过熟悉音乐、学习动作、进行表演，使学生认识音乐与这种有组织、自娱性舞蹈的联系；感知集体舞所具有的造型艺术、时间艺术与空间艺术的特征。在实践活动中培养学生的音乐感受力、表现力，建立良好的空间感、协调感，发展学生良好的情感品质和团结友爱的精神，从中又能使学生更直观地感悟到音乐的意义及其在舞蹈艺术中所体现的价值。

**（三）重视非艺术学科与音乐主线的有机结合**

音乐与相关文化是音乐课人文学科性的集中体现，是直接增进学生文化素养的学习领域。非艺术学科的多种文化蕴含在音乐鉴赏、表现和创造活动中。因此，在音乐教学中还应重视"语文""社会""常识"等学科中的文学、历史、地理等知识和人文内涵，通过音乐材料与音乐主线有机地结合，将有助于扩大学生音乐文化视野，促进学生对音乐的体验与感受、提高学生音乐鉴赏、表现、创造以及艺术审美能力。

例如，在欣赏与演唱莫扎特所创作的歌曲《渴望春天》的教学中，应发掘歌词所表现的纯真、稚气、甜美、诗歌般文学语言的内涵，介绍奥地利 18 世纪的人文风貌和作者的生平、创作背景，结合对生动、明朗的音乐语言的诠释，促进学生对歌曲的体验与感受，提高学生对歌曲的鉴赏与表现能力。

### （四）加强音乐课与社会生活的相互联系

音乐是社会生活的反映，与人的生活密切相关。音乐的美与自然形态的美相比，是更高一级的美，它可以直接描绘人的生活，也可以间接反映人的生活，它表现了人的思想、情感和认识，表现了人的精神力量。因此，在音乐教学中应重视与学生的生活经验相结合，加强音乐课与社会生活的相互联系。

教师应引导学生感受生活中的音乐，指导学生通过广播、电视、CD 等传媒欣赏音乐，鼓励学生出席音乐会，观看当地民俗活动中的音乐表演及进行音乐活动的交流。加强音乐课外活动的开展，组织和指导学生参与社区或乡村的音乐活动。成功的音乐教育不仅在学校的课堂上，而且也应在社会的大环境中进行。对社会音乐生活的关心，对班级、学校和社会音乐活动的积极参与，还将使学生的群体意识、合作精神和实践能力等得到锻炼和发展。

以上所述的五项教学原则和普遍意义上的各项教学原则，是互相联系、不可分割的。因此，必须有整体的观念，而不是孤立地去贯彻某一项原则。同时，教学原则并不能替代具体的教学方法，教师应根据教学的实际情况灵活而创造性地运用各项教学原则，并结合教学实践，探索和发展新的教学原则，使各项教学原则的内容更科学、更充实、更完整。

# 第二章　小学音乐教学的设计与计划

音乐课的教学设计与教学计划是教学工作中很重要的两个方面，它们不但关系到每一节课的成败，而且关系到整个教学工作的系统性、完整性和连续性。本章将以探讨小学生音乐学习的心理特征为起点，分别就小学音乐课的教学设计与教学计划进行研究。

## 第一节　小学生音乐学习的心理特征

小学生一般是六七岁到十一二岁的儿童。这一年龄阶段的儿童在学习音乐的过程中，具有如下几个方面的特点：

### 一、音乐感觉与知觉迅速发展

舒特·戴森和加布里埃尔在论述小学生音乐能力发展的年龄阶段性特点时指出：7 ~ 8 岁儿童有鉴赏协和与不协和音的能力；8 ~ 9 岁时，在歌唱及演奏乐器时，节奏感觉较过去好；9 ~ 10 岁，儿童节奏、旋律的记忆改善了，逐步具有韵律感，能感知两声部旋律；10 ~ 11 岁，和声观念建立，对音乐的优美特征已有一定的感知和判断能力。

从以上数据可以看出，小学生的感知觉已逐渐从幼稚期的凭兴趣和不随意性、短暂不稳定性、被动性，向随意选择性、较持久稳定性、主动性方向发展，并能较为准确地形成音乐形状知觉、音乐大小知觉、音乐距离知觉、音乐立体知觉、音乐方位知觉等。但是小学生的这种有意识、有目的的感知觉及观察能力仍是有限的，且难以较完整、较深刻地把握音乐的整体性与意义。

曹理、何工在《音乐学习与教学心理》一书中写道："小学生在音乐能力方面，每年都在迅速发展。小学低年级学生，通过'游戏'对音乐的体验有了显著的增长。这个时期是对节奏的感受力迅速增长的时期，也是听觉最敏感的时期，凭感觉把握音乐，用耳朵去感觉记忆，对音乐节奏和旋律，可以通过身体动作做出反应。小学中年级是儿童发展音乐感知能力的最佳时期。"

## 二、无意注意开始向有意注意发展

音乐注意不仅指向音乐学习、音乐表演，而且也经常指向音乐的情感体验。音乐注意在音乐心理活动中起着重要的作用，它使音乐活动具有一定的指向性（即所有的感觉器官都尽力去捕捉注意指向的音乐信息），不但能使音乐活动指向集中，音乐思维及肢体反应及时而准确，而且能使音乐活动处于一种积极的状态。

一般来说，5 ~ 7岁的儿童，有意注意的时间大约是10 ~ 15分钟；7 ~ 10岁的儿童，有意注意时间是20分钟左右；10 ~ 12岁的儿童，有意注意时间则为25分钟左右；12岁儿童的有意注意时间约30分钟。这说明随着年龄的增长，音乐注意逐步明确，注意时间越来越长。小学阶段的学生，无意注意开始向有意注意发展，但持续时间不长。因此，在音乐教学中，必须运用多种手段，如讲故事、做游戏、猜谜语、采用生动的多媒体课件等，来引起儿童的有意注意，才能使他们有效地学习音乐，同时不断地培养他们的音乐有意注意。

## 三、音乐记忆逐年得到发展

音乐是聆听的艺术，虽然伴随音乐的视觉、运动觉可同时进入记忆，但对音响的识记仍是实现记忆的基本前提。对音乐的记忆根据聆听者的参与情况可以分为有意识记和无意识记；根据记忆的时间长短可以分为短时记忆、长时记忆与永久记忆；根据记忆的具体方式可分为形象记忆、逻辑记忆、机械记忆与理解记忆。

小学阶段学生的音乐有意记忆逐年得到发展，其中，小学低年级阶段擅长具体的形象记忆，高年级阶段逻辑记忆得到发展，但主要是以短时记忆为主，即记得快，忘得也快。所以，教师要经常运用音乐会、游戏等形式，帮助学生回忆学习过的音乐作品、音乐知识和音乐基本技能，将短时记忆转变为长时记忆或永久记忆。

在培养学生音乐记忆能力时，要根据学生不同年龄阶段的感知觉、想象思维等特点，有区别、有针对性地进行培养与训练。例如，由于低年级儿童的想象思维具有直观性和模仿性，经常是和某一具体的事物形象和人物形象相联系，所以，教师在音乐欣赏教学中可适当利用欣赏挂图和多媒体，直观形象地再现乐曲所表现的音乐意境与形象，使学生从听觉感官中得到视觉的享受，从而提高欣赏水平和对乐曲的理解能力，将学生对音乐的短时记忆转变为长时记忆甚至永久记忆。随着年龄的增大，高年级学生的抽象记忆、逻辑记忆得到较大发展。他们在记忆一段音乐时不再局限于其直观的形象，此时，教师要善于引导学生结合音乐的风格、音乐的各种元素、音乐所塑造的精神等将其融入记忆，引导其形成永久记忆。

对于学龄期阶段学生的记忆特别值得一提的是，儿童听觉记忆的高峰在9岁左右，以后优势便让位于视觉记忆。儿童的这种优势的转移点又正好处在小学阶段，正确地根据儿童各个年龄段的视听优势进行音乐教学，并把它们有机地结合起来是音乐教学成败的关键。在欣赏教学中，教师启发学生要把抽象的音乐旋律变成生动的音乐形象，让学生能感受到艺术家的情感，使音乐形象更富有生命力。

### 四、音乐联想力、想象力随年龄增长而丰富

小学阶段学生的音乐联想力、想象力随年龄增长而丰富，有意想象开始完善，创造性想象也得到进一步的发展。该阶段学生的音乐联想力和想象力主要以具体形象思维为主，并开始向抽象思维转化。因此，他们对于音乐的联想、想象，除了凭借自己对音乐本体的感受之外，还需要借助于音乐本体之外的其他方面。由于他们具有天生活泼、好玩好动、好奇心强等特点，他们对音乐的感受总是通过各种动作表现出来。所以，要提高音乐课的教学质量，应根据儿童好动、好游戏的心理特点以及以直观形象为主的思维想象特点，将学生的音乐学习与游戏、舞蹈有机结合起来，将抽象的音乐概念、复杂的音乐原理以及枯燥的技能训练，转化成生动有趣的游戏、舞蹈，并使之形象化、具体化。让少儿通过自身的活动，把听、视、触等各种感觉活动和运动、唱歌、表演、游戏、舞蹈、故事等结合起来，从而使他们从座位的束缚中解放出来，蹦蹦跳跳地进入音乐世界，在轻松愉快的气氛中感受到美的熏陶，获得音乐知识、技能，培养思维能力。

## 五、音乐个性的主要特点是偏爱流行音乐、喜爱音乐游戏

小学阶段的学生形成了相对稳定的音乐审美偏爱，偏爱优美的歌曲、音乐和舞蹈。但是由于音乐能力的局限，他们的音乐审美倾向限制于对"写实主义"音乐的爱好，而对抽象的音乐作品缺乏敏感性。在音乐活动中，此阶段的儿童明显偏爱音乐游戏。在笔者进行的相关调查问卷中，对于唱歌、欣赏、器乐、创作、表演和音乐游戏这几项教学内容，音乐游戏受到许多学生的喜爱。在中低年级的 524 名学生中，有 36.4％ 的学生喜欢音乐游戏。在高年级的 299 名学生中，喜欢音乐游戏的学生也占到 27.5％，仅次于唱歌。

在当今时代，此阶段的学生又有着新的音乐个性特点，即偏爱流行音乐，并大量存在追星的心理。在笔者进行的小学生音乐学习心理调查（多项选择题）结果中显示，低年级学生喜欢流行音乐的占 48.8％，喜欢动画片音乐的占 35.5％，喜欢儿歌的占 14.5％，喜欢民族音乐和古典音乐的分别占 4.9％ 和 4％；高年级学生中，喜欢流行音乐的比例上升，占 73％，选动画片音乐的占 21.1％，选儿歌的占 10.4％，选民族音乐和古典音乐的占 4％和 2.4％。在课余时间，中低年级学生中选择演唱流行歌曲的占 51％，高年级为 68.9％，而选择演唱教材上的歌曲所占的比例很小。这些数据说明小学生大部分偏爱流行音乐，且当今小学生多数存在崇拜明星的心理倾向，如在回答"平时参加过一些什么音乐活动"时，37.1％ 的学生选择听明星演唱会。由此可见，在学生音乐个性形成的黄金时期，如何正确引导他们树立健康的音乐审美心理和个性，帮助他们正确对待流行音乐，认识和学习民族音乐与高雅音乐，处理好流行音乐与民族音乐、高雅音乐的关系是音乐教师应特别关注的问题。

# 第二节　小学音乐课的教学设计

音乐课的教学设计实际上就是我们通常所说的备课工作，它是教师顺利完成课堂教学任务的必要前提。音乐课的教学设计主要包括几个部分：明确课堂教学目标；确定课堂教学内容；练习弹唱及伴奏；选择教学形式

和教学方法；安排课堂教学时间；设计课堂教学过程。

## 一、明确课堂教学目标

要设计好一堂音乐课，必须在学习、理解新《标准》的基础上，对教材的特点、结构、体系等进行全面、细致的分析研究，明确每一单元，每一课的教学目标、教学重点及教学难点，提出解决难点的方法。

课堂教学目标是指教学活动所预期达到的结果，是课程目标的具体化，也是教师完成课堂教学任务所要达到的要求和标准。

"教学目标"与传统的"教学目的"有着本质的区别。"教学目的"是教师根据学科知识的教学需要，站在"教"的角度所提出的要求学生要达到的学习标准，体现的是以知识为本的学科体系教学观。而"教学目标"则是根据人的素质培养的需要，从学生"学"的角度和需求的角度所提出的学生可以达到的学习标准，体现了以学生为主体的以人为本教学观。

新《标准》为音乐教学设置了三维教学目标，即情感态度与价值观、过程与方法、知识与技能：

### （一）情感态度与价值观

1.丰富情感体验，培养对生活的积极乐观态度。

2.培养音乐兴趣，树立终身学习的愿望。

3.提高音乐审美能力，陶冶高尚情操。

4.培养爱国主义情感，增强集体主义精神。

5.尊重艺术，理解世界文化的多样性。

### （二）过程与方法

1.体验。完整而充分地聆听音乐作品，在音乐体验与感受中，享受音乐审美过程的愉悦；体验与理解音乐的感性特征与精神内涵。

2.模仿。通过亲身参与演唱、演奏、编创等艺术实践活动，并适当地运用观察、比较和练习等方法进行模仿，积累感性经验，为音乐表现和创造能力的进一步发展奠定基础。

3.探究。培养学生对音乐的好奇心和探究愿望，重视自主学习的探究过程，使学生能够积极参与以即兴式自由发挥为主要特点的探究与创作活动。

4.合作。在音乐艺术的集体表演形式和实践过程中，能够与他人充分交流、密切合作，不断增强集体意识和协调能力。

5. 综合。通过以音乐为主线的艺术实践，渗透和运用其他艺术表现形式和相关学科的知识，更好地理解音乐的意义及其在人类艺术活动中的特殊表现形式和独特的价值。

### （三）知识与技能

1. 音乐基础知识。

2. 音乐基本技能。

3. 音乐历史与相关文化知识。

教师应根据教学内容和学生的音乐学习能力将以上三维目标的要求具体化，使之成为具有操作性和可实施性的教学目标。

## 二、确定课堂教学内容

教学内容的选择直接影响到教学效果，内容多了、深了，学生吃不消；内容少了、浅了，学生吃不饱。因此，确定教学内容应从音乐学科自身的系统性和学生的接受能力这两个方面来考虑。一般来说，小学音乐课应以综合课为主要授课形式，一节课内的教学内容以 2 ~ 3 项为宜，最多不能超过 4 项，否则会造成教学层次不清楚，重点不突出等现象。

在确定了教学内容之后，应思考如下几个方面的工作：

第一，分析演唱（奏）的歌曲、乐曲。要分析歌曲、乐曲的感情、音乐形象、风格特点、题材、体裁，编选练声曲、练习曲，对作品进行艺术处理。设计好表现作品的形式。

第二，研究欣赏的作品。反复聆听、熟悉作品，查阅有关资料（含音乐常识、音乐家介绍等内容），分析作品的感情、艺术形象、主题音乐、风格特点、题材、体裁。设计好讨论题和问答题，编写精彩的音乐故事和解说词。

第三，识谱知识。思考如何将识谱教学与音乐欣赏、音乐表现、音乐创造等教学相结合，设计好教学谱例和教学卡片。

## 三、练习弹唱及伴奏

弹唱和伴奏是上好音乐课的重要基础，教师的弹唱，可以使学生直接感受歌曲的情感和歌曲的艺术美，从而产生强烈的学习欲望，在教唱歌曲的过程中，伴奏是必不可少的辅助手段。因此，练好歌曲的弹唱和伴奏是很重要的。一般来说，歌曲的弹唱应准备两个调，一个调是教师自己范唱用的，另一个调是教唱时用的。歌曲的伴奏不要配得太难，要突出歌曲的旋律。

## 四、选择教学形式和教学方法

正确选择教学形式和教学方法是音乐课教学成功与否的关键之一，它是音乐课设计时重点考虑的核心问题。在选择教学方法时应注意如下几个方面：

第一，选择教学形式和教学方法要符合学生的心理、生理特点及学生的兴趣爱好，要使音乐课充满生气和欢乐。

第二，选择教学形式和教学方法要有利于调动学生的学习积极性，发展学生的创造性思维。比如，在采用讲授法时，对一些学生能力范围内能回答的问题，可结合谈话法来教学；在欣赏课教学中，对于有些短小的作品可以用发现法和讨论法来进行教学，也可以采用现场欣赏法，让部分有音乐专长的学生上台进行表演，以提高学生的学习兴趣。在音乐教学的过程中，有意识地培养学生的发散性思维和创造性思维。

第三，选择教学形式和教学方法要有利于发挥教师的专业特长。在音乐教学中，教师要尽量发挥出自己的专业特长，因为教师的演唱、演奏，比起听录音、看录像来，更能打动学生，激发他们的学习积极性，同时提高了教师在学生心目中的地位，沟通了师生之间的感情。

第四，选择教学形式和教学方法要与教学目标、教学内容相适应。任何教学形式和教学方法都是为教学目标服务的，因此，在选择时应以教学目标为核心，根据教学内容的需要，遵循音乐审美的规律。

第五，选择教学形式和教学方法要有利于营造民主、平等的学习氛围。民主、平等的学习氛围对于调动学生的学习积极性、培养学生的创新性思维、张扬个性、增进师生之间的感情交流具有很大的作用。因此，在进行教学设计时一定要从形式和方法上体现这种思想。

## 五、安排教学时间

安排教学时间有两方面的含义：一是指某一单元或某一课需要用多少课时来完成；二是指某一课时的时间如何安排到各个教学环节上。在考虑这个问题时，应从下述几方面着手：

（1）教材的系统性和条块结构。

（2）教材的难易程度。

（3）教学内容的多少和教唱歌曲所需的时间。

（4）解决教学难点所需的时间。

（5）学生的音乐素质和接受能力。

## 六、设计教学过程

设计教学过程是课堂教学活动整体布局的具体体现，也是对音乐教学所有要素的优化组合，它牵涉课堂教学的许多方面。例如，教学内容的整合，教学形式和教学方法的选择与搭配，教学层次的划分，教学重点和教学难点的分布，教学高潮的形成等。因此，在设计教学过程时，一定要有全局观念，要明确教学目标，要有教学的中心，要注意教学的层次结构及教学高潮的营造手法和时间。

# 第三节　小学音乐课的教学计划

小学音乐课的教学计划分为两种，一种是课时计划，一种是学期（年）计划。下面分别谈谈这两种教学计划的主要内容。

## 一、课时计划

课时计划就是我们通常所说的教案，它是教师备课的文字记录，是进行音乐教学的主要依据。课时计划一般包括九部分：

（一）教学内容（课题）

（二）教学目标

主要体现通过本课时的教学要在感受、体验、表现、创造音乐作品，在学习音乐知识，掌握音乐基本技能，以及在其他方面（如思想、情感、横向学科知识的获得、巩固、运用等）应达到什么样的学习效果。

（三）教材分析

从音乐艺术表现、音乐知识点以及音乐与其他横向学科协同教学等方面分析教材的结构、特点。写出重点、难点及解决难点的方法。

**（四）课型**

明确是单一课还是综合课。

**（五）课时安排**

根据教学内容确定所需的课时。

**（六）教学基本方法**

唱歌课和识谱教学要确定是用"模唱教学法"、还是用"视唱教学法"。欣赏课则明确是用"联想、想象欣赏法"还是用"对比欣赏法"等。

**（七）教具准备**

写出本课所需要用的基本教具，如钢琴、多媒体、收录机、教学挂图等。

**（八）教学过程**

这是课时计划的主要部分，它体现了教师上课的主要步骤和方法。因此，这一部分要把上课的主要思路、教学层次和采用的教学形式、教学方法体现出来。在进行教学设计时，教师可以根据教学内容、教学目标和学生的心理、生理特点来选择不同的教学模式，从这个意义上来讲，音乐教学过程是灵活多变的，这一点应引起广大教师的注意。

**（九）课后小结**

教师课后对自己的教学进行自我评价，从中总结经验找出不足，为进一步提高教学水平积累资料。

课时计划表请见表2-1：

表2-1　课时计划

| 班级：　　科目：　　教师：　　日期： | | | | |
|---|---|---|---|---|
| 教学内容（课题） | | | 课型 | |
| 教学目标 | | | | |
| 教材分析 | | | | |
| 教具准备 | | 教学基本方法 | | 课时安排 |
| 教学过程 | | | | |
| 课后小结 | | | | |

## 二、学期（年）计划

学期（年）计划是对全学期（年）音乐教学内容、教学要求、教学进度和整体安排的记录。它的制订必须根据如下几个原则：第一，根据新《标准》的要求和教材的编排体系；第二，根据学生的音乐素质、年龄特征和同一年级各班的不同情况；第三，根据学校的教学工作计划和总的要求。

学期（年）教学计划分"说明"和"教学进度计划"两个部分。"说明"部分主要有教学任务和要求，学生基本情况和教学措施等内容；"教学进度计划"部分则用表格形式把每课的教学内容、教具准备和复习、考试等项目按周顺序排列出来。学期（年）计划表请见表2-2：

表2-2 　　　年度第　　　学期音乐教学计划

年级：　　　教师：

| 说明 | | | | | |
|---|---|---|---|---|---|
| 一、教学任务和要求：<br>二、学生情况分析：<br>三、教学措施： | | | | | |
| 教学进度计划 | | | | | |
| 周次 | 感受与欣赏 | 表 现 | 创 造 | 音乐与相关文化 | 教具 | 备注 |
| 1 | | | | | | |
| 2 | | | | | | |
| 3 | | | | | | |
| 4 | | | | | | |

# 第三章 小学音乐教学策略研究

## 第一节 音乐情境创设策略

### 一、音乐情境创设教学策略概述

#### （一）音乐情境创设教学策略的理论概述

玛丽亚·蒙台梭利在 1963 年出版的《新世界的教育》中指出："学习是一个自然进程，是人类个体发展的一种本能。而且，学习必须通过个体在环境中的亲身体验，而不是靠听来获得。"约翰·杜威认为："唯一正确的教育来自于对儿童能力的刺激，这种刺激是由儿童感受到的自己所处社会情境的各种要求引进的。"教育家苏霍姆林斯基也曾说过："如果教师不想方设法使学生进入情绪高昂和智力振奋状态就急于传授，那么，这种知识只能使人产生冷漠的态度，不动感情的脑力活动就会带来疲倦。"

《大学》中言："不愤不启，不悱不发。"它的意思是：学生未到心求通而未得时不可开其意；学生未到口欲言而未能时不可达其词。这句话告诉我们，教师应在课堂上设计一种情境，开启学生的求知欲望，激发学生自觉学习的积极性，让学生从"要我学"转变到"我要学"，把被动接受知识变为自觉主动地学习，这样就能有效地提高学习效率。现代教学思想继承和发展了这一教育思想，明确指出教师要尊重并弘扬学生学习的主体性，唤起学生学习的积极性，并适当加以引导以达到教学目标。教师运用语言、实物、音乐、电教等手段，创设生动逼真的音乐环境，激发学生的音乐情感，充分调动学生的积极性。教师运用的多种手段可以是即兴产生的，学生能从特定的情境中获得形象具体的表象特征，同时受到特定气氛的感染。音乐是以流动的音响塑造形象的情感艺术，音乐教学中教师应创设一种可以让学生听、视、感、触的环境氛围，以激发、感染、陶冶、诱导学生的情感。教师的角色是设计师或导演，学生和教师同是情境的创设者和被情境感染、陶醉、启迪与激励的情感主体，师生共同分享音乐本身所蕴含的情感世界。创设情境可以使学生在一室中窥见宇宙，在有限内追求无限。

### （二）音乐情境创设教学策略的定义

通俗地讲，情境就是为学生参与学习营造的教学环境。一个优化的、充满情感和理智的教学情境是激励学生主动学习的前提。从杜威的"做中学"到李吉林的情境教学理论、布朗（J.S.Brown）等人的"情境化学习"以及建构主义学习理论等，都非常重视情境在教学中的运用。从建构主义学习理论的观点来看，学习总是与一定的情境相联系的，因为在情境的作用下那些生动直观的形象才能有效地激发学生的联想，唤醒学生原有认知结构中有关的知识、经验及表象，从而使学生利用有关知识与经验去"同化"或"顺应"新知识。教学情境创设是教学设计中的一个重要环节。

音乐课上所创设的情境包括两个部分，一为情感；二是环境。二者相结合就形成一个人的内在感觉与外部因素交互作用所形成的音乐教学所特有的情感世界。情境创设的基本程序是：创设情境→情境体验→总结转化。

这种教学策略是指在音乐教学活动中创设一种情感和认知相互促进的教学环境，让学生在轻松愉快的音乐教学气氛中，既有效地获得音乐文化知识，又陶冶情感的一种教学策略。运用这种教学策略要根据教学目标，通过语言描绘、音乐渲染、实物演示、幻灯或绘画再现情景以及运用现代教育技术等，为学生创设一个富有情感、美感、生动形象的特定氛围（即情境），学生在这一特定气氛中以各种形式参与音乐活动，小学低年级还可以让学生扮演角色来体验情境等，使学生在潜移默化中进行学习，最后总结领悟学习内容，做到情与理的统一，使情感体验上升到理性认识。

### （三）音乐情境创设教学策略的意义

情境创设教学是围绕"情境"来展开的，教师是情境的创设者，学生是情感的陶冶者，教师起组织者、引导者的作用。情境创设教学的核心是激起学生的情绪，把学生带入情境，有效地调动学生的主体能动性。它是结合学生的年龄特征，充分利用事物的形象创造具体生动的场景，激起他们的情绪，从而引导学生从整体上理解音乐的教学法。它的特点是音、形、情融为一体，音乐审美寓于其中。教师以这种手段缩短了学生与教师、教学内容间的距离，促进学生以最佳学习状态主动投入、主动参与，获得主动发展。教学是一种精神交流活动，这种活动总是与情感密切相连在一定环境中进行的。教学目的、教学内容、教学方法只有融进一定的教学环境，成为一定教学情境的组成部分才能成为教学的积极因素。苏联著名教育实践家苏霍姆林斯基对课堂教学活动的心理因素做了生动具体的描述："所谓课上得有趣，这就是说学生带着一种高涨的、激动的情绪从事学习和思考，对面前展示的真理感到惊奇甚至震惊，学生在学习中感受到自己的智慧力量，体会到创造的欢乐，为人的智慧和意志的伟大而感到骄傲。"

## 二、音乐情境创设教学策略类型

在具体的教学实践中，常见的情境创设教学策略类型又分为通过语言手段创设情境、通过光线创设音乐教学情境、运用美术手段创设情境、通过教室内教学设施创设音乐教学情境、利用音源创设音乐教学情境等几种方式。

### 1.通过语言手段创设音乐教学情境

苏霍姆林斯基说："教师的语言修养在极大程度上决定着学生在课堂中脑力劳动的效率。"许多优秀的音乐教师上课，学生津津有味、情绪激昂、乐于思考；却也有些教师上课，令学生兴趣索然、味同嚼蜡。其原因虽然是多方面的，但教师口语技能水平的高低是一个关键因素，教师的语言技能在课堂上起到传道、授业、解惑的作用。

语言就是这样一种最普通又最特殊的教学手段，不经意地使用语言谁也不会意识到语言的特殊性，但当教师巧妙地使用语言时，语言便会发挥神奇的妙用。

当欣赏无伴奏合唱《牧歌》时，柔美而悠扬的音响舒缓而悠长的充盈着整个教室，学生竖起耳朵捕捉着每一个音符，寻觅着音乐中的信息，此时教师调低音量，用诗一般的语言描述着草原的美景，给学生创设了一个优美的教学情境，那迷离的音乐和撩人的语丝交织在一起牵着学生的情思与遐想，将学生带入一种梦幻般的意境，仿佛听到天地合一的苍穹里发出天籁般的声音；又仿佛看到微风吹过的草原串串珍珠散落在绿缎上的美景。学生沉浸在音乐里，陶醉了、痴迷了、体验了、感动了，达到了"咫尺之内，而瞻万里之遥；方寸之中，乃辨千寻之峻"的艺术效果。

2.借助光线创设音乐教学情境

有人不禁要问："音乐教学也有光线问题吗？光线也能创设情境吗？"当然，不仅美术讲究光线，音乐同样存在着光线。恰当地使用光线不仅能增加明暗效果，更主要的是能够创设教学情境、烘托教学气氛，帮助学生感受音乐，更准确地体验音乐表达的感情。

打铃了，同学们排队等候在音乐教室门口准备上课。与往常不同的是教室里光线很暗、非常安静，教师点燃蜡烛安详地弹起了《平安夜》。同学们伴着音乐静静地走进教室；静静地围坐在一起；静静地倾听音乐；静静地感受体验此时、此地、此曲以此种独特的形式表达出来的情感。不需语言、不需任何要求，只有音乐和教师为音乐创设的情境。学生在这种情境中自然心态平和、表情端庄，很快就能进入状态，不仅学会歌曲还能准确地理解、把握音乐的风格，并且会永远难忘这节烛光里的音乐课。

由此可见，很多教学内容都可以通过光线来创设音乐情境。这就要求老师在仔细分析教材的前提下，做到形式与内容相符，通过光线创设情境使学生身临其境般欣赏音乐。

3.运用美术创设音乐教学情境

19世纪中期，音乐理论作曲家姆尼兹·豪普德曼在他的名作《和声与节拍的本性》里说："音乐是流动的建筑。"对此，贝多芬也深有体会："建筑艺术像我的音乐一样，如果说音乐是流动的建筑，那么建筑可以说是凝固的音乐。"艺术家对音乐艺术与建筑艺术的理解，也道出了美术与音乐相得益彰、千丝万缕的关系。

美术与音乐一直都像一对孪生姐妹，虽然表现形式不同，但她们的表情达意却又那么相似，关键时刻还能互融、互补，特别是在艺术课程教学中，彼此间的相互借用往往会起到意想不到的教学效果。在音乐课上，当欣赏看不见、摸不着的抽象音乐《梁祝》时，如配以相关美景画面，让学生陶醉于优美乐曲中的同时，定会产生身临其境之感。再如，欣赏《黄河大合唱》时，配以不断变换、奔涌向前的黄河图片，使学生充分感受作品的震撼力，同时也能帮助学生很好地理解词曲作者的良苦用心，从而激发爱国热情。在美术课上，当欣赏抽象的国画作品时，教师以深奥难懂的古诗词进行讲述，若配以《高山流水》等流动的琴曲，想必学生对动静结合的意境更易于接受和进入。

4.采用设施创设音乐教学情境

在教学过程中，只要老师合理运用教室内的教学设施，包括桌椅板凳、黑板、钢琴以及教室内的其他物品，都可以成为创设音乐教学情境的手段。比如，北京市朝阳区针织路小学吴雪蕾老师的《叫卖调》一课，为了让学生对"叫卖调"的形成和街头小贩的叫卖生活有更深刻的体验和感受，教师在形成阶段精心设计了一个"集市的一角"的热闹场面，用桌椅摆设的变化巧妙地创设了小商贩叫卖的生活情境。在创设情境的环节中，教师让中间两排学生的椅子背靠背形成左右各一条较宽的过道，在教师的导演下教室很快变成了街市一角，每位学生代表一个摊位，学生很快找到了感觉，课堂气氛一下子热烈起来，处处都是叫卖声。你听："哎，心里美大萝卜，不甜不要钱！""呦，老没见您，买点什么呀？""便宜点行不行？三块钱一斤，全包了！""卖主"脸上神采飞扬，手中拿着自己推销的产品，口中唱着即兴编创的叫卖调；"买主"耳朵听着"小贩"的叫卖调，口中不断地讨价还价。在桌椅创设的集市中，孩子们玩着、乐着、感受着、体验着、创造着、吸收着、评价着、成长着，这样的情境怎能不让人心动？这样的过程怎能不让人愉悦？这样的学习怎能不让人提高？这样的音乐课怎能不让人喜爱？教师并没有说教，只是提了几点游戏规则，学生并没有单纯寻乐，而是通过"集市的一角"的活动，不仅消化了课堂叫卖调的学习内容，还生动鲜活地体验了叫卖生活，感受了劳动人民的情感，了解了叫卖调的民间文化内涵。之所以能取得如此生动、深刻的教学效果，桌椅板凳的情境创设发挥了独特的作用。

5.利用音源创设音乐教学情境

音源是指现代音乐课堂教学中，为提高学生的学习兴趣，培养创新意识而选用的生活中的自然音响素材，例如，自制打击乐器发出的声音、其他乐器发出的声音、塑料瓶模拟的水声与蛙鸣声、揉搓报纸模拟的风雨声、盆桶发出的雷电声、口技模拟的鸟叫声等。

人们常说生活是创作的源泉，其意是指生活为音乐创作提供了素材，为作曲家的创作行为提供了灵感。生活不仅是音乐创作的源泉，同样也是音乐教学的源泉。人们的现代观念早已拓宽了音乐的范畴，乐音、噪音、自然音、生活音及相关的中介音等都是理想的音响资源。在新课标指导下的新教学倡导从学生所熟悉的现实生活出发，从他们的生存环境出发，因而音乐教学就自然融进了自然音、生活音以及中介音。师生共同利用生活中的音源为更有效地学习音乐创设情境，是一项非常有趣且有创造意义的活动过程。学生通过寻找、发现、探究、模仿、表现的过程，创造出教学内容所需要的自然情境，提高了学习兴趣、烘托了课堂气氛、培养了创新意识、锻炼了实际能力。例如，国家级骨干音乐教师培训班在教学汇报时，江苏组的教师选择了创造教学片段《春晓》，他们用塑料袋、报纸、书本、水桶、矿泉水瓶、钥匙链、口技等，模仿了风声、水声、鸡声、鸟声、鼾声，有效地利用各种物品和人声音源创设了教学情境，惟妙惟肖地表现出诗的意境，使学习者很快进入状态，加深了对作品的理解、体验和感受。

### 三、音乐情境创设教学策略实施原则

教师在课堂教学中一定要积极创设情境，充分发挥情境的功能，在创设情境和实施的过程中可遵循以下原则：

#### （一）真实性原则

传统的技能训练式的教学，其最大的不足就是将知识和技能从实际应用的情境中剥离出来，成为抽象、空洞的概念、规则、操作方法。而脱离真实情境获得的知识和技能常常"沉淀"为不具备实践作用的"惰性知识"或"惰性技能"。创设教学情境正是为了避免传统教学脱离真实生活的窠臼，强调按照真实的生活情境来改造教学，使学生对情境所涉及的人和事倍感熟悉和亲切，产生学习的极大热情，从而主动地建构知识。可以说，真实性是教学情境的生命所在，教师应立足于学生的生活，留心收集、积累能设计或利用成为教学情境的事件、信息，把生活融入教学，使教学面向生活。由此可见，真实性原则必然要求情境贴近学生的学习和生活，这样才有利于激发学生的已有经验，唤起学生的学习愿望，并以此作为出发点更好地改造和拓展学生的已有经验。切不可片面理解真实性的含义，选取来自实际但远离学生生活经验的实例，那样会导致学生在理解情境的过程中补充过多的相关知识，浪费时间和精力。

#### （二）针对性原则

这包括两个方面的"针对"。一方面，要根据学生的特点，如年龄、城乡生活环境、学习和生活经验等，设计有针对性的教学情境以有效吸引学生的注意和激发其学习动机；另一方面，要根据教学内容和教学过程，设

计与教学内容和教学过程有紧密联系的教学情境，必须认识到情境创设不是一个独立的教学环节，它与后继的教学过程应该是一脉相连的，情境创设的实例就是学习任务的开始或学习的目标，这样不仅能维持学生的成就动机还能确保教学的流畅性，利于迁移和提高教学效率。比如，某老师在教授小学二年级的《假如感到幸福你就拍拍手》时，为了有所创新，把主题中的"幸福"改为了"痛苦"，让学生在变换后面的歌词中反复练唱旋律。结果，旋律是都学会了，可本应幸福一节课的孩子们却在痛苦的情境中无奈地煎熬着。可见，教师对针对性原则的把握不容小觑。

### （三）经济性原则

创设教学情境本身并不是教学的终极目的，必须充分考虑所需花费的时间和精力，恰当把握情境设计和运用的时间。因此，这里提到的"经济性"已不是我们平常所说的跟金钱相联系的经济术语，而是更深层次地特指时间和精力方面的考虑。过于烦琐复杂的教学情境不仅占用过多的课堂教学时间，而且易造成课堂教学内容主次不清扰乱学生的思维，不利于学生的选择性知觉。在创设情境时也要考虑投入产出比，避免增加教师自身的负担。例如，2009年12月12日晚，在首都师范大学音乐厅上演的主题为"音乐点燃激情，教育启迪人生"——音乐教育专业专场演出中，由几十人敲击纸箱（而非昂贵的真鼓）、激情演绎的大型创编节目《十面埋伏》，壮观的场面，独特的创意，给观众留下了极为深刻的印象。

### （四）趣味性原则

一个有趣的教学情境可以吸引学生的有意注意，引起学生愉悦的学习感受，保证有质量的学习过程。因此，趣味性也是情境创设应遵循的一个重要原则。当然，不同的年龄阶段思维水平和兴趣点都有很大变化。例如，对于小学生来说，一个动画片场景可能激发他们的学习兴趣，我们完全可以在课上播放2009年风靡中国、家喻户晓、令孩子痴狂的时尚动画片《喜羊羊与灰太狼》，其人人会唱的动感音乐中反复出现的符点节奏，再不用被老师列为重难点来教唱了。因此，音乐教师需要在贴近学生经验的同时，抓住他们感兴趣的事例。

## 四、音乐情境创设教学策略实施建议

情境创设教学策略的作用已无须赘言，音乐教师如实施良好，定能对教学产生事半功倍的辅助效果；相反，如运用不当，则会事倍功半，影响教学效果。希望以下所列的一些实施建议，能对关注此教学策略的音乐教师有所帮助。

**（一）忌为了情境而情境，喧宾夺主**

音乐教师初次尝试情境创设的教学策略时，很容易把心思过多地花到了情境的创设方面，一节课上，连续不断、花样百出的种种情境除把学生折腾得够呛之外，教学目标也早已被抛到了九霄云外，这样的音乐课和音乐老师无疑是失败的、不成熟的。情境创设等教学策略是完全为更好地实现教学目标而出现和变换的，作为一种形式，必须要为内容服务。因此，把握好一个度，设置好一段恰当的时间，是实施此策略应遵守的原则。

**（二）忌降低语言表达要求，枯燥乏味**

教师在音乐课上要少说话，更多的是让音乐说话，但这并不等于降低对语言表达水平的要求，相反，少而精的语言将会起到意想不到的效果。教师的语言不仅要简练清晰，语音语调也要富有变化，不能平铺直叙而要抑扬顿挫，并伴随着适当的面部表情和手势。要做到这一点，教师的语言必须富于感情，只有富于感情的语言才能激起学生的情感体验。

**（三）忌情境创设囿于室内，拥挤压抑**

音乐教师要注意把握时机，尽可能利用大自然提供的机会为音乐教学创设情境。教师可以抓住春、夏、秋、冬四个季节的变化；也可以选择典型的气候特征；还可以利用突发的天气变化等，这些大自然的情景被转移到音乐教室中来就变成了音乐教学情境，进而使学生身临其境，引起情感共鸣。

**（四）忌美术手段过于专业，单一复杂**

美术创设情境不一定只是用绘画创设情境，因为那不是每位音乐教师的所长。美术涉及的领域非常宽，我们可以借助其他美术手段为音乐教学创设情境，如美术图片、色彩对比及师生共同设计的形象简易的图形谱等。

# 第二节　音乐探究发现策略

## 一、音乐探究发现教学策略概述

### （一）音乐探究发现教学策略的渊源

苏霍姆林斯基曾说过："在人的心里深处有一种根深蒂固的需要，这就是发现者、研究者、探索者，而在孩子的精神世界中这种需要特别强烈。"

探索发现式学习方法不是今天才发明的。早在我国古代的《学记》中就有类似的探索发现式教学的记述。例如：

君子之教，喻也；道而弗牵，强而弗抑，开而弗达。道而弗牵，则和；强而弗抑，则易；开而弗达，则思。和易以思，可谓善喻矣。

其意是说，教师教学如同有人问路，指给他道路而不牵着走；鼓励他前进而不强迫他；只在开始时指引而不陪他到达终点。指路而不牵着走可让学生自己去发现前进的道路；鼓励而不强迫易于学生自由探索；只是引导而不陪读必然锻炼学生独立思考，才能真正达到学习的目的。这样的教学才可谓是优秀的教学。

最早提出在学校科学教育中要运用探究方法进行教与学的是杜威。他认为，科学教育不仅是要让学生学习大量的知识，更重要的是要学习科学研究的过程和方法。

探索发现教学策略是针对我国当前基础教育改革的一大亮点——"研究性学习方式"的提出而构成的。研究性学习并非出自今天，也并非源自中国，它既具有历史性又具有时代性。从18世纪以来，它已经至少被大规模地倡导过三次，特别是20世纪90年代以来，研究性学习已成为世界课程改革发展趋势。作为教学范型如何针对学生的研究性学习方式辅以最直接的帮助，是每一个教育工作者都必须研究与关注的。经过学习与实践，笔者认为，研究性学习实际上是一个引导学生发现问题、探究结果的自主学习过程，是从学生的生活与生存环境出发，为学生的整个生活世界与科学世界着想并逐渐形成的最适合学生、最能体现学生独特个性的学习方式。探究发现本身就具有一定的创造性，学生要以研究者、探索者的姿态认知未知世界，去发现、获取知识。要用已有的知识、经验、体验确定研究方向，选择有实用性、挑战性的问题，要坚持自己独立的研究个性和良好的思维品质。在音乐教学中运用探究发现教学策略，不仅顺应课改的发展趋势，而且有助于培养学生的探究、创造等能力。

### （二）音乐探究发现教学策略的概念

所谓探究发现教学策略就是学生在教师的指导下，从学科领域或现实社会生活中主动选择和确定研究课题，以一种类似于学术或科学研究的方法，使学生自主、独立地发现问题，进行实验、操作、调查、信息收集和处理、表达与交流等探究活动，从而在解决问题中获得知识与能力，实现知识与能力、过程与方法、情感、态度和价值观的发展，特别是探索精神和创新能力发展的一种学习活动和学习过程。

探索发现教学策略是一种以解决问题为中心，注重学生独立活动，着眼于创造性思维和意志力培养的教学范型。它主要是根据杜威、皮亚杰等人提出的"提出—假设—推理—验证"等程序，结合我国教育实际而建立的。这一教学策略要求学生在教师的指导下，通过连续的步骤或活动让自己去解决问题、得出结论、发现知识。在这种教学策略中，教师是一位精心的组织指导协调者，引导学生通过自己的探索去发现并获得知识，同时形成良好的探索能力及创造能力。

### （三）音乐探究发现教学策略的基本特征

#### 1.将集体灌输改为个体探索

以往的传统教学大多以集体形式授课，教师一人控制课堂。由于主导动机不同，不过是教学形式的临时调剂而已，如教师问"曲作者是谁？作品的名称是什么？"等类问题。

学生根本用不着思考，教材上都写着呢，张嘴即可答出。这类可问可不问的问题给人造成一种错觉，表面看来似乎是带着问题学，有问有答避免了满堂灌。但是，实际上仍是教师设定学生跟行，没有改变集体灌输的形式和被动学习局面。

探究发现式学习主张对所学内容及对象，经过教师的暗示与引导由学生自己去发现问题、找出矛盾，并寻求解决问题的方法。学生是学习的主体，以小组或个人为中心，知识获取形式以探索发现为主。学生是学习的主人，学生用不着去思考如何回答老师的问题，而是同老师一样在探索中给自己提出许多问题，并带着问题继续探索、寻找解决方案。经过质疑、冲突、解决、再质疑，如此反复不断努力，在老师的引导下真正获取知识，并同时掌握获取知识的方法与能力。

例如，教师提出"什么是音乐"这样一个难题，同时提供学生一系列与音乐相关或无关的音响资料，组织大家收听、讨论、判断、鉴别、归纳、总结等。学生在这一过程中既锻炼了思维、培养了能力，又掌握了学习方法。

2. 将被动接受改为主动参与

传统意义上的学习，只要听话跟着老师的思维转，就是好学生。学生只是被动地等着教师把答案告诉自己，再强记硬背将其化为己有，用不着主动参与。久而久之形成了对教师的依赖性，离开教师这根拐棍就不会学习，记忆力不强，若不死记硬背就学不了多少东西。这从根本上违反了认知规律。

发现式学习的一大特点是学习必须百分之百地参与。学习的过程不是机械地背书，而是主动思考、亲自操作，在学习过程中发现其含义、特点、原理、规律等知识。这些知识是学生自己发现的，是他在参与中亲身获得的，故易于理解、便于记忆，并能融会贯通、灵活运用。事实证明，发现式学习适合每个人的参与，没有参与学习的内涵就不复存在，学习的特性就无法体现。

上例关于"什么是音乐"的发现式学习整个过程学生都踊跃参与，他们仔细听每一个片段、认真分析各种因素，将其归纳、分析并争先恐后地发表自己的意见。你会看到学生都积极主动地参与到学习中来，尽量调动各种感官投入学习。他们认真、严肃、神情专注，想方设法要弄清这个问题。课堂时间不够没能得出明确的答案，课后继续围着老师问这问那，回到家里查找资料，甚至家长也动员起来共同参与他们的学习。

3. 将间接关系改为直接关系

以往的学习由三部分组成：学生—教师—知识。教师是学生与知识之间的一座桥梁，学生无法直接到达彼岸。一个好的教师给学生铺设一条宽阔的通道；一个蹩脚的教师有意无意地给学习的通道设置了许多绊脚石。学生要想获取知识必须通过庞大的中介——教师，教师采用的方式——强行灌输，灌输的结果——学生获得了一堆死的知识。

发现式的学习也由三个部分组成：教师—学生—知识，教师是组织者、引导者，把学生从必然王国引向自由王国。教师不过多地承担中介任务，而是和学生一起携手向知识进军。

这样学生与知识之间就形成一种独特的直接关系，学生不再充当教师往里填充知识的口袋，而是和教师一起寻找通向知识宝库大门的钥匙。装了一口袋知识不会用的人等于没有知识；掌握了开启知识宝库钥匙的人则不然同，到哪里都将终身受益，且碰到什么问题都可以迎刃而解。

4.将外在兴趣改为内在兴趣

传统意义的学习必须由教师调动、引发学生的学习兴趣，教师调动效果好的话，学生兴趣浓厚，学习动力加强；教师调动效果差的话，学生当然不感兴趣，学习动力自然减弱。发现式学习能把学习者自我解惑的内在兴趣、内部动力激发出来。特别是发现学习获得结果时会使人感到一种由衷的高兴与兴奋，这就是收获与回报，不再需要教师附加的调动与鼓励，发现学习本身所产生的兴趣以及一旦成功所产生的惊喜，是任何鼓励也无法替代的强大动力。

**（四）音乐探究发现教学策略的价值意义**

"记录在纸上的思想就如同某人留在沙上的脚印，我们也许能看到他走过的路径，但若想知道他在路上看见了什么东西，就必须用我们自己的眼睛。"这是德国哲学家叔本华的一段话。从中我们可以看出探究发现学习所具有的重要价值：学生在探究发现中所获得的不仅是知识，还有过程与方法的掌握，情感、态度与价值观的提升。

探究发现教学策略的课程目标作了明确的规定：（1）获得亲身参与研究探索的体验；（2）培养发现问题和解决问题的能力；（3）培养收集、分析和利用信息的能力；（4）学会分享与合作；（5）培养科学态度和科学道德；（6）培养对社会的责任感和使命感。

探究发现教学策略的实施特别强调"体验"这一心理过程，十分关注学生的情感体验，其目的在于通过实践体验使学生在心理态度、价值观和生活方式等这些人发展最深层的指标上有所突破。我们通常见到的学生感受力下降，感受不到大自然的美、艺术的美；对事物缺乏兴趣，缺少好奇心和探究欲；缺乏对成就感、自尊心的体验；缺乏对亲情、人性的体验，某种程度上都与忽视情感目标、过程目标有关。

如果情感目标与过程目标在探究发现教学中得以确认并得到强化，那么探究发现教学已不能像其他课程那样，以老师讲授为主要形式，以学生记忆、背诵知识、提高认知为目标；而是要为学生提供各种机会，以便学生亲身参与多种研究活动发展情意与心智。终身受益的东西从来是看不见的，是学生内在的情感、态度和人格。因此，实施探究发现教学策略，传统的课堂教学思维方式及其操作模式就必须有一个革命性的变化。探究发现教学要着眼于学习方式的转变，实现学习方式的多样化。它必然致力于合作的、探究的、工作任务导向的学习方式变革，改革学生局限于个体的、接受的、知识学习导向的学习现状，鼓励学生走上思辨、畅想、感悟等丰富多彩的探究之路。

探究发现教学策略的优点：

（1）学生是学习的主人，学生掌握着学习的主动权；

（2）可以锻炼、发展学生的创造性思维与创造能力；

（3）"因材施学"得到最充分的体现，每个学生都可以因自身的条件和水平，恰当地把握探究发现式学习的程度；

（4）培养学生的多方面能力，观察、操作、思考、鉴别、归纳等能力是发现式学习的主要能力；

（5）充实学生的知识结构，拓宽学习的知识领域，使学生获得更多的课本之外的知识，从而提高了素质；

（6）充分调动学生的学习潜能，激活学生的内在兴趣与内在动力；

（7）提高学生的独立性，不断掌握科学的学习方法。

## 二、音乐探究发现教学策略类型

首都师范大学音乐学院音乐教育系的实习生在教育实习过程中，做了大量的探究发现教学策略的教学实验，深受师生的喜爱，取得良好的教学效果。下面将他们的选题刊出供音乐教师参考："音乐与生活""生活中的'破铜烂铁'""音乐与文化""音乐与文学""旋律与情感""音乐的社会功能""电影音乐的作用""广告音乐""大自然中的音乐""音乐的妙用""音乐与健康"等。

探究发现式教学策略大体可以分为如下几种形式：

### （一）集体研究式

这是指在音乐课堂教学中，学生在老师的带领下以集体方式进行的探究发现性学习活动，其特点是人数较多、思路广泛，相互启发、相互碰撞，可以使学生在活动中获取更多的信息。

上海的马淑慧教师以《什么是音乐？》为题，通过集体形式有效地组织了一次生动的班级讨论，在倾听、发现、分析、思考、查询、陈述、辩论、梳理、自悟、形成等若干个反复操作过程中，使学生在一定层面上完成了"什么是音乐"的探究发现性学习。其实，很多教师教了一辈子音乐课，学生也学了多年音乐课，但很少有人思考过"什么是音乐"或通过什么方式让学生理解"何为音乐"这样一个最基本、最普通，但又最难操作、最有实际意义的问题。马淑慧老师采用一种最简单的形式，解决了一个最为复杂的教学问题，它使用的方式便是集体探究发现式教学策略。这里教师所做的就是选择课题、确定形式、组织活动。当教师巧妙地抛出课题时，课题迅速变成无数闪光的花絮飞入学生的心底，激起学生探究学习的热情，激活沉睡的脑细胞，使创造性思维跃出课本、跃出课堂、跃入生活、跃入社会。在探究中通过学生的"自组织"过程，使每个学生不仅在自己特有的层面上理解了什么是音乐，还在探究过程中锻炼了学习能力，掌握了学习方法，增强了创新意识。

（二）小组研究式

这是指在音乐课堂教学中由教师统筹安排，在小组长的带领下以小组为单位开展的研究性学习活动。其特点是人数较少、集中、便于管理，可以使学生在规定时间内充分发表意见，锻炼学生独立思考与操作的能力。

（三）个人研究式

这是指根据教学进度的需要，由教师统筹安排，以学生个体而进行的研究性学习活动方式。其特点是灵活机动、独立操作、自主性强，可使学生的独立性得到充分锻炼。

（四）小组、集体相结合研究式

这是指在音乐课堂教学中，根据课堂教学内容的需要而采取小组和集体不断交叉变化的研究性活动方式。其特点是灵活多变、因需制宜、适合学生的年龄特征、符合教学内容需要，可有效调动学生的积极性。

（五）个人与小组、集体相结合研究式

这是指在音乐课堂教学中根据课堂教学内容的需要而采取个人、小组和集体相结合的研究性学习活动方式。其特点是课堂活跃、形式多样，可以使学生的潜能和综合能力得到更充分的发挥与锻炼。

### 三、音乐探究发现教学策略实施

探究发现式课堂教学要如何探究，实际是要回答教学过程怎么去操作。这个问题的基本思路是遵循学生的认知规律，以素质教育思想为指导，学生主动参与，自主学习为途径，合作讨论为形式，培养创新精神和实践能力为重点，构建教师导、学生学的教学程序。具体操作程序和要求可分为四步进行：

**（一）激趣引题，自主探究**

激趣引题是指教师的课堂导入；自主探究是指教师提示后的学生活动，这一环节起着影响全局、辐射全课的作用。要求一堂课的开头就像一块无形的"磁铁"，虽然只有短短的一两分钟却能吸引学生的注意力，调动学生的情绪，打动学生的心灵，形成良好的课堂气氛切入口。教师简短的导入是为学生自觉探究做铺垫，学生有了浓厚的兴趣就会主动地进入自学探究阶段。

音乐教学中的探究性学习必须围绕音乐教学内容进行选题，除关注音乐本体外，还要考虑学生主体的实际情况。确定选题时大体可以从以下几个方面考虑：

（1）从学生的生存环境与音乐的关系中考虑选题；

（2）从学生熟悉的现实生活中考虑选题；

（3）从学生感兴趣的音乐话题中考虑选题；

（4）从提高学生的观察思考能力角度考虑选题；

（5）从增强学生创新意识的角度考虑选题；

（6）从提高学生对音乐文化认识的角度考虑选题；

（7）从培养学生情感、态度、价值观的角度考虑选题。

具体范围可根据教师水平、学生水平、教学条件和社区环境来定，一般不要超出教师和学生能力可操作的范围。

探究发现教学策略的目标是发掘学生心力，发挥其自主性，培养自主学习习惯和自学能力，使其终身受益。教师要为学生自学探究提供不少于7分钟的时间，让学生在音乐中感知；在音乐中感悟；在音乐中接受情感熏陶。学生自学探究是由学、思、疑、问四个相互联系的学习要素组成的。

学而不思、思而不疑、疑而不问是传统教学长期养成的恶习；而学有所思、思有所疑、疑有所问是现代教学提倡的优良学习方式。学生在自学探究中，能把学、思、疑、问连接在一起，就会给自学探究增添无限的乐趣和动力。因此，不必担心学生有没有自学探究能力，能不能达到预期效果，重要的是教师相信不相信学生，给不给学生自学探究的权利。如果能做到相信学生也能给予权利，学生自学探究水平肯定会迅速提高。

**（二）解疑点拨，合作探究**

学生自学探究是学中有探，探中有学，一般问题均可以在边学边探中自行解决，不理解或解决不了的疑难问题可集中在这一阶段解决。这一步开始可给学生 3～5 分钟时间，简要表述各自探究中的疑问，要求学生不重复、不啰唆、不提与主题无关的问题。面对学生的疑问教师不必过早解释，只要综合大家的提问，提出一两个重点问题组织学生合作探究即可。

需要注意的是，教师与学生面对面切不可搞成问答或对话形式，要让学生与学生之间对话、答辩、争论，教师只需在关键处加以指导或点拨，要避免教师牵着学生鼻子走。合作探究能促进学生思想情感交流，培养团结协作精神，构建民主和谐气氛，养成良好个性品质。以往组织课堂讨论主题不明确；时间不充分；气氛不和谐；形式走过场多，讨论探究效果很不理想，这是探究式课堂教学一定要引以为鉴的。学生合作探究，那教师要做的工作是：眼观六路、耳听八方巡视指导，并不断点拨强化学生的合作探究。

**（三）举一反三，实践探究**

这一步既是对探究成绩的巩固，又是对探究效果的检验，其作用在于帮助学生学会方法。首先，教师要根据教材要求和学生合作探究情况简要归纳、概括讨论要点，掌握什么方法、理清什么概念、明白什么道理，几句画龙点睛的话就给学生以明白、清楚地交代。其次，要求学生运用自学和讨论探究获得的知识，学会举一反三解决类似或相关的问题。学生实践探究的内容和形式要根据学科要求和特点决定，不必强求统一。总之，实践探究是开发学生创新思维的有利时机，方法形式一定要灵活多样，只要有利于学生扩大知识和发展能力，就照这个方向做。

**（四）激励评价，引申探究**

这一阶段既要总结前三步探究活动的基本收获，对学生积极主动参与探究给予充分肯定，又要得出结论为学生今后解决类似或相关问题导向指路。这是探究式课堂教学活动继往开来的一步，其作用在于进一步让学生牢记探究的方法，养成自主探究的习惯，把学习探究变成自己生活的第一乐趣。这两步激励评价可由教师进行，也可以让学生自评、互评，大家总结教师补充。另外，教师要把局限于课堂的时间与空间扩大到课堂之外，引导学生到图书馆、阅览室和社会生活中去探究，只有给学生更多读书、动脑、动手、实践、探究的机会，才能培养出更多有思维、有能力的创造型人才。

探究发现式课堂教学四步操作程序只是提供基本程序，并非固定不变，各学科可根据教学要求自行设计教学步骤。不过，自学探究和讨论探究集中体现了探究发现式课堂教学的特征，各学科教学都应选用或采纳。

运用探究发现式要控制教师讲话时间，一般不要超过 10 分钟，这样可给学生 30 分钟活动时间。如果教师每个阶段讲话 2 ～ 3 分钟，学生每个阶段活动探究 7 ～ 8 分钟，那么，这样的教学才算真正摆正了学生在课堂教学中的主体地位。

探究发现式课堂教学能否取得实效，归根结底是以学生是否参与、怎样参与、参与多少来决定的。同时，只有学生主动参与教学才能改变课堂教学机械、沉闷的现状，让课堂充满生机。所谓学生主动参与，就是给学生自主探究发现的权利，教师不要设框先把学生手脚捆绑起来，要求学生按照预先设计好的一套去运行。而每步探究先让学生尝试，就是把学生推到主动位置，放手让学生自己学习，教学过程主要靠学生自己去完成，这样就可以使探究发现式课堂教学进入理想的境界。

# 第三节　音乐合作学习策略

"什么是最有效的教学方法？最佳的回答是：它依赖于教学的目标、学生、教学的内容和老师；另一个较好的回答是：学生互相教授知识。大量证据表明，同学之间互相教学对各种教学目标、教学内容和不同水平及个性的学生都有效。"麦克凯奇所说的"同学之间的互相教学"可以理解为对合作学习的朴素描述。

## 一、音乐合作学习教学策略概述

### （一）音乐合作学习教学策略的渊源

合作学习是一种古老的教育观念和教学实践。我国最古老的教育专著《学记》中有这样的记载："独学而无友，则孤陋而寡闻。"由此可见，早在两千多年前，教育者在自己的教学实践中，就强调学生之间的彼此切磋和相互交流。在西方，大约公元 1 世纪，古罗马就有学者提出，学生可以从互教中受益。17 世纪，捷克教育家夸美纽斯认为，学生不仅可以从教师的教学中获得知识，而且还可以通过别的学生的教学来获取知识。18 世纪初，英国牧师贝尔和兰喀斯特对"合作学习小组"的组织方式进行了较为正式的应用。19 世纪初，合作学习的观念传入美国，随后美国教育家帕克倡导的合作教学方法在美国教育中占了主流。帕克之后的美国实用主义教育家杜威提倡在教学中运用合作学习小组，并使之成为教学组织的重要形式。我国著名教育家陶行知先生于 1932 年提出并实施了"小先生制"，他提出儿童可以一边当学生一边当"先生"，"即知即传人"。这些观念和实践都带有合作学习的色彩。

基于美国独特的社会文化背景和对传统教育的反思，合作学习于 20 世纪 70 年代在美国广泛兴起。有三个独立的研究小组分别在美国和以色列进行课堂情境中合作学习法的开发和研究，并在 20 世纪 70 年代中期到 80 年代中期取得了实质性的进展，成为一种十分有影响的教学理论与教学策略。由于它在改善课堂的社会心理气氛、大面积提高学生的学业成绩、促进学生形成良好的心理品质等方面富有成效，被认为"近十几年来最重要和最成功的教学改革"。目前，合作学习的实践已在世界许多国家普遍开展，合作学习的理论与其他相关教学理论开始融合，合作的观念不再局限于课内，它已渗透到学校工作的各个方面。

### （二）音乐合作学习教学策略的概念

合作学习教学策略是指学生在小组或团队中为了完成共同的任务，明确责任分工的互助性学习，它具有以下几个方面的要素：

（1）积极承担在完成共同任务中个人的责任；

（2）积极的相互支持、配合，特别是面对面促进性的互动；

（3）期望所有学生能进行有效的沟通，建立并维护小组成员之间的相互信任，有效地解决组内冲突；

（4）对于各人完成的任务进行小组加工；

（5）对共同活动的成效进行评估，寻求提高其有效性的途径。

对学生而言合作学习是一种学习方式；对教师而言它则是一种教学策略。合作学习在理论上主要依据于教育社会学、教学心理学和团体动力学。在21世纪课程改革中，合作学习被作为重要的学习方式予以倡导；在课堂教学中合作学习的实践有突出的经验、绩效产生，令课堂教学充溢活力，教学活动焕发生机。

传统教学中教师完全低估了课堂上学生之间的作用。合作学习具有八种功能：（1）同伴间的互相作用能够影响儿童的价值观、态度、能力和认识世界的方法的社会化；（2）能够预知学生未来心理健康水平（不能与人交往会影响心理健康）；（3）学生习得减少社会孤独所必备的社交能力；（4）能够减少学生的青春期问题行为；（5）给学生提供了学会控制攻击冲动的环境；（6）影响学生性别角色同一性的发展；（7）影响学生理解他人能力的形成；（8）影响学生的教育抱负和学业。

合作学习既是一种教学思想、教学的总体要求，也是一种具体的课堂教学技术。它代表着进步的教学理念，即教师与学生之间的关系是相互尊重、相互合作的人际关系；学生是课堂真正的主人；学习过程不仅是学生认知发展的过程，而且是情志、个性同步发展的过程；课堂教学效率取之不尽的源泉是学生彼此之间的合作。

**（三）音乐合作学习教学策略基本特征**

1.关系的平等性

在进行合作学习中教师不以权威者、知识拥有者自居，而是以引导者、促进者、赞叹者的身份出现；学生也不再单纯是知识的接受者，而是一个思考者。教师应成为班集体中的一员，在师生之间、学生之间打开广泛合作的渠道，教师应在课堂教学中努力创造一种自由、融洽的师生关系，从上课时起，就使师生双方处于一种平等的地位，师生双方敞开自己的心扉互相接纳、彼此交流和沟通建立一种相互信赖的友情。实际上，合作学习是一种充满友好气氛的"游戏"，它创造了一种轻松的状态，这种状态是民主的、积极的、健康的，师生可以达到心理相容，这是实施合作学习的首要条件。合作学习强调以集体授课为基础、以小组为主体，力求体现集体性与个体性的统一。合作教学的基本模式是：合作设计—目标呈现—集体讲授—小组合作活动—检测—反馈与补教。在教学中讲授是经过合作设计的，力求各部分清晰，时短量大，高效低耗，其他时间用于小组活动使学生有机会进行相互切磋。在合作学习中教师好比"导演"，学生好比"演员"。"导"为前提，"演"为主体，把大量的课堂时间留给学生，这样有利于学生掌握如何学习、如何自我管理、如何合作学习与交往。对于培养他们的责任心、意志力、开拓创新精神、组织能力等都有意想不到的效果，所以合作学习有较强的实用性。

2. 过程的共生性

我们的音乐教学内容包括声乐、器乐、音乐知识、欣赏、视唱练耳等课业；教材编排特点是知识与能力训练相结合；教学目的是通过看、听、唱、奏、思、写训练使学生获得知识，增强爱国精神、陶冶情操、培养良好的品德意志，提高各方面的能力。以往授课的弊端也越来越清晰地被大家所认识。同一讲授内容、同一教学难度、同一作业要求等一刀切的呆板教学模式，从根本上忽视了学生的个性，否定了学生智力、能力等方面的差异。为克服这种状态，根据教材编排内容的特点，教学中采用合作学习的形式是切实可行的。美国创造学的奠基人奥斯本在他提出的"大脑风暴法"中指出，小组技术比个人更重要。在大部分创造性解决问题和独特构思的创作实例中，小组交往是最基本的因素，创造型人才是通过相互交往而形成的。合作教学中欣赏课要善于组织课堂讨论，在讨论中学生对某一问题仁者见仁、智者见智，相互补充启发，从而提高了分析、理解、鉴赏的能力，创造性地解决问题。音乐习作课上不同水平的学生在一起，优秀生可以为困难生提供智力刺激和帮助，同时在对困难生的辅导、帮助中巩固知识，提高习作能力；困难生有了榜样，在合作训练中就能不同程度地完成任务。音乐创作的合作活动更应充分发挥集体智慧和力量，利用组际间的竞争调动学生的积极性，以集体思维促进个体思维，让成员都去大胆想象、构思和创造，便可创造出一些新颖、独特的作品来。

3. 评价的多元性

合作教学把"不求人人成功，但求人人进步"作为教学所追求的一种境界，同时也作为教学评价的最终目标和尺度。变个人之间的竞争为小组之间的竞争，以小组的总体成绩决定奖励或认可的依据，形成了"组内成员合作，组间成员竞争"的新格局。音乐成绩的评价不仅要看其学习成绩（主要是作业水平）的提高程度，更重要的是对学生非智力因素（如情感、态度）发生了怎样的变化做出评价，这对后进生转化尤为重要。还要把着力点定位在争取不断进步与提高上，自己与自己的过去比，只要比自己过去的音乐技能有进步、审美能力有提高就算达到了目标，这种合作竞争的做法致使全班无一例外地受到了赞叹及鼓励，并人人都能取得进步。

4.德育的渗透性

通过对教材内容的学习和欣赏，从历史题材的欣赏中，经过合作讨论学习使学生增强爱国主义精神，产生民族自豪感和民族自信心；再通过对现代生活中音乐作品的学习，使学生感受到社会文明的发展和现代进程，激发他们热爱生活并对自己的未来充满希望；通过合作使人际关系融洽、气氛和谐、民主，成员之间相互吸引、相互信任、相互支持，达到心理相融、心思相通，从而学会同情人、关心人、帮助人、与人友好相处，有利于学生社会意识的培养。学生在感情上发生共鸣、认识行动上表现一致，达成共识使学生产生了主体意识，增强其主人翁的责任感。合作使学生得到愉快，在愉快的环境中享受学习的乐趣、建立起自尊，充分发挥自己的个性，敢于真实地表现自己，发挥求异创新的能力，产生一种荣誉感、成功感。

### （四）音乐合作学习教学策略价值意义

国务院 2001 年 5 月 29 日颁发的《国务院关于基础教育改革与发展的决定》中专门提及合作学习，并对合作学习给予高度重视，指出："鼓励合作学习，促进学生之间的相互交流、共同发展，促进师生教学相长。"合作学习作为新一轮基础教育课程改革所倡导的学习方式之一，随着基础教育课程改革的加速推进，越来越被认为是一种十分有效的学习方式。

国际 21 世纪教育委员会在《学会生存》报告中也指出："合作能力是教育中的重大问题之一，我们要让学生懂得人类多样性，同时要教他们认识地球上所有事物有相似性又是互相依存的，从幼儿开始，学校就应该在教学计划中留出足够时间向学生传授合作的知识，对学生进行交往合作训练。"音乐学习有其独特的学科特点，合作是其中重要的理念，也是重要的学习内容和方式。音乐学习中合作项目很多，如合唱、合奏、重唱、重奏、歌舞表演、舞台音乐剧等，都需要全员参与、群力群策、研究创新，既需要分工又讲求合作。分工中需要自主探究，合作中讲求和谐统一。流动的音符将师生紧密地联系在一起，在教师的引导下，师生在交往过程中唱响合作乐章。

合作精神与合作能力不是与生俱来的，它需要后天的习得。《音乐课程标准解读》中各学段的共性目标提出要"培养学生的友爱精神、群体意识及合作能力"，同时 1～6 年级学段目标提出要"培养学生乐观向上的态度和友爱精神"；7～9 年级则提出"培养学生丰富的生活情趣和乐观态度，增进群体意识，锻炼合作与协调能力"。

1. 强调主体参与和相互合作

在学习过程中，学生不但要用自己的大脑思考，还要用自己的眼睛看、耳朵听、嘴巴说、双手做。也就是说，学生要用自己的身心经历、感悟和体验。因此，合作学习改变了传统课堂单一、被动、陈旧的学习方式，使教学过程真正建立在学生自主学习、相互沟通的基础上，从而有效开发了课堂教学效率的永恒资源。

2. 以"要求人人都能进步"为教学宗旨

合作学习努力为学生营造一个心理自由和安全的学习环境，学生在学习的过程中呼吸着自由的空气；体验着自我的价值；感悟着做人的尊严。良好的心理体验焕发着学生的学习兴趣；小组的学习方式实现了学生心理的互补；新型的评价制度激活了学生的学习潜能。因此，合作学习改变了传统课堂的社会心理气氛，突破了只能让少数人"成功"的教学现状，实现了教学真正意义上的全面丰收，从而真正实现了促进发展的功能。

3. 倡导"人人为我，我为人人"的学习理念

合作学习的过程实际上是一种团队意识引导下的集体学习方式，学习过程中的分工与协作、学习结果以小组成绩作为评价依据的方法，使学生强烈地意识到"我们相互依存、荣辱与共""只有我尽力了大家才能赢；也只有大家赢了我才能赢"。因此，合作学习改变了传统教学独立打拼、个人竞争的学习现象，使学习过程建立在相互合作、群体竞争的基础上，有效地形成了学生的合作意识和个体责任。

4. 培养学生的合作互助意识，形成学习与交往的合作技能

在合作学习过程中，学生对学习内容不但要自我解读、自我理解，而

且要学会表述、倾听、询问、赞扬、说服和采纳等。因此，合作学习不仅能够满足学生学习和交往的需要，更有助于形成学生学习和交往的技能，促进学生学习能力和生活能力的发展。正因为如此，合作学习体现了教育的时代意义，实现了教育的享用功能，即为学生在未来社会中能自由地享受生活和建设生活奠定了基础。

研究表明合作学习能带来一些积极的后果，如对学习内容更深层次的理解、学业成绩的提高、自尊心的增强以及更高的动机水平。合作学习帮助学生更为积极主动地投入学习内容，成为学习的主人，提高他们解决小组冲突和小组活动的能力。

合作学习已广为流行，为千千万万的老师在不同程度上所采用。合作学习几乎每天都在课堂里发生着，与传统的、单独的学习相较而言，这一方法带来许多学业上的、社会上的和态度上的益处。合作学习同时支持学业和社会学习目标的进步，可使学生积极独立地构建任务，督促学生学会在小团体里合作的技巧。

总之，合作学习不仅强调学生认知方面的发展，更强调学生学习过程中的情志发展，追求学生完整人格的全面形成，真正体现了教育的教育功能、发展功能和享用功能。

## 二、音乐合作学习教学策略实施

在教学设计中，教师如何采用"合作学习"这一教学策略促进学生的发展呢？

1.合理分组，异质互补

合作动机和个人责任是合作学习产生良好教学效果的关键。小组成员要建立起积极的互动关系，每个人要明确并积极承担在共同完成任务中个人的责任，这有赖于教师对班级学生的合理分组。一般来说，分组时可以进行这样的搭配：男女学生搭配；学习基础好、中、差学生搭配；能力不同者搭配；不同特长者搭配；不同家庭环境者搭配。小组组成后，各小组内产生组长、记录员、发言人、资料员等，在明确各人职责的基础上分工合作。小组成员定期轮换角色使其掌握新的合作技巧，促进个人全面发展。

2.精心设计，有效讨论

"讨论"是合作学习中最常见的形态。作为教学对话行为的一种，它以小组为独立单位，学生根据一定的议题或在一定的议题范围内进行讨论，教师以"观察员"的身份巡视，一般不加入其中，它是课堂教学对话中教学环境最为宽松自由、学生参与度高的互动行为方式。在讨论中学生各抒己见，互相启发、互相帮助，在积极的互动与交流中获取新知，拓展思维，发展能力。因此，教师要精心设计讨论内容，把握好讨论时机，组织好讨论过程。

3. 及时评价，促进发展

评价可以从两个方面进行，一是小组内的自评；二是小组间的互评。教师可引导小组内"自评"从以下方面进行：（1）总结取得的成绩和经验；（2）分析存在的问题和原因并找出解决的办法。小组之间的互评需要总结出小组的优点和不足，达到取长补短、互相促进的目的。教师在这个过程中起引导者、合作者和促进者的作用，教师倾听学生的发言和要求，用发展性评价激励学生主动学习、积极探索。同时，教师教给学生评价的方法和策略，促进学生评价能力的发展。

## 三、音乐合作学习教学策略实施建议

音乐与美术不同，它的最大特点之一就是合作，绝大多数情况下，没有合作，音乐就不能产生和存在。因此，音乐教育中合作的重要性也就不言而喻了。但是，要真正实现音乐教育中的充分合作还需注意以下几个问题：

1. 建立新型的师生"合作伙伴"关系

长期以来，在一些师生之间形成一种非常奇特的关系：老师本应是学生的保护者却成了学生的"死对头"；本应是知识、技能的传授者反而成了学生学习兴趣的扼杀者。

新世纪的音乐教育呼唤着新型的师生关系，它不是传统意义上的"师道"，也不是今天被某些人误解的"学道"，而是为了顺应未来世界发展的需要、符合教育"以人为本"的要求而演绎出来的一种开放式、开拓型的新型师生关系。此种关系非常奇妙，众人都在积极探索。从国内外许多师生关系的案例我们可以深切感受到，新课程观强烈呼唤着一种"合作伙伴"式的师生关系，教师处于平等中的"首席"位置，师生成为音乐学习中的"发烧挚友"，在通向"美"的跑道上携手共进。在这样一个前提下，师生之间的关系就完全变了，其中最显著的变化即学生从原来的服从者变为今天合作的一方，教师也从原来的指挥者变为今天合作的另一方。

如果师生之间建立起新型的、充分的、协调的合作伙伴关系，那么就会师乐、生乐、师生同乐；生荣、师荣、师生共荣。这样师生携手共进，通过音乐学习达到心灵上的沟通，共同为追求美、创造美、体验美而努力，我们的音乐教育将会获得最佳效果，完美实现课程改革的教育目标。

2.加强学生间的相互合作

新教育理念与新学习方式尤其强调相互合作，今天的学生作为一个受教育的群体，早已不是过去那种单纯的受教育者了。他们通过家庭、媒体、网络、社会等多种渠道能获得比学校多得多的受教育的机会与信息，我们应当把它看作是一种力量、一种资源、一种财富、一种智慧。我们关注学生间的合作，促进学生间的合作，实际上就是把力量、资源、财富、智慧集合起来使用，以加强学习、促进学习。学生通过合作可以不断地"发现"他人，经常地重新审视自己，对学生的学习与成长大有裨益。不仅增长知识而且增长能力，学会与同龄人合作在社会上就会有合作共事的能力。音乐教师应当充分利用音乐本身具有的合作特征，有意识地创造合作条件，使学生在音乐教学中得到更多的合作锻炼。

3.提倡教师间的相互合作

由于身份、地位、工作环境的关系，音乐教师这个职业一直是一个特殊的职业。音乐教师在每所学校中的数量非常少（一至数人）、授课年级多（所有年级）、工作强度大（课内课外），音乐教室处于边缘地带（怕影响正常教学通常把音乐教室放在一边，远离正常教学环境），所以他们虽然每天和孩子们生活在一起，但心理上与学生、教师、社会、环境等都有一定的距离感。对某些音乐教师来说，音乐教室就像一个"孤岛"，自己就像站在"孤岛"上，与其他教师和其他学科"鸡犬之声相闻"，相互往来却甚少。而且既不与他们联系又不与同行合作；既无与其他"专业大户"竞争的机制，也缺乏本行业中的相互汲取，导致音乐教师的业务水平、教育知识、教育技能与教学效果难有较大的提高和长足的进展。

教师间的相互合作也是非常重要的，这是新课标与教师专业发展向我们提出的迫切要求，必须引起同行们的高度重视。这种合作应包含以下几方面内容：

（一）教材资源共享

教材资源包括两部分：一部分为"死"资源，如课本、教参、音响资料、相关书目、视听设备等；另一部分为"活"资源，如教师、学生、环境、家长、社会等。充分利用、挖掘现有资源，相互沟通有无、提供信息，可以减少资源重复，提高教学质量。

### （二）方法、技能互探

跳出本学科固守的小圈圈，多向其他兄弟学科学习，多与其他姊妹学科联手，共同探讨教学方法与教育技能，学科间加强交流，互听、互评、互学、互动，他长我也长；他强我也强，既符合新课程学科综合的理念，又利于开阔师生视野，做到综合、全面发展。

### （三）情感心理互助

音乐学科独立于"孤岛"的现象应该结束了，走进其他学科办公室，走人大"家"心里，从情感心理上相互支持、相互了解，分散孤独，寻求互助，在给他人带去欢乐的同时，也将给自己带来广博。

### （四）课内课外互援

众人的智慧是无法估量的财富，音乐教师应学会利用校内有效资源与姊妹学科在教学上互相帮助、互相支援、互相学习、互相借鉴，不断丰满羽翼、取长补短，音乐教学的小学科就会在学校发挥大作用，各学科的优势也将不断影响音乐教学使之进入良性循环，在课程改革的大潮中共同前行。

4.促进教育与环境之间的合作

以往的教育是向教材要结果的教育，因而教师带领学生死啃书本。今天的教育是"从强调教材的单因素到强调教师、学生、内容、环境四因素的整合。课程变成一种动态的、生长性的'生态环境'，是四因素持续交互的动态情境"。说明今天的教育呼唤着开放的教育、活动的教育、成长的教育、有生命力的教育，这就要求我们努力朝着四因素的整合迈进，调动各方的积极性，挖掘社会环境的潜能，通过教育与环境的有机合作，促进音乐课堂教学的发展。

充分利用音乐艺术的集体表演形式和实践过程，培养学生良好的合作意识和在群体中的协调能力。

合作教学是新课改以来比较常用的一种教学方法，在音乐欣赏课堂上运用合作策略设计教学能使课堂呈现出勃勃生机。不单是师生合作、生生合作等合作伙伴的选择，还可以有合作内容的选择，如音乐剧的创编整个课堂就是一个合作的天地；还可以是合作表演，你唱我跳，老师弹琴、学生歌唱、表演、打击乐伴奏，音乐活动本身就是一个合作的过程，音乐一旦没有了合作也就无法完成，如合唱、舞蹈等表演都需要教师与学生、学生与学生之间默契的配合，音乐欣赏教学更要适当运用合作策略来教学，达成教学目标。合作教学一般运用到学生创编歌词、改编旋律等环节。杭州的邬淑颖老师在上《感受回旋曲》时较好地运用了合作，让学生根据上课内容合作创编了观潮回旋曲。前面的内容对回旋曲的特点与形式进行了直观、形象的教学铺垫之后，该教师根据学生的特点，在大合作的前提下进行了若干的小合作完成了创编任务。首先，让学生小组合作创编了观潮的音乐、观潮时的舞蹈，教师也利用自己的优势选择了一首古词来抒发观潮的感受。其次，全体师生合作来表演观潮回旋曲，有唱、有跳、有演，还有诵，教学气氛热烈，教学效果良好。

# 第四节 音乐自主学习策略

## 一、音乐自主学习教学策略概述

著名教育家陶行知提出过对儿童的六个解放，即解放儿童的头脑、双手、眼睛、嘴、时间和空间。可见自主学习的重要性，教师要把学习的权利还给学生，给学生创设自由创造的空间。

### （一）音乐自主学习教学策略的基本含义

所谓自主学习，是指学生在教师的科学指导下，通过自我调控学习活动实现自主性发展的学习模式。它以尊重学生的独立人格、发展学生的个性为宗旨，以更好地发挥学生在学习过程中的积极性和主动性，使学生学会以学习为目标，是主体教育思想在教学中的体现。音乐课堂教学中要设法引导学生自主学习，让学生按照自己的学习基础和意愿，自由、主动地学习。自主学习是相对于被动学习（机械学习、他动学习）而言的，概括来说，自主学习是一种"自我导向、自我激励、自我监控"的学习方式。

关于自主学习，国内外已有大量的研究。行为主义心理学家认为自主学习包括三个子过程：自我监控、自我指导和自我强化。自我监控是指学生针对自己的学习过程所进行的一种观察、审视和评价；自我指导是指学生采取的那些致使学习趋向学习结果的行为，包括制订学习计划、选择适当的学习方法、组织学习环境等；自我强化是指学生根据学习结果对自己做出奖赏或惩罚，以使积极的学习得以维持或促进的过程。

认知建构主义学派认为，自主学习实际上是元认知监控的学习，是学习者根据自己的学习能力和学习任务的要求，积极主动地调整自己的学习策略和努力程度的过程。自主学习要求个体对为什么学习、能否学习、学习什么和如何学习等问题有自觉的意识和反应。

### （二）音乐自主学习教学策略的基本特征

师生双方在音乐自主学习教学策略中，有着一种特殊的分工、合作关系。根据国内外学者的研究成果，我们可以将"自主学习"的特征概括为以下四个方面：

#### 1.参与的全程性

全程参与学习过程是自主学习的特征之一。"自主"贯穿于学习活动始终，从学习目标的明确到学习重点的明晰，从学习方法的选择到学习形式的决定，从学习过程的推进到学习反馈的进行，学生均在参与。这些过程中教师的引导也是全程的，是为了配合学生的学习，绝非包办代替，亦不能中断。如在音乐欣赏教学中，从一开始的聆听音乐便进入了音乐自主学习状态，只是自主学习的程度相对浅一些而已。继而到上课期间的各种音乐活动的积极参与等都有着音乐自主学习的影子。

#### 2.参与的个体性

自主学习，顾名思义，主要特征为参与的个体性。音乐自主学习教学策略，重在培养学生的个体学习能力，是单个或多个学生在老师的指导下相对独立地完成一定的学习任务。这时的师生角色也随之发生了巨大变化。音乐老师不再是个人在三尺讲台上滔滔不绝、独领风骚的传统授课者，而是卓越的导演和组织者；学生也不再是等人填充的鸭子、昏昏欲睡的受难者，而是以平等身份甚至主角身份参与音乐活动的独立个体。

#### 3.参与的主动性

主动学习是自主学习的核心和本质，学生的主体性是学生在学习中体现出来的内在思想和外在行为上的独立与自主。因此，在自主学习中学生能表现出强烈的自我意识，在学习活动中能自我计划、自我选择、自我监控；能表现出强烈的主动意识，在学习活动中能主动计划、主动选择、主动监控。在教学中不难发现，音乐自主学习者的学习主动性往往都很强，课上的积极配合、大胆表现，课下的反复练习、额外学习，无一不爆发着主动性的火花。这样的学生，在自己不断取得进步的同时，也会受到师生们的喜爱。

4.参与的情感性

自主学习建立在学生内在学习动机基础上，学生在自主学习中投入情感，能在学习中挑战自我，证明自我，获得真知，享受快乐。比如，当一位不愿开口唱歌的学生与一位渴望唱歌的学生同时在音乐课上学唱一首新歌时，当被动遇到主动，自主学习劲头十足的后者在歌唱时所享受到的自信和快乐，想必对前者的情绪也会产生积极的促进作用。

5.参与的有效性

自主学习要求学生掌握一定的学习策略，做到"会学"。衡量学生是否自主能动地学习不仅要看学生是不是在积极主动地学习，而且要看他们是不是富有成效地学习。因此，在自主学习中，学生的一切学习活动不仅是必要的而且是有效的。还以上面的情况为例，毋庸置疑，渴望唱歌的音乐自主学习者的学习效果定会明显高于前者。

**（三）音乐自主学习教学策略的意义**

古人云，"授人以鱼只供一餐所需，授人以渔，终身受用不尽。"教师不仅要使学生"学会"，而且要"会学"。音乐是一门听觉艺术，是想象和联想的艺术，音乐也是反映社会现实生活的艺术，是情感的艺术。音乐既有其抽象性，但也存在一定的逻辑性。因此，我们要求学生必须充分利用自学这种学习方法。自学是一种自主、探究、发散式的学习方法，它能使学生引导学生自主探索音乐世界的奥秘。自主学习尊重学生的自由意志和独立人格，不仅是教育的真正条件，而且是教育本身的内在规定。教学既可以促进学生的发展，也可能妨碍和阻止学生的发展。精神境界的提升、个性品格的陶冶和学习能力培养，离开了自由的天地和自主的空间只能成为一句空话。

倡导自主学习就是基于对学生的尊重，满足学生探究、体验、获得认可与欣赏的需要。一句话，提倡自主学习就是要打破传统教学组织的"灌输"特点，实现"主导"与"主体"关系的平衡，给学生足够的自主空间和活动机会，使学生成为学习的主人，从而有效地唤醒学生学习的潜能；激活他们封存的记忆；开启他们幽闭的心智；放飞他们囚禁的情绪，使学习活动带给学生理智的挑战、心智的扩展、心灵的放飞；使学生得到自由、健康、充分和全面的发展。

音乐教学中的自主学习，是一种建立在学习兴趣基础上的"想学"；建立在民主氛围和自主活动基础上的"能学"；建立在掌握学法基础上的"会学"；建立在体验成功基础上的"终身学"。它有利于调动学生学习的积极性和主动性，有益于学生思维的启动和发展，它使整个音乐课堂教学成为"学生运动"而不是"运动学生"，从更广的范围、更深的层次上体现了学生的主体性。所有的有效学习都是建立在学生自主发挥的基础之上，合作学习、探究发现学习也必须建立在自主学习的基础之上。很难想象，没有学生主动参与的教学活动将是什么样的结果。

## 二、音乐自主学习教学策略类型

### 1.课前自主学习

课前的自主学习指在一节音乐课结束时，老师告知下节课的主题，让学生们自由结合或由老师指定分成若干小组，在两节音乐课之间（约一周时间内），各司其职，分头准备研究课题所需资料，并在下节新课上展示。

最先是研究课题的选择。通过师生讨论研究，大多数学生认为傣族有着独特的地域风光、迷人的地域风情和风俗。傣族民歌亦有着悠久的历史，音乐风格独具魅力。最终课题定为西南少数民族风格的傣族孔雀舞，其中以小学音乐人教版三年级教材中的《金孔雀轻轻跳》为核心内容。

研究课题确定后，学生在教师的引导下就围绕研究目的、任务进行分组，以小组为单位分工协作、确定研究任务、设计研究计划、实施细节，并落实在成果上。这几个组别是：

文学组：完成《金孔雀轻轻跳》配乐的诗朗诵。

音乐组：创作《金孔雀轻轻跳》歌词并演唱或演奏。

书画组：以小组形式完成题为《傣族风情》的创作书画作品3幅以上。

舞蹈组：创编一段傣族的歌舞（3分钟以内）。

历史组：以小组形式完成傣族民俗介绍（民族乐器葫芦丝和象脚鼓、孔雀舞、泼水节等）。

交流展示课堂设计由师生讨论共同完成。

2.课中主动交流

课中自主展示与交流，即学生把课前的准备比较正式地在音乐课堂上公开展示，互相观摩、互相学习，这个过程是激发学生学习兴趣、培养学生自信心、锻炼学生实践能力的绝好途径。在课堂上学习的主动权掌握在学生手中，展示交流的顺序安排、内容调整、表演形式都由学生决定；教师作为参与者拿出自己的研究成果与学生共享，如播放傣族相关课件等，对学生所展示的内容进行总结和补充。此间，音乐课的进行在预设的基础上继续展开，是动态和生成的。

3.课后及时反思

课后自主反思指音乐课结束后，师生对课上整个过程、各个环节的评价和感想，有何收获和问题都含在其中，并以文字或口头形式呈现。下课铃响了，并不代表这节课结束了，教师和学生双方的及时反思是必需的，给当节音乐课画上一个完美句号的同时，也给以后自主学习的更好展开积累了宝贵经验。

（1）教师的反思：在师生合作的研究学习过程中，彻底改变了传统意义上师生之间的"我教你唱、我讲你听"这一教与学关系。在这一动态的、对未知事物的探索过程中，体现了一种同喻文化，更多地体现为师生共同学习、相互促进的新型师生关系。师生活动都统一在共同化体验探索音乐的过程中。教师不再是知识、技能的唯一传授者；学生也可以在音乐实践的过程中体验到多种学习方法，学到书本上没有的东西，体验到成功的快乐。

（2）学生的反思：这节课信息量之大超出了想象，同学的才艺表演使人大开眼界。在与同学合作学习过程中真正懂得了如何去学习，如何去解决问题。通过自主性的学习增强了自信心，减少了对老师的依赖。

## 三、音乐自主学习教学策略实施建议

俗话说："播种态度，收获行为；播种行为，收获习惯；播种习惯，收获性格；播种性格，收获命运！"著名教育家叶圣陶说过："中小学的根本任务就是培养学生的习惯。"

作为音乐教师的重要任务之一就是改变"教师讲学生听"的被动学习

习惯，建立交流、实践、表现与创新的学习行为，进入音乐自主学习的良性循环系统。下面探讨两种学习行为：一是锁定网络音乐自主学习；二是锁定音乐自主实践。

1. 转变学习观念，注重自主实践

音乐是表演的艺术。人们通过唱、奏把乐谱上静止的音符演变成声音形态，运用声音的不同组织形式来塑造形象、反映社会生活和人类情感；也通过聆听、体验来感悟音乐作品丰富的情感内涵。其中演唱、演奏、综合性艺术表演、识读乐谱等是实践性很强的领域，是音乐学习的基础性内容。实践性是音乐课程的重要特征也是音乐学习的基本方式。

匈牙利教育家柯达伊曾感言："对于感性的艺术不能通过理性的方式来学习，必须在大量的实践中通过直接体验的学习道路不断积累感性认识。"对于学生而言，游戏和玩耍是他们的特权和天性，更是他们喜爱的一种活动方式。实践与活动是一对双生子，将实践与游戏活动密切结合是学生对音乐学习的一种内在需要，也是学生主体学习兴趣和学习行为的和谐统一。

学生要转变音乐学习观念，锁定音乐自主实践行为，就要发挥主体积极性，做到："给一段乐曲，让我自己去体验；给一首歌曲，让我自己去学唱；给一个动机，让我自己去发展；给一个平台，让我自己去表现；给一个课题，让我合作去探究；给一点空间，让我自己去创造。"

2. 打破课堂时空，鼓励自主学习

音乐自主实践活动不仅指课堂上的音乐学习活动，也包括课堂外的社会文化活动。例如，演奏能力强的同学，已经不满足于音乐课本上的乐器曲目，开始在课外寻找一些练习曲、一些中外名曲或时下流行动画片的主题音乐来吹奏。学生的音乐实践应走出校门，走进社会，与社会文化艺术互相融合，在开放性的音乐实践活动中，培养自主实践行为。

美国作曲家科普兰曾说："如果你要更好地理解音乐，再也没有比倾听音乐更重要的了。什么也代替不了倾听音乐。"一部经典的音乐作品，只听一两遍是远远不够的，反复聆听才是达到审美的必经之路。而每周音乐课上的时间是有限的，作品是少量的，只能让学生走马观花看个大概。因而对作品的理性欣赏及创造能力、表现能力及评价能力的培养，都有赖于学生养成不受时空限制的课下音乐自主学习行为。

网络及多媒体技术提供了必要的手段和条件，使音乐自主学习突破了传统的课堂教学时间和空间的禁锢，进入一个更为广阔的艺术天地。

网络下的音乐自主学习可通过强大的搜索引擎获得巨大的音乐资源及相关背景资料；通过 BBS（公告栏）进行交流探讨、网上答疑；还可以通过 FTP 上传作品、发 E-mail 请教咨询。另外，学生还应该养成喜欢并从传媒中聆听音乐、收集材料、交流信息的习惯，从而使音乐自主学习贯穿课前、课中和课后整个学习过程，紧密联系社会音乐生活不断拓展自己的音乐视野。

## 四、音乐自主学习教学策略实施中的师生关系

由于对音乐自主学习中师生角色定位的模糊，学习中仍然存在教师中心现象，教师的领导意识过强，控制着自主学习的内容和进程，学生则处于服从的地位，仍停留在传统音乐学习的误区，凸显出师生关系的不平等。

在音乐自主学习过程中，学生的学习是一切音乐教育活动的核心。因此，师生角色的转变改变了课堂的管理模式：教师不再是课堂教学的领导者和指挥者，音乐教师要重新反思自己在音乐自主学习中的角色定位，发挥组织者、引导者和促进者的作用；同时，学生不再是音乐学习的接受者，而是音乐学习的主人，享有更多的学习自主权、选择权和支配权，成为音乐学习中的研究者、合作者、实践者与创造者；师生在共同的音乐学习过程中，不再是权威者与服从者的关系，而是平等互助、合作共进的新型师生关系。良好的师生关系的建立对促进音乐自主学习起到至关重要的作用。

1.平等的师生关系

音乐的自主学习是教师的教与学生的学的统一，是师生交往、积极互动、共同发展的过程。音乐教师要树立学习者的意识，做学生求知途中富有经验的组织者和促进者，和学生多一些交流，少一些指挥；多一些引导，少一些灌输。实践证明，平等的师生关系有助于引发学生自主学习的兴趣，激励学生自主学习的热情，在其乐融融的审美体验中提高学生的表现力和创造力。

2.合作的师生关系

在师生互动的课程环境中，音乐教师要树立合作意识，与学生构建合作的师生关系。在与学生共同学习的过程中，教师要摒弃权威思想和完美主义者思想，尊重学生的自主权与选择权，关注学生的意见与建议，学会

分享与欣赏。尊重是合作的前提，合作需要分享与欣赏。学会彼此分享能够促进师生的友好交往；学会彼此欣赏，会使师生合作的音乐课堂更加快乐和谐。

3.共进的师生关系

音乐教师要树立学习者理念，与学生在自主学习的平台上建立互助互学、共同发展的师生关系。在音乐自主学习中，课堂不再是学生获取知识的唯一途径，学生也可以通过多种渠道获得丰富的学科知识和信息。同时，学生是活化的课程资源和课程内容，这也使教师要树立向学生学习的思想，在动态的音乐学习过程中与学生携手共进，不断提高自己的专业水平与教学水平，追求自我超越。

# 第五节　音乐创造活动策略

## 一、音乐创造活动教学策略概述

### （一）音乐创造活动教学策略的基本含义

法国大文豪雨果曾有过一句形象且深刻的经典比喻："第一个把女人比作鲜花的人是天才，第二个把女人比作鲜花的人是庸才，第三个把女人比作鲜花的人是蠢材。"句中虽对"创造"二字只字未提，但赞扬"创造"，期待"天才"的乐章已经奏响。瑞士心理学家皮亚杰曾说过："教育的主要目的是造就能创新的，而不是简单重复前人所做过的事的人。"罗曼·罗兰有一句名言："我创造，所以我生存。生命的第一个行动是创造的行动。"在知识爆炸的今天，一个强大的民族要想跟上时代的脚步，急需一批具有创造意识的人才。因此，培养具备创造才能的人已成为教育中的一个重要任务。

创造性（创造力）是人的一种心理素质，是创造型人才的关键特征。《周礼·考工记》记载："知者创物，巧者守之，述之。"可见，创造性问题一直就与文明进步和社会发展密切联系在一起。我国专家对创造性的定义表述还有"产生具有新设想的创造性思维能力和能制造新产品的创造机能""创造性是根据一定的目的和任务，开展主动积极的创造性思维，对原有的知识和经验进行重新加工综合，创造新设想、新事物的能力""创造性是一种以有关的心理因素为背景、顺利开展创造活动和产生创新效益的潜能性或显现的能力倾向"等。

创造是以前人或他人不曾使用的方式进行思考、学习与活动，它具体包括意识上的创造、能力上的创造以及思维上的创造，简称为创造性意识、创造性思维与创造能力。音乐创造活动教学，即在音乐教学中教师要善于从音乐自身规律和特性入手，有效利用"音响"制造的空间效果，使学生在声波环绕中打开想象的闸门，适当把握"表现"带来的机会，让学生在表演的过程中张扬独特的个性。

### （二）音乐创造活动教学策略的价值意义

在我们普通学校中，音乐课堂往往被多数领导、教师、学生及家长所忽视，但恰恰就是这样一门"不足挂齿"的、"可有可无"的"娱乐"课程，反倒是学校教育中进行创造教学、培养学生创造素质的最佳课程之一。21世纪的"人才培养观"极大地推动了创造教育的发展，形成举国呼唤创造、全民期盼创造的局面。作为培养创造能力"高速公路"的音乐教学更是责无旁贷，理应承担重任。究其原因，这是由音乐及音乐教学活动的本质与特性所决定的。

《音乐课程标准》指出："创造是艺术乃至整个社会历史发展的根本动力，是艺术教育功能和价值的重要体现。创造是发挥学生想象力和思维能力的过程手段，对于培养具有实践能力的创新人才具有十分重要的意义。"在音乐教育中，利用音乐来培养学生的创造性思维，可以在学习的过程中培养学生的观察力、理解力、想象能力、表演能力和创新实践能力等，实现学生的全面发展，这是新时代赋予音乐教育工作者的一项新任务，进而使音乐教育成为发展学生创造能力的最有效手段之一。

小学生的音乐创造能力正处于一个初步发展的时期，他们的音乐创造性最初只是一种无意义的自由联想，其主体往往是任意的，但其中包含了一定的创造性成分。随着想象的有意识增强出现了再造想象，由此在头脑中积累了大量的想象形象。小学生的创造性思维发展大致分为三个阶段：第一阶段，学生的音乐创造能力很低，基本上是重复生活中的某些经验或是由其他人引发的再创造；第二阶段，由于学生知识经验的不断丰富和语言抽象概括能力的提高，其音乐创造性思维能力也随之提高，他们会在创造过程中加入自己的内容；第三阶段，学生的音乐创造活动水准大幅度提升，能对音乐主题通过自己的想象加以充实。

总的来说，音乐学习对培养学生的创造性有着不可替代的功能。首先，音乐教学过程是一个创造性的过程，不宜大力提倡单纯的导课、学习新内容、表现、创造等固定的模式化教学，教师在教学时就将教学看作是一种动态、流动的过程；其次，音乐学习本身是一个创造性的过程，音乐的表现是一个再度创作的过程，是运用自己的理解对音乐作品重新阐释的过程；最后，音乐创作本身也是充分发挥创造性、对自己所学的音乐知识加以运用，将各种音乐要素重新组合的过程。所以，音乐创造教学在音乐教学中是必不可少的一部分。

## 二、音乐创造活动教学策略类型

音乐创造活动从不同的角度有着不同的分类。按照创造性在课堂中发挥的大小程度不同，可以分为即兴创造教学、创作实践教学和创作活动教学。其中，与音乐有关的发掘学生潜能的即兴创造活动属于即兴创造教学；运用音乐材料创作音乐属于创作实践教学；与艺术创造活动有关的综合性音乐活动属于创造活动教学。按照创造性的即兴程度，还可分为即兴性的音乐创造活动和指令性的音乐创造活动。以下按第一种分类分别进行详细阐述。

### （一）音乐即兴创造教学

即兴创造是指学生根据当时的感受而产生的一种音乐创造行为，是事先不必做准备的临时创作，往往与即兴表演联系在一起。音乐即兴创造教学方法有很多，音乐教师可以自行选择和创设，基本有以下两种。

1. 模拟法

模拟是指主体对客体的仿效。在音乐课堂教学中，音乐即兴创造教学通常是教师引导学生，用人声或乐器对自然界的音响进行即兴模仿。例如，使用乐器模仿风声、雨声、流水、集市、车辆等。

2. 随机法

随机法是指教学中可以随意通过不同时间、不同情景、不同方式、不同途径、不同角度进行即兴创造的一种教学方法。

音乐即兴创造教学建议：

即兴创造是音乐课堂教学中一项重要的内容，也是学生兴趣颇为浓厚的一个环节。但是，在具体的教学过程中，教师要明确即兴创造并非随便创造，也不是粗制滥造，课堂音乐活动中的即兴创造活动都应该是在符合艺术规律的条件下进行的。在此过程中，学生的自控能力较弱，容易出现混乱，所以教师还需注意课堂纪律的整体调控，防止出现学生偏离音乐创造轨道及注意力转移的现象。

### （二）音乐创作实践教学

中小学生的创作实践教学是指教师向学生提供一些熟悉的音乐元素，如最基本的节奏、最基本的音调、最基本的动作方法、最基本的组织方法等，去创造新的音乐作品并使学生从创造过程中获得满足。由于各个地区、各个学校学生的音乐学习能力与发展速度不尽相同，所以音乐创作实践的教学内容要因地制宜地进行选择。

音乐创作实践教学方法：

第一，节奏接龙法。节奏是音乐的基本要素，也是学生学习的首要任务，教师可以通过方整、短小的童谣来训练学生的节奏。例如，低年级的教师可以带着学生先从朗诵童谣开始，培养学生对节奏的感觉，从两个字的小词组"苹果""香蕉"，到三个字的"五角星""红领巾"等，都是让学生熟悉简单节奏型 XX，XXX 的好方法。学生对基本的节奏型有了一定的积累之后，就可以用节奏接龙的游戏来进行创作实践。比如，教师创作一个由 4 小节构成的二拍子的节奏短句，逐个轮流，以此让学生注意力高度集中，积极思维，使课堂活动既有知识性，又有趣味性。

第二，乐句连接法。乐句连接法与节奏接龙法的性质相似，但是难度更大。在乐句的创作过程中，学生不仅要考虑在一定的节拍上安排恰当的节奏，还要注意音高的连接关系。学生学习创作乐句时，教师要在课堂上对乐句创作的基本规则进行一定的讲解，如第一乐句通常以主音开始，逐渐发展，最后的乐句一般也是结束在主音上；音乐的线条要流畅，自己唱起来要感觉上口等。

第三，歌词替换法。将音乐课与文学融合起来，让学生充分认识到歌词在音乐中的作用，歌词替换法也是个不错的创作方法。尤其到了中、高年级，学生对周围的生活开始产生自己的想法，对事物有了自己的评价，其文字修养也在不断提高。音乐课堂上，教师就可以选择恰当的歌曲，让学生留心自己的生活，关注校园、社会，创作一些积极向上、反映学生风貌的歌词，配上已经学过的曲调，之后，学生之间还可以相互评价，推荐出歌词替换后的优秀音乐作品。

第四，图谱创设法。这种方法需要教师拥有较高的音乐理论素养，创作一定的图谱，生动形象地让学生进入音乐学习与音乐创作。例如，在课堂中，教师用图谱的方式引导学生学习一首歌曲，可视性的图谱设计会有效帮助学生理解音乐作品。教师还可以将这种创作手法介绍给学生，请学生加以模仿，自己进行设计，创作一个简单的相同结构的音乐片段。同样，如果学生的反馈是积极的，在以后的课堂中，教师还可以视学生的接受能力，进行相应的教学，如欣赏完作品《春江花月夜》，学生不仅可以通过这首乐曲欣赏、体验其意境，而且尝试着用这种创作手法进行简单的旋律片段创作。

### （三）音乐创造活动教学

音乐创造活动教学包括：探索音响和音乐、制作简易乐器、用特定的音乐方式表现特定的自然情境或生活情境三个方面。

探索音响是属于探索自然界和日常生活中各种声音现象的教学活动。探索音乐则属于探索各种声音的音乐属性的教学活动，两部分内容相互交融，较难区分。

在简易乐器的制作方面，包括用自寻的音源材料，如课桌、书本、玻璃杯、搪瓷盘、身体的各个部位等，来探索、表现、体验音乐的进行、休止、速度、力度、段落、情绪等。实际上，自制的简易乐器也可用于乐器的演奏技巧的探索，了解相关音乐常识等。比如，用酒瓶摸索吹奏的技巧，用橡皮筋与铁板制成的弹拨乐器来探索弦长与音高的关系等。

在引导学生用音乐的方法表现相关情境时，分为三部分：引导学生联想自然界或生活中的声音现象，使其对自然界或生活中的各种印象能够回想起来，引导学生选择适当的乐器与音源，设计一定的音乐情境或生活情节。

音乐创作活动教学方法：

一般来说，音乐创作是多种多样的，将其归纳起来，创造活动教学大体分为以下几种方法：

1.编创法

所谓编创法，就是学生在教师的指导下，编创具有音乐特征的游戏、伴奏、音乐故事、音响情境等。例如，将学生编的音乐故事用音乐剧的形式表现出来，学生自然会将故事中的情节与舞蹈、美术、戏剧等姐妹艺术形式相融合，以音乐为核心，发挥想象与创造力，运用一切可以运用的材料，进行综合性音乐创作活动，这样一个过程始终贯穿着学生的创造，激发出学生极大的学习热情。

2. 探究法

所谓探究法，是教师设计一定的教学活动，激发学生的学习兴趣与求知欲望，引导学生自主地对知识进行探索的方法。教师在课堂里不再是一位传授者，而是一位积极的引导者，提供学生在音乐课堂进行创造活动的思维角度与创造空间。教师往往站立一旁，作为课堂的调控者，指导学生创造活动的进行。学生一般被分为若干小组，各抒己见，在集体的交流中碰撞思想，在不断的探索与尝试中得出最佳方法。

3. 制作法

乐器的制作与演奏也属于创造活动的范畴。根据学生的程度，引导学生制作简单的土乐器，可以锻炼学生的想象力与动手能力。例如，用塑料瓶装上一些豆粒或沙砾，封口后充作沙锤；用若干啤酒瓶，分别注入不同量的水，形成用于构成乐曲调性的主要音高。完成后，请若干学生吹奏，形成一定的固定音型，共同为歌曲伴奏；还可以利用废旧物品，制作出塑料管排箫、泡沫塑料吉他、罐头筒二胡等。

## 三、音乐创造活动教学策略实施建议

### （一）创造活动要面向全体

一般来说，在音乐课堂，总会有一部分学生积极性相对较高，一部分学生显得被动，在进行创造活动时这个现象尤为突出。陶行知说得好："处处是创造之地，天天是创造之时，人人是创造之人。"在实际教学中教师要照顾每一位学生，特别关照平时害羞、不爱说话、不爱表现的学生，鼓励其积极主动地参与到创造活动中，可以适当推选其作为主要角色参与音乐活动的表演，培养其学习音乐的自信心。另外，由于音乐课堂中总有一个学习主动、基础较好的学生群体，教师要利用这种优势让他们作为榜样，以其情绪带动其他学生。总之，要使全班的学生有效参与到创造性表演活动中来，合理搭配、优化课堂。

## （二）创造活动要活而不乱

由于某些客观原因造成班级学生人数较多，在进行创造活动时容易出现课堂混乱、难以控制的情况，这就需要教师拥有较强的驾驭课堂的能力，提前公布活动要求、活动内容与活动规则，没有规矩不成方圆，让学生明确课堂的纪律规范，有益于创造活动教学的顺利进行。例如，在学生分组讨论的过程中，教师要提前让学生明确讨论的主题，列出需要集体考虑的几个思考点，做到有的放矢；在学生进行创造性活动时，教师要让音乐课堂的环境轻松、愉快，不至于过于紧张。同时，在面对学生的积极性高涨可能会产生诸多混乱因素的情况下也应及时控制。

## （三）创造活动要因地制宜

在进行创造活动时，教师要考虑到学生自己具备的音乐能力和实际水平，要由浅入深、逐步深化地开展。在创造活动开展的初期要尽量避免过多的技术难度，使学生感到轻松愉快，随着学生对音乐的体验和认识的不断深入，教师再设计一些融合其他表现形式的创造性音乐活动，加大音乐表现的难度，做到合理安排、循序渐进。

另外，从事音乐教育工作的教师们应充分认识自己工作的性质与重要性，要转变观念（因为一切方法、手段都源于教学观念），紧紧把握契机采取适当的教学方式，激发学生的学习欲望，引导学生主动、愉悦地学习音乐。在学习过程中充分发挥学生们的创造潜能，通过认知的多种渠道（听觉、触觉、动觉），在开放、活泼、民主的课堂上给学生以充分的尊重、爱护和鼓励、帮助，使学生逐步建立创造的信心、养成创造的习惯、增强创造的意识并富于创造精神，最终获得创造能力。

# 第四章　小学音乐的教学技能研究

## 第一节　教学设计

有人认为，音乐学科的教学设计易写，只需将一节课所要上的内容按时间顺序罗列出来即可。其实，精心撰写一份好的教学设计，能帮助你厘清教学思路，同时思考各个教学模块之间的关联，并在反复修改教学设计的同时调整教学方法，预设教学情境。它是音乐教师资格及入编考试和参加教学评比的必备技能。

### 一、设定课时比例

在进行教学设计时，我们首先会考虑的是一个教学单元中各个教学内容，如听、唱、演等分布在每个课时中的比例，进而考虑每一个课时中教学内容的安排。教师在预设教学内容的组合和时间比例的分配上容易忽略以下问题：

1. 一个课时中只安排一个教学内容。例如，在中高年级的歌唱教学中，教师设想在一节课内教完整首歌曲，但由于歌曲篇幅较长或有合唱部分，往往时间不够用。

2. 在一个课时中安排较多内容。这些内容存在一定联系，但由于时间分配较为平均。因此，每个教学内容都不能较为深入地展开。

3. 一个单元的教学内容共需 5 ~ 6 课时完成，教师不知如何合理有序、科学得当地安排各个课时的内容，使它们逐步深入、循序渐进。

那么，我们该如何去解决这些问题呢？下面通过正反两方面的案例分析，帮助学习者领悟和掌握一些基本的方法。

例 1

一位教师在新授歌曲《欢乐的小雪花》时，将这一课时教学内容安排设定如下：

1. 新授歌曲《欢乐的小雪花》。

2. 掌握三拍子的强弱规律。

从上面的案例中，我们可以知道教师在这一课时中将要实施的主要教学内容就是歌曲新授。歌曲《欢乐的小雪花》是一首三拍子的歌曲，歌曲的教学中包含着让学生体验三拍子的韵律感、感知每一小节的节拍规律等教学要求。在全国各省市的教材中这首歌曲的教学一般出现在小学二三年级，而学生在一年级的音乐课中就会接触到三拍子的强弱规律这一知识点。因此，这一课时的内容安排略显松弛，教师可再适量添加一些其他相关内容，使课时安排更为合理。

例2

这是一位任教小学高年级音乐课的教师设定的一课时中的教学内容：

1. 学唱歌曲《圆圆和弯弯》。

2. 欣赏乐曲《庆丰收》。

此案例的教学内容分别为这一单元中主要的演唱教学曲目和欣赏教学曲目。我们从这一表述中很难区分哪一项教学内容为这一课时的主要教学内容。如果两项教学内容均在这一课时完成，那么教学内容过于密集，不利于教学目标的达成。

例3

这是一位任教三年级音乐课的教师设计的新授歌曲《夜晚多美好》的导入部分：

以三年级学生的学习能力出发，以他们的体验为教学起点，开始部分从他们熟悉的乐曲导入，通过律动（音乐选择教材中的《真善美的小世界》）让学生带着愉快的情绪进入教室，开始下一个环节的教学过程。

1. 学生律动进教室。（音乐《真善美的小世界》）

2. 教师引导：这段音乐带给我们什么感受？（学生回答：高兴、愉快、活泼……）

教师：那么就让我们带着这样的心情唱起《快乐的歌》，迈着整齐的步伐一起前进吧！

3. 律动《快乐的歌》。

4. 教师：唱了这首《快乐的歌》，你觉得情绪怎么样？和这首歌曲情绪、风格不同的歌曲是哪一首，你能说出来吗？（学生回答：《小白船》）

5.复习歌曲《小白船》。

教师:《快乐的歌》是 2/4 拍,而《小白船》是 3/4 拍,由此我们知道拍号不同,歌曲的节奏也不同。

6.教师:我们在什么时候、什么地方才能见到歌曲中的小白船?(学生回答:夜晚的梦境中。)

7.教师:小白船真美,夜晚真美。

初步估算这一导入部分需耗时 10 分钟左右。教师选用了《真善美的小世界》(进场,与《快乐的歌》情绪相同)→《快乐的歌》(律动,与《小白船》拍号不同)→《小白船》(复习,与《夜晚多美好》意境类同)→《夜晚多美好》(新授歌曲,本课主要教学内容)。

我们发现教师耗费了较长的时间在"绕弯子"走路。其实完全可以"直击主题",使主要教学内容明确、凸显。

由此可见,小学音乐教师在设定课时安排时,要注意以下几点要领:

1.在教学内容安排中,可以设定一个主要教学内容,如新授一首歌曲,它在整个课时中应占有相当的时间;可以选择运用若干辅助教学材料使教学内容更充实有效,如新授一首歌曲之前,先复习聆听一首与主要教学内容相关联的歌(乐)曲等。

2.在设定一课时教学内容时,教师可以选择同一单元中的内容加以组合,也可以适切地选择单元以外或教材以外的内容来辅助主要教学内容的实施。但是,要清晰地意识到所选内容对主要教学内容无辅助作用的即是无效的。

3.不要在一个课时中安排过多的教学内容,这不利于深入地开展主要教学内容的教学,使教学层次和板块不清晰。

4.可以尝试罗列一个学期或一个学年的教学进度表,使教学内容能适时、适度地得到实施与推进。

## 二、制定三维目标

音乐教学目标,是音乐教师根据教材内容和学生实际制定的音乐课堂教学应该达到的基本标准。它是教师根据课程内容要求,从学生音乐学习的需求角度出发,以音乐学习促进者的视角制定的、学生能够达到的音乐学习标准与境界。新课程背景下的音乐教学目标设计,应该以有利于学生发展的新型教学观为导向《义务教育音乐课程标准（2011 年版）》。将音乐教学目标分为三个不同的维度，即情感态度与价值观、过程与方法、知识与技能。

但是，教师在制定三维目标时容易出现以下几个问题：

1.目标的行为主体不明确。目标表述的行为主体必须是学生而不是教师。有些教师把教学目标表述为"通过……，培养学生……能力"，这种表述方式是把教学目标的行为主体定位于教师而不是学生，体现的是教师想通过音乐活动培养学生某些方面的音乐能力。

2.维度界分不够清晰。我们不能把三个维度的教学目标混淆、重叠起来写，这样就会发生同一维度的目标重复出现的现象。

3.目标不符合学力水平。目标要符合课程标准对该学龄段的总体要求，要符合学生的认知程度与水平。目标不应该是针对个别学生，而应该面向大多数学生，是大部分学生在音乐课堂中可以达成的学习目标。我们要避免目标制定得过高和过低。

4.行为动词运用不恰当，制定的教学目标不适于测评操作。

那么，我们该如何去发现和避免这些问题呢？认真阅读和比较以下正反两方面的案例分析，相信你就能掌握其中的诀窍。

例 1

请仔细看看如下的教学目标：

1.通过学唱歌曲《夜晚多美好》，使学生在音乐中感受夜晚的美好，培养他们亲近大自然、热爱生活的情感。

2.学会用明亮优美的歌声，按照旋律的起伏感演唱歌曲，能够听唱结合，学会并唱准歌曲的五线谱曲谱。

3.通过情景式的导入使学生在学唱歌曲的基础上，熟练掌握五线谱上的各个音名音位。

方法很简单，在写教学目标时如果不能确定自己写得对不对，可以将主语"填"进来，如"使学生"，是谁使学生呢？这样，完整的表述就是"教师使学生"，一看便知教学目标的主体发生了偏移。我们可以这样改：学唱歌曲《夜晚多美好》，感受歌曲优美宁静的意境。再来读一读、想一想，这样行为主体是不是学生？

例2

我们以小学五年级第一学期音乐教材"夏日风情"单元为例,来看一下单元教学目标的表述。这一单元教学内容为:欣赏《那不勒斯舞曲》《意大利随想曲》,歌唱《夏天来了》《剪羊毛》。再以这一单元的第一课时为例,看一下课时教学目标的表述。

【单元教学目标】

【情感态度与价值观】

1.欣赏《那不勒斯舞曲》,感受乐曲欢乐、奔放的情绪。

2.演唱歌曲《夏天来了》,感受歌曲优美的情绪,抒发对夏天美好景色的赞美之情。

3.欣赏乐曲《意大利随想曲》,聆听意大利民间音乐的动人曲调,感受乐曲中伤感和优美的不同情绪。

4.有感情地演唱歌曲《剪羊毛》,感受澳大利亚牧场工人在夏季紧张劳动时的愉快场面。

【知识与技能】

1.能正确听辨乐曲《那不勒斯舞曲》三种不同速度和主奏乐器小号的特点。

2.能用连贯的气息、优美的声音,以多声部轮唱的形式演唱《夏天来了》,做到节奏、音高准确,声音和谐统一,并能为乐曲创编6/8拍的伴奏音型进行演奏。

3.能正确听辨乐曲《意大利随想曲》的主题旋律,分辨各主题的情绪特点,并通过想象用语言描绘各乐段所描绘的情景。

4.能有感情地演唱歌曲《剪羊毛》,并用2/4拍指挥图示进行指挥,同时还能为歌曲创编舞蹈动作进行表演,用口琴伴奏。

【过程与方法】

1.运用多媒体观赏、主题旋律哼唱、想象、讲述故事、模仿乐器演奏等方法,欣赏《那不勒斯舞曲》和《意大利随想曲》。

2.运用聆听录音、教师范唱、认谱难点指导等方法,学唱歌曲《夏天来了》和《剪羊毛》,在歌曲学习和演唱的过程中学会2/4拍指挥图示。

3.结合自然界的音响听辨和探索,正确分辨和谐音程与不和谐音程。

【教学目标】

欣赏《那不勒斯舞曲》

1. 欣赏《那不勒斯舞曲》，感受音乐奔放的旋律和热情欢快的情绪，激发对芭蕾音乐的初步兴趣，拓宽音乐欣赏的视野。（情感态度与价值观）

2. 认识"小号"，了解其音色特点。（知识与技能）

3. 运用听、赏、辨等手段欣赏音乐并了解相关知识。（过程与方法）

这样的教学目标表述更加明确、清晰，更能突出音乐学习活动中学生的主体地位，体现音乐学习的过程与方法。学生在学习过程中激发出来的兴趣与情感的主线在与知识技能这条暗线紧紧缠绕、交织呈现的时候，价值观也能得到更充分的体现。三个维度的目标看似分离，其实它们之间有着内在的联系与统一。

很多教师会认为，"情感态度与价值观""知识与技能"维度的教学目标比较好写，"过程与方法"的教学目标就理不清头绪了，不知怎样写才恰当。其实，过程与方法 = 运用的一系列方法 + 学生要达成的能力。简单地说，它就是教学流程的减缩版。

如果我们觉得只用行为动词还不能区分新授内容与复习内容的难易、深浅程度，我们还可以在行为动词前加上描绘不同程度的词语加以区分。例如，初步、进一步、逐步、基本、熟练、喜爱、热爱、增进等。

下面归纳一下小学音乐教师在制定三维目标时需要关注的要领：

1. 判断教学效果最根本的依据是学生在课堂上是否获得音乐的情感体验和音乐能力的切实锻炼、提高，而不是教师的主观愿望能否实现或教学任务是否完成。这也是一个教学目标表述是否正确的最根本的判断依据。

2. 教学目标一定是可测可评的。其一，它们要有课时针对性，而不是在每节音乐课中都能被套用。在这里，我们要避免目标撰写得空泛与夸大。其二，课堂教学实施后，我们可以对照之前制定的教学目标，检查其达成度并进行测评，以便及时调整目标设置。

3. 目标表述的行为主体必须是学生而不是教师，情感态度与价值观是处于音乐教学第一位的核心目标。

## 三、区分重点难点

"教学重点"是一节音乐课中师生通过各种音乐活动要努力完成的教学任务，而"教学难点"是在教学目标完成之上的教学内容和目标的提升和发展，或者是在完成这种"重点"教学任务的过程中难以"逾越"的教学"障碍"。我们在进行教学设计时，要重视教学重点与难点的预设，运用层层深入的教学方法来突破它们，才能达到预期的教学目标。在撰写教学重点难点时，我们经常会遇到如下问题：

1.教师会觉得教学重点和难点很难表达，有的教师甚至习惯把它们放在一起来表述，认为它们是一样的。在教学设计中会出现"教学重、难点"这样的表述方式，其实就是混淆了教学重点和教学难点。

2.把教学目标直接复制粘贴成为教学重点和教学难点，没有注意教学目标与教学重点和教学难点内在的联系。

教学重点和教学难点是考量一名音乐教师把握教材内容及对学生音乐学习情况预测能力的检测标尺。如不能在分析教材和学情的基础上准确地把握教学重点和难点，就不能在之后的教学环节设计中呈现由浅入深、环环紧扣的突破教学重、难点的教学方法和策略，一堂课的中心点也将有所偏离。

简单地说，教学重点的范围大一些，教学难点可能集中在较小的某一点上。我们要找到这个"教学关键点"。下面通过案例来说明，如何分别叙写音乐学科的教学重点与难点。

例1

在三年级教授歌曲《新疆是个好地方》时，一位教师预设的教学重、难点为：以音乐文化为主干进行歌曲新授，通过唱、舞、奏、创等音乐实践，感受新疆歌曲活泼、明快的民族风格。

乍一看，我们会觉得这个重、难点表述得有点像教学目标中的过程与方法目标，看不清哪里是重点，哪里又是难点。

我们尝试将它拆分开来，分别形成重点与难点。

【教学重点】

感受新疆歌曲的风格特点，学唱歌曲《新疆是个好地方》。

【教学难点】

切分节奏和附点节奏的掌握以及为歌曲创编舞蹈动作。

这样分开表述，就显得很清晰。

请看如下一组教学重点和难点的设置：

1.学唱歌曲《欢乐的小雪花》。

【教学重点】感受三拍子的韵律。

【教学难点】连线与顿音记号的演唱，注意气息的运用。

2. 学唱歌曲《小叶子》。

【教学重点】能初步会唱歌曲《小叶子》。

【教学难点】能用连贯的声音演唱歌曲，并能分清两段易混淆的歌词。

3. 学唱歌曲《在欢乐的节日里》。

【教学重点】能用歌声表达出歌曲活泼欢快的情绪。

【教学难点】能唱准第二、等三两个乐句的不同尾音。

4. 聆听乐曲《风和雨》。

【教学重点】能准确分辨风和雨的音乐形象。

【教学难点】能用合适的图形、身体动作、打击乐器或物品来表现风和雨。

我们可以归纳一些常见的教学重点和难点，我们以歌唱教学为例，常见的教学难点主要有：

1. 曲谱方面：半音程、大跳音程、切分音符、附点音符、装饰音、休止符、变换拍子、变化曲调等。

2. 歌唱方面：合唱、轮唱、弱拍起唱、咬字吐字、一字多音、变化速度、变化力度、休止停拍、混合拍子、气息运用、情感表现等。

参照如下教学重点、难点间的关联，可以更深入地知晓找准它们的方法。

1. 学唱歌曲《布依娃娃爱唱歌》。

【教学重点】能用欢快的情绪、富有弹性的声音演唱歌曲。

【教学难点】唱准歌曲中四、中五度的跳跃音程及含有十六分音符的节奏。

内在联系：重点指向所学唱歌曲的整体，难点指向所学唱歌曲的局部。

2. 欣赏乐曲《花的圆舞曲》。

【教学重点】感受乐曲三个主题的不同情绪及所要表达的歌舞意境。

【教学难点】能与同伴合作，选择自己喜欢的形式来表现音乐。

内在联系：重点指向感受乐曲，难点指向表现乐曲。

3. 学唱歌曲《哦，十分钟》第一段。

【教学重点】用欢乐活泼的情绪和明亮的声音演唱歌曲《哦，十分钟》第一段，初步表现歌曲明快、活泼的旋律和富有朝气的情感。

【教学难点】正确表现歌曲中的休止符。

内在联系：重点指向歌曲的情绪情感，难点指向最能突出表现这种情绪特点的音乐符号的掌握与表现。

可以看出，音乐学科教学重点、难点的把握并没有想象中那么难，但是须知，教学重点、难点还是要回到课堂上去寻找。有时，你认为学生较难掌握的部分，学生学起来可能没有感到困难；有时，几个教学班的情况会不太一样，需要我们在理解教材、了解学情的过程中不断积累经验，在教学前找准教学重点、难点，在教学中突破教学重点、难点，在教学后及时修订教学重点、难点。

综上，我们可以归纳出小学音乐教师在区分教学重点、难点时需要关注的要领：

1.重点是教学内容本身包含的，难点是教学中生成的。它们的界限十分清晰。在音乐教学中，教学重点与难点的预设，可通过如下表格加以区分与把握。

| 教学重难点预设 | 教学重点预设 | 切合主要教学内容，能够较准确地找到教学内容需要解决的最重要、最核心的知识与能力点<br>体现基本性、核心性 |
|---|---|---|
| | 教学难点预设 | 符合学生学习实际。（能较客观地反映知识能力要求和学生实际之间的差距）<br>符合具体教材内容。（反映教材学习中客观存在的知识能力难点） |
| | 核心知识把握<br>（对应重点） | 正确把握对表现音乐情感、描绘音乐形象起重要作用的音乐要素及音乐文化、风格流派、曲式、题材等相关知识 |
| | 核心能力聚焦<br>（对应难点） | 对教材难点预设准确，符合学生实际学习基础；有明确的培养某一方面能力的目的、要求 |

2.音乐学科教学要求掌握的知识要点并不一定都存在教学难点。在实际教学中，教学重点往往包含了难点。它们既有分别，又存在不可分割的内在联系。

3.教学环节的设计是以教学重点和难点的层层突破、步步深入为主要依据的，教学重点和难点是开启整节课"法门"的"钥匙"：承上——在分析教材和学情基础上，为达成教学目标应运而生；启下——为之后的教学环节设计提供主要突破点，直至达成教学目标。

## 四、构设教学流程

"教学设计思路"是教学设计和教学实施过程中的主要线索，是课堂教学活动的主要线索。它在教学设计时表现为"教师的设计思路"，而在教学时表现为"学生的学习思路"；在形式上主要表现为教学活动的"进程主线"，在本质上主要体现教师教学和学生学习的"思维发展主线"。

在教材分析、学情分析后，可以开始构设教学框架，一般通过教学设计思路、意图来表述教学活动的主线。这时可能会忽略的问题有：

1. 教学设计思路没有对应教学各环节和教学流程图，不能形成统一的教学策略。

2. 很多教师在呈现教学设计思路时，喜欢采用平铺的方式，每一段的开头说一段理论，再讲讲具体的方法。不过，教学设计思路着重体现的是如何由浅入深地突破教学难点、完成教学重点及预设的教学目标的过程。我们在撰写时要把这个教学思路的递进过程清楚明了地表达出来。

3. 教学流程图表述不清晰，层次不分明，不能反映教学主要模块和主要步骤之间的联系。

通常教学设计思路和教学流程图分别出现在整个教学设计的前、后两部分，在这里，把它们放在一节里来学习，就是为了更加明确它们之间的内在联系，使教学设计更具备逻辑性和整体性。

教材分析、学情分析可以合称为教学任务分析。它是确立教学重点和难点，并设计突破重点、难点的教学设计思路的前提条件。

教材分析除了简要分析本课的主要教学内容以外，还要说明育人立意。可以分为两个层次：其一，音乐学科本体育人价值——审美内涵；其二，学科德育价值——育德内涵。

学情分析要写明学生素养、能力的现状，以及要求形成怎样的情感态度价值观。

以下是歌曲《我是少年阿凡提》的教材分析和学情分析。

【教材分析】

《我是少年阿凡提》是一首具有浓郁的新疆民歌风格的歌曲，2/4拍，二段体，G七声羽调式。它的曲调诙谐、欢快，生动地赞扬了少年阿凡提保护自然生态环境的优良行为。通过这首歌曲的演唱，意在使学生初步知道切分、附点、变音、重音等音乐要素在烘托歌曲情绪、表现浓郁的新疆民歌韵味，以及刻画少年阿凡提音乐形象中的作用。能使学生初步感悟到歌曲表达正直、乐观的少年阿凡提热爱生活的内在思想情感，这是本课着重突出的育人立意。

【学情分析】

这个班级的学生在歌曲演唱中的音准、气息控制能力较好，对音乐形象与歌曲情感的把握与表现能力也较强。经过三年的音乐课口琴学习，目前能轻松地通过短时自学，直接视奏节奏不是很复杂、旋律起伏不是很大的乐谱。在课堂常用打击乐器方面更是能应对自如。唯一比较欠缺的就是舞蹈表演，对于难度较大的民族舞蹈，大部分男生在学习和表演时缺乏自信与动力。

本课中根据学生的实际音乐学习能力，力求使学生在感知作品音乐要素的基础上，能初步唱出歌曲的风格韵味，表现出歌曲的情感。能运用歌唱、舞蹈、口琴伴奏、打击乐伴奏等表现方式，表达情感体验，表现歌曲的情感内涵。同时，培养学生具有乐于和同伴合作、协同表演的学习态度。

第一自然段，基于教材分析，明确定位本课育人立意。说明学生应该具有怎样的能力，即能运用学习到的音乐知识技能解决什么问题，还有什么欠缺的地方。第三自然段，基于学情分析，阐述本课对学生能力与态度的结果性要求。写明通过本课的学习形成怎样的素养、能力，产生怎样的兴趣、习惯、态度。

我们通过以下案例，把所探讨的内容梳理一遍。

【教学内容】

1.游戏：有趣的米粒。

2.学唱《我是一粒米》。

3.歌表演《一粒米的故事》。

【教材分析】

本课是上海音乐出版社出版的《唱游》教材中二年级第二单元《音乐童话》第三课的内容。主要教学内容是学唱歌曲《我是一粒米》。

歌曲《我是一粒米》中描绘了一粒米长成的不易和渴望得到小朋友爱

惜的情感。歌曲朗朗上口，歌词设定一粒米为第一人称"我"。本课力求通过感受听辨、学习演唱和律动表演等音乐实践活动，在体验和想象中，帮助学生体会音乐中旋律、歌词的意象，感知"要亲近大自然，爱护人类赖以生存的自然环境，热爱生命"的生命教育内涵。

【学情分析】

本课为二年级第二学期内容。此前，学生已经习得一定的歌唱方法和习惯。学生在一年级及二年级上半学期的歌曲学习中，已经掌握了反复跳跃记号、渐慢、一字多音、一音多字等歌唱识谱的基本常识，对于富有童话意味的歌曲有较浓厚的喜爱感、认同感和学习积极性。

【教学目标】

1. 学唱歌曲《我是一粒米》，感受音乐欢快活泼的情绪，体验"一粒米"成长中的不易与渴望被人爱惜的心境；感知歌曲中的音乐形象，并产生热爱自然、珍惜生命的积极情感。

2. 能听辨歌曲三个乐段不同的结束句，并演唱出乐句所要表达的不同情绪。

3. 在歌曲学唱过程中，通过游戏听辨、拟人体验、表演律动等方法，学会歌曲《我是一粒米》。

【教学重难点】

1. 教学重点：学唱歌曲《我是一粒米》，能体验歌曲中"我"——一粒米的情感，并能用歌声表现。

2. 教学难点：能唱好歌曲中三个乐段不同的结束句，识记力度记号、一音多字等识谱常识，并能进行歌表演。

【教学设计意图】

生命教育既要求在教学中对学生进行科学知识的传授，又要引导学生贴近生活、体验生活，在生活实践中融知、情、意、行为一体，丰富人生经历，获得生命体验，拥有健康人生。对一门学科而言，过程表征该学科的实施过程与探究方法，结论表征该学科的探究结果。两者是互相作用、互相依存、互相转化的关系。就音乐学科而言，我们最终渴求获得的是相应的教学实施探究与学科的育德功能的良好效果的统一，是我们合理运用生成性的方法与过程，使学生的理智和整个精神世界获得实质性的发展与提升的统一。

为更有效地达到以上所预设的育人目标，首先，通过游戏"有趣的米粒"激发学生的学习兴趣，创设"音乐形象拟人化"的教学情境，使学生在听听、玩玩、唱唱的过程中，对歌曲的三个乐段的结束句有初步的认知，并产生进一步探究的意愿；其次，在学唱歌曲《我是一粒米》中，契合单元主题——音乐童话，引导学生将自己设想成"米粒"，采用聆听感知、情感体验、演唱练习等教学策略，使学生内化感受"一粒米"的心境，并运用歌声加以表现；最后，通过教师范唱，生生、师生互评等方法学习歌曲，并进一步激发学生热爱自然、珍惜生命的情感；最后，在歌表演的创编过程中，使学生对歌词的记忆得到巩固和提高，对歌曲情感因素的表现力得到提升。

本课意图使学生在游戏、聆听、歌唱、表演、点评等活动中体验热爱自然与生命的情感，并在"激发学趣"——"拟人体验"——"情感表达"——"表演外显"的过程中，达到激发学生兴趣、感知音乐形象、生成积极情感的教学效能。

教学设计意图中的第一自然段写了对生命教育的理解，以及就音乐学科而言的内在统一的认识。第二自然段，细化表述为了达到育人目标所采用的步骤、模块和方法，及学生因此而获得的学习能力或成效。第三自然段，清楚简要地呈现了教学主线。

我们再来举个例子。以下是欣赏乐曲《路边童谣》的部分教学设计。

【教材与学情分析】

本课是上海音乐出版社出版的《唱游》中二年级第三单元《欢歌声声》第二课的教学内容。主要教学内容是欣赏乐曲《路边童谣》。

《路边童谣》是由小荧星合唱团演唱的组曲，歌曲内容取材于老上海的儿童游戏，并用上海方言演唱，表现了老上海的生活风情，具有强烈的游戏性和浓郁的趣味性。组歌内容丰富，易于上口。同时，它是父辈们流传下来的歌谣，于学生而言，那个时代的生活情境、人文背景是陌生的。基于童谣具有较强的游戏性，在教学活动中用游戏来代替师生情感沟通的语言，把教材内容生活化，让孩子们在"玩"童谣游戏的过程中，初步了解上海童谣的由来和体会昔日上海特有的乡土文化（上海弄堂文化、海派特色）的魅力。

【教学内容】

1.欣赏《路边童谣》。

2.复习歌曲《猜冬猜》。

【教学目标】

1.听赏《路边童谣》，初步感受童谣的韵味，体验歌曲中儿童游戏的快乐情境。

2.在聆听、游戏、视频、模仿等音乐实践体验活动中，初步了解童谣的语言韵律，并进行简单的节奏练习和念诵。

【教学重点】

感受上海童谣的韵味，体验童谣游戏的乐趣。

【教学难点】

能听懂上海方言，学唱上海童谣。

【教学设计思路】

《上海市中小学音乐课程标准》特别注重以审美为核心，充分发挥音乐的本体作用，以音乐的美感来感染学生，以音乐中丰富的情感来陶冶学生，提高学生的审美能力。组歌《路边童谣》歌词内容取材于老上海儿童玩耍时念的游戏童谣，由小荧星合唱团演唱。歌曲表现了老上海的市井生活情景，具有浓郁的上海特色。在教学活动中应充分运用感受、体验的教学模式，以音乐审美为核心，围绕"欢歌声声"的主题，把音乐自身的魅力传递给学生，让学生在歌谣《路边童谣》中感受游戏给儿童带来的乐趣，激发学生快乐的情绪。

音乐是情感的艺术。任何一节音乐课都不能忽视情感效应，能否产生情感效应及其效果的好坏主要取决于教师，学生的情感要靠教师来激发。教师在教学活动中要富有激情，以此来呼唤学生情感，从而实现情感效应。为了能更好地发挥情感效应的作用，本课通过视觉、音响和与学生互动的策略，在师生共同玩耍"猜冬猜"的游戏过程中，激起学生的兴趣，使学生积极主动地参与到音乐教学活动中。

音乐是人文艺术，这是音乐审美的又一体现。《路边童谣》中的游戏内容对低龄学生是陌生的，却又是喜欢和易于接受的。本课教学活动通过音乐听赏的形式向学生介绍富有上海地方色彩的童谣，让学生初步了解上海童谣的特点。随着教学的逐步递进、层层深入，最终让学生在童谣组曲《路边童谣》中体会音乐与游戏给人们生活带来的快乐，激发学生快乐生活的情绪。聆听、观看视频、游戏、模仿、创作等音乐实践活动，丰富了学生的学习形式，帮助学生初步了解其音乐背后的人文故事，感知音乐学习的快乐。

本课教学活动以"玩、乐、动"贯穿，学生"学"的方式变得主动、快乐，在轻松的氛围中初步学习音乐的基本技能。例如，复习童谣《猜冬猜》。教师在学生会唱的基础上，引导学生用"邀请舞"游戏的形式玩一玩，并提示学生在跳舞游戏时要用好听的歌声表达自己快乐的心情，这也是歌唱技能与舞蹈技能的结合练习。

大家可以清楚地看到学唱歌曲《我是一粒米》和欣赏《路边童谣》这两份教学设计思路的不同写法。

综上所述，归纳出小学音乐教师在进行教学设计思路撰写和教学流程构设时，需要关注的要领：

1. 教学设计思路与教学任务分析和教学重点、难点突破要一脉相承，要反映教师一步步化解教学重、难点的具体思路和方法。写法上尽量言简意赅，表达出教学步骤推进的过程和为什么要这样做。

2. 教学流程图的画法多样，可以采用最适合本课时的一种方法。但是要关注它的总体性，做到纵横关联；层次性，做到层级分明。

3. 教学设计思路和教学流程有内在的必然关联，都能反映教学的主要线索。虽然分别撰写它们，但要注重其逻辑统一性。

## 五、设立教学环节

教学过程与环节的撰写，最常用的是表格式和陈述式。在这里，我们着重讨论的是陈述式的写法。有了对教材和学情分析、教学的三维目标、教学思路和流程的了解与掌握，我们可以开始思考：如何落实具体教学环节和策略？

通过文字表述，可以更为清楚地知道教学过程中所采取的步骤、方法等。有的音乐教师喜欢写简案，也就是在教学设计中只出现大致的教学步骤，教学时再即兴发挥；有的教师从教多年仍然保持着写详案的习惯。我们希望通过教学把美的感受传递给学生，尽量不留遗憾。因此，我们需要更完美的教学环节过程设计。

通常音乐教师容易在这一环节中忽略如下问题：

1. 有些教师设计教学环节时，会出现前后环节及步骤重复、颠倒、不符合学生认知水平等现象。

2. 教学环节之间较为松散，关联不够紧密，无法看清教学线索。

3. 有的教师认为在教学设计上把每一步做什么写清楚就已经很具体了，有的认为教学设计是无法将教学中的情况变化反映出来的。

4. 在教学过程设计中，有些教师会安排两个新授的内容，或整节课只安排一个教学内容，这都不符合课堂教学容量的要求。

5. 不重视教学设问的设计，问题多为"好不好""要不要"等无效的问题，不能引起学生对音乐知识的探索与思考。

6. 教案中呈现的语言区分单一，表述方式陈旧，仅为"师：……生：……"。

下面通过例子来具体说明。

课题：夜色美

执教者：×× 小学 ×× 教师

【课程】音乐

【教学内容】

复习：演唱歌曲《夜晚多美好》。

新授：聆听民乐合奏《阿细跳月》。

拓展内容：彝族人文介绍。

【教材与学情分析】

彝族舞蹈音乐《阿细跳月》的演奏形式为民乐合奏，乐曲为 5/4 拍，主旋律以反复的形式贯穿整首乐曲，而速度、力度等变化是这首乐曲的特点。乐曲主旋律的记忆和乐曲情绪及其音乐人文信息的认知是本课的重点。

所执教的三年级学生，能听辨部分乐器的音色特点并说出这些乐器的名称，但对于民乐合奏这一演奏形式并不熟悉。因此，在本课教学中，执教者通过层层深入的教法化解难度，帮助学生逐步认知乐曲本身和习得相关的音乐知识技能。

【设计思路】

《阿细跳月》是一首活泼欢快的彝族乐曲，彝族是一个文化底蕴深厚又热烈奔放的民族。执教者力求通过不同角度和形式由浅入深地进行乐曲的听赏教学，使学生在整个学习过程中感受、体验音乐，获得音乐所带来的快乐。

1. 视听结合，感悟体验。乐曲《阿细跳月》是这节课的主要内容，因此，听赏环节的"听"是重中之重。片段聆听能感受情绪；比较聆听能感知乐曲表达的意境，感受情绪、速度和节奏上的对比；而视听能直观地面对音乐，获取相关音乐人文信息。执教者选用了中国广播民族乐团出访海外的演出视频作为媒介，从观看的角度，认知民族乐器，感受民族乐器的魅力。

2. 哼唱律动，理性认知。作为听赏教学的策略和手段，除了听之外，哼唱和体验是帮助学生加深对乐曲旋律记忆和作品深层次含义理解的重要手段和途径。在哼唱、节奏拍击、辨认唱名音符等技能练习中，熟悉主旋律；学习"跳月"舞的基本步法及基本舞蹈律动，聆听"跳月"的故事，了解"阿细跳月"的来历，获取相关人文信息，感受彝族人对家乡的热爱和对美好生活的憧憬。

3. 渗透"两纲"，贯穿人文。每一首歌曲、乐曲背后都有其故事，即人文信息。在教学过程中，每一次"听"，执教者都由浅入深预设聆听要求、思考的问题或律动体验，并告知学生这样做的原因和意义，让学生从中获取相关的音乐知识、创作背景和人文信息；在"看"的过程中，让学生知晓民族音乐走出国门，受到欢迎，从中感受民族自豪感。

【教学目标】

1. 复习演唱歌曲《夜晚多美好》，聆听民乐合奏《阿细跳月》，初步感受不同地域、民族的人们对家乡夜色美景的赞美之情。

2. 聆听民乐合奏《阿细跳月》，初步了解乐曲的创作背景和彝族的风土人情以及表演形式；学习"跳月"舞的基本舞步，初步了解乐曲的节奏特点。

3. 在听辨、哼唱、体验的乐曲听赏过程中，熟悉和记忆民乐合奏《阿细跳月》的主旋律。

【教学重点】

聆听乐曲《阿细跳月》，感知彝族音乐热烈奔放的特点。

【教学难点】

听辨乐曲《阿细跳月》的主旋律，节奏、唱名基本相同，演奏乐器却有所变化。

【教学过程】

1. 复习与巩固——歌曲《夜晚多美好》。

【设计意图】此教学内容为上一课时的延续，本课时以复习提高为主，同时也为下一教学活动——聆听《阿细跳月》、对比歌曲乐曲的情绪做铺垫。

（1）齐唱歌曲《夜晚多美好》。

演唱要求：注意气息的控制，用流畅连贯的声音演唱。

（2）教师指导演唱。

提问：

①歌曲每一乐句的旋律线都走向平稳，就像傍晚美丽的彩霞。（乐句连贯）

②每乐句的最后一小节都为二分音符。（保持时值）

③歌曲的速度为什么是中速稍慢的呢？

④歌曲的意境如何？该如何延长？

（3）综合表演唱《夜晚多美好》。

衔接语：同学们，你们的歌声把我带到了一个宁静的夜晚。你又联想到怎样的一个晚上呢？听这首乐曲。（播放乐曲《阿细跳月》的片段）

2. 聆听与感受——民乐合奏《阿细跳月》

【设计意图】用聆听、哼唱、律动体验、观看视频等方式聆听乐曲《阿细跳月》，感受欢快活泼的情绪，记忆主题旋律，感知彝族人对家乡的热爱和对美好生活的憧憬。

（1）播放乐曲《阿细跳月》的片段。

提问：乐曲的情绪？（热闹的夜晚，欢快的情绪）是哪个民族的音乐？（彝族）

（2）简介彝族概况和风土人情。（播放彝族歌舞的视频片段；轻声播放乐曲《阿细跳月》作为背景音乐）

教师简介：彝族是中国具有悠久历史和古老文化的民族，主要聚集在我国的西南地区。彝族人民能歌善舞。彝族人的服饰艳丽夺目，女子头戴花苞，男子身披披衫。火是他们追求光明的象征。最隆重的节日是火把节。火把节在每年农历六月二十四前后举行，到这晚，人们举着火把，成群结队地巡游。

（3）揭示课题《阿细跳月》。（完整播放民乐合奏《阿细跳月》——配套音响教材）边播放边循序逐步呈现以下提问：

①有哪些演奏乐器？

②乐曲的速度、力度和情绪有哪些变化？

（4）熟悉、记忆主旋律。

①听辨主旋律的特点。

要求：边听边看，找找主旋律结尾的特点。

归纳：结尾相似。

② 视唱主旋律的唱名。

提问 1：主旋律是由哪几个唱名组成的？

归纳：1、2、3、5、6，称为五声调式，是中国特有的民族调式。

提问 2：数一数，每小节有几拍？

归纳：5 拍。彝族舞蹈节奏。

③ 学跳"跳月"舞。

归纳并介绍："阿细跳月"的故事。

阿细人是彝人的一个支系。传说很早以前，彝族人民生活很贫困，每当春耕时节，他们白天给土司头人干活，夜间才能耕种自己的土地。他们先砍伐后焚烧森林，趁着火灰尚未熄灭，赶紧光着脚板下地劳动，脚被烫疼了就抬起来跳两下，这样形成了"跳月"舞的基本步法。时代在发展，生活在进步，彝族人不再过着刀耕火种的生活，而"跳月"舞成为一种节日习俗保留了下来，人们围着熊熊燃烧的火堆尽情欢舞，因为"跳月"舞是在月夜下表演的，所以就称为"阿细跳月"。（媒体播放视频：火把节上的《阿细跳月》）

④ 观看视频：由彭家鹏指挥的中国广播民族乐团在维也纳金色大厅举行的新春音乐会的开场曲《阿细跳月》。

提问 1：有哪些演奏乐器？这种演奏形式叫什么？

归纳：有月琴、三弦、笛子等乐器。演奏形式为民乐合奏。

提问 2：在什么地方演奏？

归纳：维也纳金色大厅。

衔接语：我国民族音乐形式众多，除了刚才聆听的民族乐曲之外，还有很多表演形式的民族音乐呈现在世人面前。

3. 感受与拓展——一组戏剧、音乐视频听赏

【设计意图】这一教学环节是拓展环节，学生聆听和观看中国音乐家在海外的表演，面对中国音乐走出国门这一现象，感受民族音乐的艺术魅力，分享民族音乐所带来的快乐。

片段 1：歌唱家宋祖英——美国肯尼迪音乐厅个人演唱会演唱《茉莉花》。

片段 2：京剧艺术家史依弘——奥地利维也纳金色大厅表演《大唐贵妃——梨花颂》。

归纳：在海外，不同的剧场，中国艺术家表现中国的音乐作品受到欢迎。不仅如此，中国人演唱外国歌剧，同样受到海内外听众的认可。

片段 3：男中音歌唱家廖昌永——维也纳独唱音乐会《费加罗的婚礼给忙人让路》。

小结：

中国的民族音乐博大精深，源远流长，还有很多种类的民族音乐流传于世，我们可以通过各种方式去找寻它们。

【教学流程】

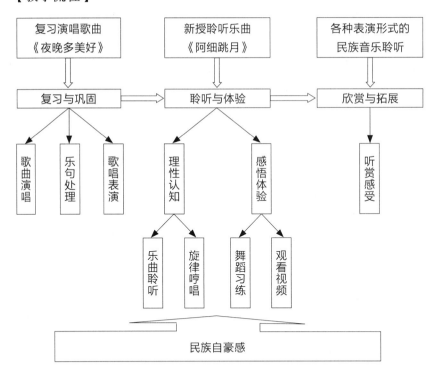

由此可以看出，这篇教学设计每个教学环节前的设计意图符合"教学逻辑清晰"的要求。所以，小学音乐教师在进行教学环节设立时需要关注以下要领：

1.教学过程具有内在的逻辑性，一个教师的教学思路清晰表现在教学逻辑十分连贯、清楚上。我们应该做到的是：（1）教学环节要集中体现并围绕解决教学重点与难点。（2）教学过程的各个环节是层层递进的关系，不可倒置。（3）符合对教学内容本体的分析和学生音乐学习的规律和学段特征。（4）有教学主线贯穿始终。

2. 教学节奏不能松弛，我们要把每一环紧紧相扣，连成我们的教学链，逐步抵达教学目标的终点。

3. 我们通过试教等途径，可以获知实施教学策略时学生可能产生的某些反应，在教学设计中将其写入教案，把课堂应对的方法——罗列，这会使教学设计更有层次感，也便于进行有效的教学策略积累。

4. 教学过程设计应是密度合理的，每一步教学策略运用应该关注学生的可接受度。在一个教学环节上是否要更深入地展开，这些应与教学资源组合，教学主教材、辅教材设置，学生学龄段等相呼应。

5. 我们在教学过程设计中，将设问直接表述为面向学生的提问，每个重要环节的提问内在具有一种递进、层层深入的态势，体现教学整体思路、逻辑，隐含育人立意，由此来引发学生的音乐思维启动、发散、加深等。我们可以认为一系列的问题是串联起整节课的教学线索和导向。

6. 教学环节中运用的教学语言既要规范，又要避免单一。

## 六、表述教学说明

教学说明一般可以放置于每个教学模块后面的方框内，以区别于教学过程环节，也可以放在每个教学环节的开头，说明这个环节教学的主要目的。在具体撰写教学说明时，应该把它当作每个教学环节进一步细化的教学设计意图来对待，它能使教学板块的目的性更为明确，也能使观看教学设计的旁观者更清楚在本课中教学策略运用的指向。

很多教师认为，教学说明不是教学环节，可有可无，因而就可能会出现如下问题：

1. 整篇教学设计的教学说明支离破碎，没有整体的连贯性和互相之间的关联性，特别是纵向间不能体现层层深入的教法设计与思考。

2. 每个教学模块教学说明不能较为清晰地表述在该模块学习活动中学生的学习要求以及教师的教学策略意图等。

3. 教学说明撰写方式单一，不能具体反映在这一教学环节中预设的教学效能。

要想避免以上问题的出现，小学音乐教师在进行教学说明表述时需要关注以下要领：

1. 在写教学说明时，要做到的最基本的事情是说明这一环节与上一环节或下一环节之间的关系，特别是有的教学环节起到承上启下的关键作用，在教学环节陈述时无法体现，可以在教学说明中加以补充、明确。这是一个能够很好地串联起整个教学环节的表达空间，可以把教学策略后的一些隐性的理念展现出来。

2. 教学说明中要"点"出学习要点，即本环节主要解决的问题及"知识与技能"的学习水平要求；并在此基础上，解析教学策略及意图，即采用怎样的教学策略，使学生学会怎样的学习方法（聆听，唱、奏、演、舞、创，探究与合作，交流与表达等）。

3. 通过教学策略的运用，预设使学生形成怎样的能力（感知、理解、辨析、判断、评价等）、生成怎样的情感态度（学习的兴趣、习惯，对作品情感的体验、思想内涵的感悟与价值判断，融入"两纲"及相关德育要求等），这些都应该包含在教学说明之内。

4. 每个教学环节中，都有要解决的关键性问题，它们往往会影响整个课堂的流畅度和实效性。在教学说明中可以尝试解答，在这一个教学环节中，我们是如何针对、围绕这一教学关键问题实现突破的。

综上所述，一篇完整的音乐学科教学设计应包括：【课题】、【执教者】、【使用教材】、【教学内容】、【教材分析、学情分析】、【教学设计思路】、【教学目标】、【教学重点与难点】、【学习环境资源】（包括学具等）、【教学过程】（内含每个模块的教学说明）、【教学流程】、【教学反思】（教学实施后撰写）。

在小学音乐教学中还需要关注以下要点：

1. 叙写目标分清三个维度，主体为学生，避免高、大、空。

2. 分别撰写教学重点与难点。重点确定突出核心知识与能力点；难点预设客观反映知识能力要求与学生实际水平的距离。

3. 一篇教案的教学设计意图与教学流程图应前后对应。

4. 教学设计时，应关注课内外资源的有效筛选、整合、利用。

5. 运用适合大多数学生身心特点及已有音乐学习能力的教学策略，必要时实施分层教学。

# 第二节　听赏教学

音乐教学以听觉为切入点，应该解决的问题是使学生会听。音乐教育必须遵循"以听为中心"的原则，把全部教学活动牢固地建立在听的基础上。要在听赏活动中训练与培养学生良好的听觉感知，发展学生的音乐思维，为其学习音乐表现等技能打好基石。良好的听赏习惯还有利于学生积极参与音乐体验，引发联想和想象，形成独立感受与见解，并善于表述自己的音乐体验。在本节中，将探讨如何培养学生的审美感知，包括音乐辨别力、音乐感受力和音乐记忆力，这是音乐审美的基础。

## 一、培养聆听习惯

音乐欣赏以一定的音乐为审美对象，以参与欣赏活动的人为审美主体，形成一种特殊的审美观照，通过对音响的聆听，实现对音乐美的感受与欣赏。培养良好的聆听习惯是听赏活动的基础和前提。

通常音乐教师认为聆听习惯的培养就是安静地聆听，其实不仅如此。在听音乐时人的耳朵会捕捉到很多元素，在教学中要尽力培养学生在聆听音乐时主动地关注这些音乐元素的习惯。

在教学中容易忽略的问题如下：

1. 教学中不重视引导学生对音乐力度、速度、强弱规律等加以关注和分辨。

2. 在教学中只聚焦学生对音乐情绪风格的感受，不注重对音乐意境的想象。

3. 在欣赏音乐时过度地依赖使用媒体，造成视觉因素对学生聆听音乐的干扰。

4. 在听赏音乐时，要让学生了解一些小型进行曲、舞曲等的体裁、段落的构成，以及什么是前奏、引子和尾声等，这些教学的细节往往被忽视。还有的教师在教学中只采用分段欣赏的教学环节，不注重音乐的完整聆听。

听，是音乐欣赏最基本的特征，发展听觉感知是音乐教育最为重要的事情。这不仅对听赏教学有利，也对歌唱等其他音乐课堂教学有帮助，小

学乐教师在培养学生良好的听赏习惯时要注意以下要领:

1.教师要注重培养学生安静、专注地聆听习惯。教师首先要做到不在学生聆听音乐时插话或过多地用语言解说;其次教师要及时纠正边听音乐边小声议论等不利于听赏的习惯。当然,教师可以让学生在听音乐时用肢体等尽情地感受音乐的律动,但安静聆听是一个基本的要求,需要音乐教师持之以恒帮助学生培养这一习惯。这一习惯还可以迁移到安静专注地聆听他人演唱、演奏等影响学生音乐学习成效的其他方面,因而十分重要。

2.在学生第一遍聆听音乐作品时,尽量不要运用有动画的媒体,这样会使学生的注意力分散到动画中,也会使他们的专注度降低,甚至会阻碍他们对音乐的想象思维空间的发展。

3.教师要在音乐课堂内指导学生学会基于感受体验和想象联想的聆听方法,需要预设正确、合理的欣赏要求,能设计有助于培养学生音乐思维的问题,并且做到表达明确、清楚。在聆听要求中包含对学生学习方法的提示。有些教师让学生听音乐是漫无目的的,学生不知教师要求听些什么。我们可以预设指向明确的聆听要求,将学生的聆听聚焦于一个点上,层层深入地用问题引导他们完成欣赏的教学内容。教师若在教学过程中注重问题的设计,也能使学生潜移默化地知晓聆听鉴赏的一些基本关注点和方法。例如,在聆听音乐时,设定问题1为情绪、节拍,问题2为演奏乐器,问题3为分出乐段等,逐步深入,引发思考。

【案例分析】欣赏:《微笑波尔卡》

片段一:创设"聆听",让学生在律动中走进旋律。

师:同学们,首先我们来做一个"动作模仿秀"游戏,请看:

1.拍手 拍手│拍腿拍腿 拍腿 ‖

师:你们来试一试?

2.左响指 右响指│跺左脚跺右脚 跺左脚 ‖

师:大家模仿能力真强,现在老师难度系数加大点,看大家还能否挑战自己?

3.左脚跟左脚尖 左脚跟并腿跳│右脚跟右脚尖 右脚跟并腿跳 ‖

师:谁能来展示一下?(请个别同学展示)

师:谁能用一句口令来熟记这组动作?

生:脚跟脚尖 脚跟跳│脚跟脚尖 脚跟跳 ‖

师：动作口令是：脚跟脚尖 脚跟跳｜脚跟脚尖 脚跟跳 ‖

师：让我们全体起立一边说口令一边来跳一跳。（慢练）

师：现在老师再加大点难度，你们是否还能做出来？在做动作的过程中，当你听到老师的击鼓声你就立即转个方向，比比谁的耳朵最敏锐。（老师先示范一遍）

师：现在老师给你们听一段音乐，你们能否在心里将刚才做的动作配上做一做？（多媒体第一主题音乐）

师：同学们，你们能配上音乐来跳一跳吗？老师给你们鼓声，当你听到时鼓声请你转方向，想一想你转了几次？

师：转了几次？（四次）那就是说，我们这段音乐有四句构成，在音乐中叫作乐句。也就是这段音乐有四个乐句。

师：现在假如老师不给你们任何提示，你们还能将这段主题的乐句分开来吗？试一试！

解读：苏霍姆林斯基认为，"我们的音乐教育，既不是培养作曲家，也不是为了培养演奏家，而主要是培养合格的听众"。由此可见，注重聆听，感受音乐，在整个音乐教学中显得尤为重要。因此，想让学生通过听觉来初步感受美，培养审美感知，教师创设音乐情境至关重要。在教学中，利用好动是学生的天性，让学生通过动作模仿秀来轻松地学一学动作，通过有规律地动作带有方向转身的练习，再将音乐水到渠成地加到动作中，层层递进对学生有的放矢地训练，让学生轻松、愉悦地走进本作品的第一主题。

片段二：分层"聆听"，让学生在整体中感知旋律。

师：同学们真的了不起，这段旋律你们听过吗？它由美国作曲家格拉纳·莎尔汀作曲，名字叫作《微笑波尔卡》，其实它还有一个好听的名字，叫作《少女波尔卡》。"波尔卡"一词在捷克语中为"半步"，描述的是一只脚与另一脚之间按2/4拍子飞快交替。它是捷克农民舞蹈，讲述的是一位农家少女在星期日为自娱自乐而发明的。

师：同学们，假如老师将这个主题音乐放在一首乐曲中，你们还能听出来吗？如果听出来就用刚才学习的动作告诉老师，同时想一想它在整个乐曲中出现了几次？（初步完整欣赏乐曲）

生：三次。

师：同学们真的很聪明，还有几部分和刚才的主题不一样？

生：两部分

……

师：方框的主题情绪是轻快、活泼的，我们称它为第一主题；圆形的主题情绪是流畅、舒展的，我们称它为第二主题；三角形的主题情绪是跳跃的，我们称它为第三主题。

解读：人的听觉能力是在过程中逐步形成的。学会聆听就是让学生在学习过程中通过审美的耳朵去发现、探索音乐作品的美。要想让学生在聆听中达到事半功倍的效果，教师就必须加强学生对听觉能力的训练，让学生在教师的引领下多方位的、有目的地聆听，每一次聆听都要逐步提高要求，而且目的要非常明确，教师设计难度依次提升，这样的聆听才能真正地体现出"有效聆听"。在本环节练习中，老师先帮助学生理解作品，后由第一个环节自然巧妙地过渡到本环节，让学生在整首音乐中辨别出第一主题，同时还能听出另两个主题的音乐形象，学生完全投入到聆听中，为培养他们有一双"聆听"的耳朵而奠基。

片段三：分段"聆听"，用多样方式让学生理解旋律。

师：接下来就让我们一起欣赏流畅、舒展的第二主题音乐。

师：你们能和老师一起来读一读图谱吗？

师：同学们的图谱读得很流畅，能唱一唱吗？（多媒体出示字母谱）

师：大家唱得真好，现在连起来跟老师的琴声完整地演唱一遍这段主题。

师：第二主题音乐给我们带来了流畅、舒展的感觉，那第三主题部分又是怎样的，让我们静静地欣赏它。

师：感受怎样？（跳跃、欢快的情绪）

师：你们能边听旋律边用拉手风琴的动作做一做吗？（出示乐谱，下面出示手风琴开和关的图片）

……

解读：单纯的聆听方式会让学生枯燥无味，特别是用同样的方式让学生去欣赏不同的乐段。怎样才能根据不同的段落设计不同的学习方法，这就需要老师进行精心的设计。我们可以将唱、听、动等相结合，发挥学生多种感官的作用，让学生积极调动各种感官去感受音乐。例如，用唱的方式来唱第二段主题音乐，不仅培养学生的识谱能力，还能提高学生的演唱能力；在第三段主题音乐出现时，让学生徒手演奏手风琴的动作，学生无意识地掌握了演奏手风琴的方法，同时还能增强学生的表现力。

片段四：整体"聆听"，在学生的心灵中留下旋律。

师：同学们，刚才我们分别欣赏了《微笑波尔卡》的三个主题，现在让我们完整地来欣赏一遍，请大家在不同的段落中用不同的方式表示出来，OK！

师：同学们表现得真好，现在请大家看一看今天我们的座位有啥不一样？

生：有摆方形的、有摆圆形的、有摆三角形的。

师：现在就请你们根据座位的形状，当听到相应主题音乐的时候，请坐在相应形状座位的同学起来表演，没有听到你的主题音乐时，就请静静地欣赏，比一比哪组同学的耳朵最敏捷。

解读：要想让旋律在学生心中留下印迹，只听一两遍，甚至三五遍是远远不够的，曾有一位特级教师在新教材培训会中说过："一首乐曲只有听了九十九遍才能入耳、入心。"她给音乐教育工作者在欣赏教学中指明了航向。在本首乐曲欣赏中，老师通过总—分—总的方式让学生欣赏。在分段欣赏中，通过不同的方式与方法，给学生创设多次聆听的机会，但整体的感受还比较模糊，只有让学生整体聆听，才能让学生将作品理解得更完整、更深刻。

音乐是一门聆听的艺术，灵敏的听觉可以让我们更好地去解读音乐。只有在音乐课堂中养成聆听音乐的好习惯，才能撞击智慧的火花，从而为终身热爱音乐、热爱艺术、热爱生活打下坚实的基础。

## 二、记忆主题旋律

主题旋律是指一部音乐作品或一个乐章的旋律主题，或者一部音乐作品或一个乐章行进过程中再现或变奏的主要乐句或音型，就是我们通常所说的主旋律。

主旋律的记忆是音乐听赏教学中十分重要的一环。学生能记住歌曲或乐曲的主旋律，就能在不同场合、时间听辨出这首乐曲或歌曲。我们在帮助学生记忆主旋律时，要关注以下问题：

1. 反复哼唱是帮助学生记忆主旋律使用的较为频繁的方法，但它不是唯一的方法。我们可以使用较为多元的方法帮助学生记忆，避免方法过于单一。

2. 主旋律的变奏是在原旋律的基础上加一些修饰或者围绕原旋律做一些变形，使乐曲具有更丰富的表现形式，听起来和演奏起来更多变，有利于乐曲更好地表现感情。变奏的形式和方法多种多样，一段相同的旋律能通过不同的方法变幻出很多形式的变奏曲。在教学时要关注变奏、变拍子等变化，引导学生听辨。

3. 有的教师认为一首乐曲或歌曲听过就算了，导致学生再次听到这首乐曲或歌曲时，无法通过辨识主旋律而再现对音乐的相关记忆。

小学音乐教师在帮助学生把握歌曲主旋律时的教学要领：

1. 在相对完整的音乐欣赏过程和整体的音乐情感体验中，教师应该关注学生对音乐主题的记忆、辨别。要在教学过程中引导学生通过多种方法、途径对音乐主题进行感受、哼唱、视唱和记忆。

2. 学生听赏了一首音乐作品后，在其他场合听到该首作品时，应该能通过识辨它的主旋律，回忆并说出其作品名称、演奏乐器等知识。所以，教师要把听赏教学的重点集中到把握音乐作品的主旋律上。

3. 教师要通过主旋律的聆听环节，指导学生根据音乐要素和文化背景体验情感，理解作品中的音乐形象。

## 三、了解多元文化

新的教学理念昭示了这样一个深层的含义：音乐作品蕴涵了深刻的文化内涵，具有极高的文化价值。音乐课程内容的实施要以音乐文化为主干，注重挖掘、引导、组合教学内容的人文性，帮助学生形成多元文化观，从而达到传承音乐文化、拓宽艺术文化视野、提高音乐审美情趣的目的。

我们在课堂教学中要注意以下几点：

1. 要注重同一种类不同风格的音乐的听辨，如《摇篮曲》。

2. 除了解世界各国的多元文化以外，要重视我国地方戏剧、民族曲调的听赏，使学生了解国粹、熟悉国粹、弘扬国粹。

3. 作品的作者和创作背景在教学中经常会被教师一带而过，其实了解这些，能有效激发学生的兴趣，有助于聆听教学效能的提升。

4. 在欣赏音乐的同时，初步了解音乐产生的国家及其相关的人文风情十分重要。

5. 在听赏舞曲时，可以让学生学跳和感受一些便于掌握的基本舞步，如小步舞曲等。

小学音乐教师在帮助学生了解音乐相关多元文化时的教学要领：

1. 聆听音乐，感知其音乐要素，记忆主旋律以及了解与音乐相关的文化和风格，是在欣赏教学中融会贯通一气呵成的，不用剥离分开教学。

2. 对音乐风格和流派的体验和学习，目的是增强学生对音乐文化多样性的接纳与包容意识，拓宽学生的音乐事业，提高学生的人文素养。

3. 对音乐人文的感受以及判断主要靠大量的比较聆听来积累，应提倡多听，整体听和局部听相结合。同时，还要结合作品，有机地让学生了解作曲家或表演艺术家所处的时代和社会环境，初步了解其世界观和艺术观，以及经历、性格、气质、所擅长的题材、惯用的体裁形式和表现手法等，以便加深学生对作品的理解。

## 四、辨识主奏乐器

音色是音乐表现要素之一。在音乐欣赏中，辨识主奏乐器包括对人声（童声、女声和男声）以及乐器声（常见民族乐器和西洋乐器）的感受与听辨。

小学阶段，要求学生掌握、了解的常见民族乐器有二胡、木琴、琵琶、古筝、唢呐、笛子等；要求学生掌握、了解的常见西洋乐器有大提琴、小提琴、钢琴、小号、圆号、单簧管等。

在具体教学中，需要引起我们关注的问题有：

1. 对人声音色的教学不够重视。

2. 教学停留在听辨音色上，不介绍乐器的外形特点、附属分类，或不请学生模拟其演奏方式。

3. 不能适当拓展介绍课时教学中或单元教学中主要演奏乐器的相关经典曲目，使学生获得相关知识积累。

小学音乐教师在欣赏课中设计辨识主奏乐器时，需要掌握的要领：

1. 在教学中除了听辨音色以外，还要具体介绍乐曲主奏乐器的外形特点、附属分类，并模拟其演奏方式，加深学生对该乐器的了解与感知。

2. 在听赏歌曲时，要让学生在听赏的过程中听辨出歌曲的人声分类。

3. 介绍主奏乐器具有相对的独立性，可以进行专题教学。这类教学采用的方式要直观，可借助实物，也可借助多媒体声像俱全的特点进行全方位的介绍。

4.应该结合音乐实践和具体音乐作品，有联系地感知和有区别地认识，通过听辨、对比、选择、图解等方法，使学生对主奏乐器和人声有一个较为完整的体验。

## 五、创编体验旋律

在欣赏教学中应培养学生的审美情感，包括音乐情感辨别力、音乐情感表现力以及音乐情感理解力。

聆听音乐作品后，不要将聆听感受的表达单一地停留在语言描述上，可以启发学生用多种方式（肢体语言创编、编配合适的节奏型伴奏等）自主参与音乐表现，开展适切的二度创编活动。

在教学中，我们经常会遇到如下问题：

1.创编体验旋律的方式方法较为单一。在小学阶段，除了编配小乐器为听赏的歌曲或乐曲伴奏以外，常用的方法还有音乐人物形象的模仿、律动、造型、形体动作、舞蹈动作的创编，以及用绘画、线条、图示表达聆听感受等。

2.创编板块的教学设计要符合该年龄段学生音乐学习的特点，既不能过于低龄化，也不能太难。有的教师让小学生为乐曲或歌曲创编、添加旋律，这显然超越了他们的认知水平。

3.创编体验活动的设计不符合所听赏的主教材的音乐特点，流于形式，没有实际提高学生音乐学习的效果。

小学音乐教师在欣赏课中设计创编体验环节时，需要掌握的要领：

1.在课堂中让学生用语言文字表述、描绘聆听音乐作品后的感受，使学生之间共享聆听感受，既有利于教学步骤层层深入地推进，也有利于转化为学生聆听音乐以及其他音乐学习领域的学习方法、经验。

2.小学生的"赏"还未提升到"鉴赏"这一层次，只是对乐曲的较浅层次的感受、了解，借助动画、色彩、线条、创编等与音乐相通的潜在多元智能的启动，可以使学生内蕴的音乐感受得以外化，达到提升学生综合音乐素养的教学效果。

3.教师所设计的听赏教学中的创编体验环节，要有利于学生音乐思维的发展，有利于学生形成对音乐的深刻印象，产生对音乐的共鸣。

## 六、适当复习听赏

在欣赏教学中，教师应尽量让学生与音乐作品产生情感上的共鸣，达到理解与交流，使陌生的、遥远的、不同国界的、时空分离的东西转变成较为熟悉的、能被学生理解的东西，拉近学生与音乐欣赏作品的距离。加强反复听赏是一种有效的途径，为此我们要注意以下问题：

1. 有的教师认为，听过就是教过了，不需要复习听赏。因而不能在复习听赏的基础上承上启下，采用对比导入等方式展开新授歌曲或其他听赏等教学内容。

2. 小学生记忆能力的特点是需要反复再现，积累到一定程度才能不忘。不重视反复聆听就是没有遵循这一规律。

3. 不注重小学音乐学科低、中、高年级的新授和复习听赏活动之间的衔接。没有整理过学生以前听了什么、现在听了什么、将要听些什么，不能发现、归纳出它们之间的知识关联。

4. 在新授一个听赏的教学内容时，应该运用分段听赏等较为细致的教学方法，复习听赏应是对已听赏的教学内容的回顾和教学反馈，在一课时中所占的比例要适量，不能喧宾夺主。

小学音乐课堂中复习听赏时需要掌握的要领：

1. 由于课时容量的要求，复习听赏要适切。可以是对主旋律的回顾，也可以是对作品感受的深化。复习听赏就是为了让学生加强记忆听赏内容，进一步感知音乐形象。有的教师利用音乐课两分钟预备铃的时间，精选音乐片段让学生反复聆听，这也是很好的做法。

2. 复习听赏可以和新授内容相结合，通过对比聆听，切入正题。复习听赏的教学环节若设计得巧妙、恰当，可以使教学效率提高。

3. 教师可以尝试整理所使用的教材中的听赏曲目，找出一些它们之间的共同点，如演奏乐器、曲式体裁、作者等，从中找到可以上下贯通的教学线索，让教学由低到高逐步深入，重视衔接，从而不断拓宽学生的音乐视野，最大化地帮助学生积累欣赏曲目。

综上所述，对自然界和生活中的各种声音的感受与体验，对人声（童声、女声和男声）和乐器声（常见民族乐器和西洋乐器）的感受与听辨，对力度、速度、音色、节奏、节拍、旋律、调式、和声等音乐要素的聆听和体验，对音乐结构的感知，这些是感受与欣赏音乐必须具备的知识和能力，是保证歌唱、演奏、创作等学习活动顺利进行的基础和前提。

因此，在听赏音乐教学时需要关注以下几个要点：一是音乐欣赏的教学方法，有的具有相对的独立性（如人声的分类及各种乐器的介绍），但更多的内容是交叉在一起的，是一个不可分割的有机整体；二是教师在课堂聆听教学活动中要将音乐要素与音乐形象、音乐情感，风格流派与音乐文化相结合做分析，帮助学生理解音乐作品，指导学生感知音乐要素和音乐表现形式（乐器、人声、演奏形式等），使学生对音乐有一个完整的体验；三是要鼓励学生对所听音乐表达独立的感受与见解，培养学生的想象力和创造力。

# 第三节　歌唱教学

歌唱是人类最本能的音乐表现手段，也是表达情感的良好方式。因此，在音乐教学中，引导学生积极体验歌曲意境，理解歌词内涵，把握音乐特征，以自然的声音、自信的心态、自如的表情和丰富的感情进行歌曲演唱是教学的主要任务。在演唱教学中，要求学生背唱一定数量的歌曲，包括我国民歌及戏曲片段等，积累必要的歌曲曲目，既有利于发展学生的音乐记忆力，又能满足其适应社会生活与情感交流的需要。在歌唱教学中，教师应有意识地帮助学生掌握一定的演唱基本技能，能对自己或他人的演唱进行正确的评价，以促进演唱质量的提高。

## 一、培养歌唱习惯

歌唱教学是音乐课堂中重要的教学内容。在小学阶段，学生主要识记的是字母注音和节奏相结合的字母注音谱、简谱和 C 大调（无升降号调）五线谱。主要学习的歌唱形式有齐唱、轮唱和合唱。教师要指导学生学会运用自然和谐统一的音色、良好的音准、均衡的音量和整齐的速度演唱歌曲，感受歌曲中蕴涵的情感和情绪，体验歌唱的愉悦感。

习惯的养成是歌唱教学的基石，我们需要关注以下容易忽略的问题：

1. 歌唱时的姿势在小学低年级时学生就已经学会了。歌唱时的坐姿、站姿、口形等是教师在始终如一、坚持不懈的教学中要不断加深学生记忆的，使学生形成在进入歌唱活动时自然表现出来的一种定势。

2. 在发声方法教学时，没有特别关注学生歌唱时气息运用的方法，导致学生的声音产生统一却"虚"的现象。

3. 在集体演唱时，没有帮助学生群体，养成聆听前奏整齐地开始演唱、速度保持统一、音量调节均衡等良好习惯。

4. 教师没有意识到有表情地演唱也是一种可以养成的歌唱习惯。这只能用语言进行提示，教学方法较为单一。

众所周知，习惯是一个人在长期的生活或学习中形成的一种生理感官上的认同感。它是一个长期行为，并非一蹴而就的短期行为。对成人来说，习惯了的事情很难改变，那么，对一个孩子来说，在他学习或生活的早期，养成良好的学习习惯就更为可贵了。因为这种习惯或者称为学生学习的定势，可能会一直影响着他的成长，甚至是人格、性格的养成并伴随一生。音乐学科是学生修身养性、陶冶情操、提高审美情趣的主要课程。在早期音乐学习经历中其音乐学习习惯的养成，必将为今后艺术素养的积淀提供必要的"养料"和"吸收养料"的方法。

良好的歌唱习惯以及音乐课的坐姿是最基本的音乐学习习惯，需要一个养成的过程。教师应用"模仿"的方法，帮助学生掌握这些学习习惯的要领，如唱歌时口形、端坐的方法等。在模仿的过程中，学生通过"学着做"，结合唱游教学中游戏的方法，逐步养成良好的音乐学习习惯。

另外，学生在演唱歌曲时，往往不能表达出"渐强、渐弱、优美地、欢快地"等歌曲处理方式，这就需要用形象化的语言帮助其理解，从音乐学习培养的角度而言，这就是初步的乐感的养成。例如，学生唱到高音时，常常出现音唱不到位的现象，教师如果说"用气息支持一下"或"这个音再唱高点"，学生就不能够理解，更谈不上按教师的要求做。教师可结合所教的内容给予形象化的语言提示，如"小鸟站在更高的枝头在唱歌"等。

用形象化的音乐语言引导学生养成良好的音乐习惯，需要在教学的细节上下功夫，如"用蚕宝宝吐丝"的方法帮助学生掌握乐句间的换气问题；讲解前奏的作用，让学生能够听完前奏后整齐地开口唱歌；注意咬字吐字等。这些良好的歌唱习惯都需要教师帮助学生打下一个良好的基础，而"形象化"不脱离音乐本位的语言、媒体等多元教学方式，将帮助教师事半功倍地完成预设的教学目的。

综上，我们来归纳一下小学音乐教师在培养学生歌唱习惯时的教学要领：

1.习惯是一种长期行为，是一种日积月累、水到渠成的行为模式。因此，任何一种习惯的最终养成都是在反复强化的过程中积淀形成的。教师在日常教学中，反复地不断地如此要求，就会使学生自然养成某种课堂学习音乐的习惯，甚至会影响其在课外学习或聆听音乐的习惯。

2.在日常教学中要让学生形成一种"音乐认同感"，而音乐学科"审美""育美"的特质也要求教师能够充分关注到这一点。因此，要培养学生对音乐学科的喜爱之情。这种"喜爱"的积极情感，将对学生的音乐学习起到关键性作用，"喜爱"其实也是一种音乐学习的内在的情感性习惯因素。

3.在培养学生音乐学习习惯的同时，应看到学生在音乐学习中存在的差异，在音乐学习习惯养成中存在的差异。因此，需要因材施教，以提高整体效能。

【案例分析】

学习歌曲《小老鼠和小花猫》

1.出示歌曲完整的字母谱。

师：（师生进行接龙演唱）请大家演唱小老鼠的部分，老师演唱小花猫的部分，唱完之后请大家说一说它们之间是否有相同的地方？

2.特别提醒学生，小花猫和小老鼠不同的地方，老师手势引导，让学生对比旋律的不同，引导学生正确的演唱。

3.加入歌词完整地演唱歌曲，注意用声音区别小老鼠和小花猫，在力度上加以变化。

在苏少版小学二年级下册的音乐课本中，要学习的歌曲有近二十首，但根据平时的检测来看，会唱每首歌曲的同学的确占百分之九十五以上，但要说唱好歌曲、唱得"有滋有味"的真的很少。笔者认为，一堂好的唱歌课应有"三部曲"——唱会、唱好、唱出"味道"。孩子们在老师的"调度"下用心歌唱，用情演绎，唱出自己的情绪，唱出自己的热情，唱出自己的快乐。

小老鼠：

d·d·s·d | d O | d·d·s·d | d O | d·d·s·d | d·r·m·s | r·d·s·d | d·.O ‖

一只小老·鼠，·瞪着小眼·珠，·龇着两只·小··牙···长着八字·胡。

小花猫：

s·s·s·s | d O | r·d·r·m | d O | d·d·s·d | d·r·m·s | r·d·s·d | d·.O ‖

一只小花·猫，·喵喵喵喵·喵，·吓得老鼠·赶··快···往··回···跑。

在演唱《小老鼠和小花猫》时，老师先出示小老鼠的字母谱和歌词，请学生读一读歌词。等学生读完一遍后，老师问：是几只小老鼠？学生回答：是一只小老鼠。老师问：小老鼠干什么？学生回答：老鼠瞪着小眼珠、龇着两只小牙、长着八字胡。这时老师顺理成章地说：这里的"一只""瞪着""龇着""长着"是附点四分音符，要读得稍长一点，现在再来读一读。在这里用同样的方法可以解决小花猫的旋律。在唱字母谱的过程中，老师问：小老鼠的动作是怎样的呢？学生回答：机灵、敏捷。老师问：能否将字母谱跟老师用机灵、敏捷的情趣唱一唱呢？小老鼠是胆大的还是胆小的？要怎样的力度来演唱呢？那猫呢？学生回答：猫是得意洋洋的，它的力度比老鼠要大。这样水到渠成，不仅自然地将附点四分音符解决得很漂亮，还将小老鼠和小花猫的力度直观形象地渗透到歌曲的教学中，使学生掌握了音乐四有元素之一——强弱。

## 二、提高识谱能力

在小学阶段，通过音乐课堂学习，让学生主要掌握的音乐符号和识读乐谱能力包括：一、二年级：认识无升降调号五线谱，识记常用音位；感知并唱准音高；认识小节、小节线、终止线；感知由单纯音符组成的节奏型，认识常用节奏符号，能识读简短节奏型。三到五年级：知道无升降调号五线谱常识，了解相对应的简谱常识；认识全音符和二分、四分、八分、十六分音符及相对应的休止符；了解 2/4、3/4、4/4、3/8、6/8 拍拍号及其指挥图示，知道其含义；认识常用的力度、速度记号及其他音乐记号，了解其在音乐中的作用；识读常用节奏型及切分节奏型。

在三年级的课堂教学中，学生开始比较系统地学习简单的无升降调号五线谱，教师要帮助学生逐步摆脱在一、二年级教学活动中已经较为熟悉的依靠字母注音识谱的方式。四年级第二学期开始逐步学习简谱的基础知识。在实际教学中，往往会存在如下问题：

1. 教师过分依赖字母注音识谱的方式，在中高年级仍担心学生不能独立识谱。在无升降调号的音高识谱等方面缺乏切实可行的教学方法。

2. 教师把"识谱"简单地纳入较为枯燥的知识技能掌握的教学范畴，不能应用多元感官促使学生在具体乐曲、歌曲的学习活动中掌握识谱的基本方法；不能由难化简、循序渐进地让学生的识谱学习呈现一种有趣味、无负担的学习状态。

3. 对常用休止符、常用音符、常用节奏型的教学方法缺乏由低年级到中高年级的衔接的研究，无法使学生形成音乐知识领域和思维的纵向联系。

小学音乐课堂中提高学生识谱能力需要把握的要领：

1. 小学生以形象思维为主，要吸引学生的注意最重要的就是让枯燥的课堂、枯燥的音符变得活灵活现。识谱较为枯燥乏味，学生普遍不太感兴趣。课程标准提倡"用已经学会的歌曲学唱乐谱"，这是一个很有效的方法。对于学生们来说，把熟悉的歌词变成乐谱，学生既有熟悉感，又有新鲜感，学习兴趣自然很高；学起来要轻松一些，对乐谱音准的把握也容易许多。

2. 识谱教学对于各个学年段学生要求不同。在低年级常规课堂教学中，教师要由浅入深、循序渐进地为学生积累识谱知识。例如，对一、二年级的学生，在教学中教师要注重向学生讲解最简单的音乐知识，弥补学生音乐知识的不足，如小节、小节线、终止线等。而在中高年级教学中，教师要转变固有教学思维，以读谱简化识谱，提高学生识谱能力。例如，在读谱中寻找相同旋律的小节，缩短旋律；读谱中寻找旋律中的大、小音阶，简化旋律等。

3. 乐器演奏需要识谱，是识谱最有效的学习检验方式。目前，课堂中学生演奏的乐器有口琴、竖笛、口风琴等。乐器演奏必须经历视谱、背谱的过程，在视谱与背谱的不断循环中，进一步提高学生的识谱能力。

4. 教师可通过运用手势、琴声模唱的方法，让学生直观感知图形的变化运动而带来的音的高低、节奏、时值的变化，让音乐学习变得生动活泼、有趣且有实效，体现音乐体验的审美特征。

## 三、新授歌曲教学

在歌曲教学中，一首歌曲难点的设置角度不同，可能是歌曲中某一节奏或乐句，也可能是整首歌曲的情绪与意境的理解。教师应根据实际情况把握教学中的阻力，用适当的方法以求突破。

1. 教师在新授歌曲教学时急于求成，认为歌唱教学以唱为主，忽略了歌曲新授教学中的反复聆听，或者在聆听时"走过场"，没有结合简介作者、创作背景等多元的教学复合性要求去展开聆听，不能使学生较为深入、全面地感知要学习的歌曲。

2. 总是让学生听教学配套媒体中的范唱，较少使用教师自身的范唱。特别是在某个较难掌握的乐句的教学中，教师不对该乐句进行重点反复范唱，使学生难以模仿。

3. 在歌曲教学难点突破中，对如节奏、音准难点的教学方法仅仅是反复练习，没有符合音乐教学审美情趣的适宜的方法。

4. 伴奏对歌唱教学十分重要，好的伴奏可以引发学生的演唱激情，带动学生演唱时的流畅性。有的教师常常只使用媒体中的伴奏，不使用单手弹奏主旋律为学生伴奏，或运用钢琴、电子琴等以较慢的速度为学生伴奏等方法。

5. 在初学歌曲后，有的教师在学生还没有较为熟练地掌握歌曲演唱时，急于开展歌曲的创编表演等，导致学生的学习效率反而降低。

在教唱歌曲的同时，教师应揭示歌曲内在的音乐情感和人文、教育内涵，引导学生理解内化，进一步激发学生对歌曲的情感共鸣，从而富有情感地演唱、表演歌曲。常用的教学路径是：简介→理解→表现。

因此，小学音乐教师在歌曲新授教学中，要注意以下实施要领：

1. 教师应在教学中重点关注班级整体音色的和谐与统一；引导学生用自然的状态、科学的方法进行歌唱。

2. 教师要找准歌唱教学中新授歌曲的教学难点并予以指导和帮助，并在这个过程中，为学生设计巩固、提高识谱能力的多元活动。

3. 教师要使用多种教学方法不断激发学生演唱的兴趣，从情感角度出发，关注学生对歌曲旋律及音乐要素的体验；引导学生恰当、真实地处理歌曲；允许学生依据特长选择表现歌曲的形式。

4. 歌曲新授教学中的反复聆听十分重要，它包括教师在教学过程中对较难演唱和易于唱错的乐句的反复范唱。教师范唱这一直观简单的教学方法在歌唱教学中具有实用性强的特点。

## 四、训练合唱技能

合唱是指两组以上歌唱者各按本组所担任的声部演唱同一首歌曲的一种声乐演唱形式。在小学音乐课堂学习中，合唱是必须掌握的一种歌唱形式和技能，而这一技能的掌握需要学生在集体学习中领悟和习得。有的教师认为合唱教学较难，其实我们只要能处理好以下问题，就能破解难题：

1. 低年级的齐唱练习能使学生在群体中声音和谐统一地歌唱，这为其中高年级掌握合唱技能奠定基础。学生在低年级教学中形成的在歌唱中互相倾听、音准节奏准确等良好习惯和基本技能的积累，是教师必须重视的教学部分。"和谐"是合唱教学中需要思考的关键点。

2. 在合唱教学中，教师经常会遇到这样的情形：学生分两个声部练习时，其音准节奏等都没有问题；但两个声部合在一起时，学生就会出现音准等问题。简单地讲就是能分不能合，这是令很多教师困惑的问题。

3. 训练合唱技能时，在平时的师生问好、和声游戏、合唱练声、身势活动等音乐教学环节中，都应该有意识地培养、指导学生的合唱能力。

小学音乐学科中合唱教学的教学要领：

1. 合唱教学中可以使用"唱—奏"互动教学法，利用课堂器乐演奏教学与合唱训练相结合，使二者相互支持、配合，以帮助学生唱出准确、和谐的和声。

"唱—奏"的教学过程可分为"以唱带奏""以奏助唱""以奏优唱"三个阶段。"以唱带奏"就是通过学生准确地视唱，带动旋律的吹奏，达到合奏的目的。"以奏助唱"就是通过唱奏结合，帮助学生把握音准的稳定性。"以奏优唱"就是运用课堂乐器的伴奏，丰富合唱的效果，提高合唱的表现力和感染力。

2. 教师要在教学中开展不同声部合作的辅助训练。先由教师奏或唱第二声部，与担任第一声部的学生合作；然后让第二声部的学生先轻声再逐渐放开声音跟教师一起唱，当教师感觉第二声部唱得较有把握后，教师的奏唱随机地由大声转为小声，由完整地唱变为只在需要的片段甚至只是在某些音上"搀扶"他们一下；待达到这种"火候"时，再让学生将两个声部合起来，这样就"水到渠成"了。当然，这些方法都应视学生的实际水平决定取舍。

3.在教师预计到学生两声部合作还没有相当把握时，最好不要急于直接将两声部合起来，那将会使他们失去信心和兴趣。在合唱中，许多学生怕受其他声部的干扰和牵制，捂着耳朵来唱或是隔离开来学，这都不是好办法。合唱的根本价值和意义正在于"合"，要让学生学会互相倾听、互相配合，做到默契合作。

4.教师可以尝试利用录音机向学生反馈合唱效果。每一个学生在合唱时，由于比较专注于唱并受自身所处位置的限制，对于合唱的总体效果和自己的歌声在其中的作用，不一定听得十分清楚和准确。在合唱已经大体合成以后，教师为之录音，放给学生听后再让他们自己适当地评论，这对提高学习兴趣和水平会起到促进作用。

5.在合唱教学中要注重听觉训练，可以用听辨、听唱单音、旋律音程、和声音程、旋律等方法来进行循序渐进的有效的训练。

## 五、进行歌曲处理

歌曲处理和表现是学生歌曲学习中的综合能力展现，它包括歌表演、用乐器为歌曲伴奏、变化演唱形式、变化力度或用载歌载舞的形式表达歌曲的情感、情境等。在教学中，我们需要关注如下问题：

1.一首歌曲有其总体的情绪特点，在教学中应关注歌曲中不同乐段或乐句会发生情绪上的一些变化。因而，在歌曲教学中，学生情感的激发比技能的学习更为重要。演唱时有力度、情绪等的变化，能使学生的演唱更为细腻，更具表现力。

2.有的教师认为，学生唱会歌曲后才能进行歌曲处理。但是，学生初次学习演唱歌曲时形成的定势，其后较难改变。例如，一处地方一开始唱错，如不及时更正，在以后的教学中就较难纠正。因此，我们不主张学生唱会歌曲后再考虑把歌曲唱好的教学方法，可以尝试提高教学效率，尽量使唱会、唱好同步。

3.教师要思考如何在歌曲处理时，逐步帮助学生掌握一些具体可行的歌曲的处理方法，为其今后的音乐学习提供基础。例如，歌曲力度变化、衬词演唱、尾声处理等。

因此，小学音乐课堂中进行歌曲处理教学时，要注意以下要领：

1.教师应在教学中重点关注的是：歌曲表演形式要符合歌曲的情绪特

点和风格；声音表现方法要符合学生学龄，并在该年龄段学生已学已知的音乐知识范畴之内。

2. 歌曲处理教学中速度的快慢、力度的强弱，应根据歌曲内容的要求。在处理歌曲的速度时，从歌曲的内容需要出发，一般歌谱中均有标明。如无，则应根据歌曲情绪需要加以确定。

3. 美学家叔本华认为："音乐决不同于其他艺术，其他艺术不过是观念的复写，观念不过是意志的对象化而已。音乐则是意志本身的复写，这就是音乐为什么特别能够有力地透入人心的原因。"叔本华的这一论述，指出了音乐与感情的本质关系。唱歌教学就应该把"情感"渗透到歌曲之中。歌曲中常常标有"欢快跳跃""坚定有力""优美抒情""喜悦热情"等表情术语，这就是每首歌曲的特定情绪。在教学中要注重引导学生在理解歌曲的基础上表现这些表情记号。

4. 歌曲的演唱形式有齐唱、合唱、对唱、领唱、独唱等。这些不同的演唱方式，要依据歌曲内容的需要和曲调的特点来处理。

5. 高潮是一首歌曲中情感最集中、最引人、最精彩的地方，它或居中或在结尾。结束的处理常用的方法有渐慢渐弱结束法、渐强结束法、高八度结束法等。

6. 演唱歌曲，实际是在对歌曲进行二度创作。因此，要准确地理解作者的创作意图，了解歌曲所体现的艺术形象。通过教学，学生能有声有色、有情有韵地唱歌，既唱出歌曲的感情，得到美的享受，更能表达出歌词的意义。

## 六、合理复习歌曲

通常把复习歌曲设定为反复地练唱，直至唱会唱熟歌曲。其实在歌曲复习的教学环节中，还有很多值得我们关注的问题：

1. 音乐学科课程标准要求学生每学年能背唱 4 ~ 6 首在教材中所学唱的歌曲。如果教师不着重歌曲复习，就无法达成这一基本的教学要求和目标。

2. 在复习歌曲的教学中除了反复练唱，使学生熟练掌握乃至记住歌曲旋律和歌词外，在教学设计中应使每次复习歌曲演唱的教学步骤应逐步深入，从而使学生在复习演唱歌曲时比初学时唱得更好，更富有情感。

3.为了提高每节音乐课的教学收益，教师不仅需要思考如何复习提高演唱，还需要巧妙地将新授内容加以合理的组合，使歌曲复习环节具有"双倍"的教学收益。

综上，我们来归纳一下在小学音乐课堂教学中，复习歌曲教学的要领：

1.《诗·大序》中所述："言之不足，故嗟叹之。嗟叹之不足，故咏歌之。咏歌之不足，不知手之舞之足之蹈之也。"以动作为源，可以使学生准确地回忆起所要复习的歌曲的旋律和歌词。除了律动、歌表演以外，我们还能运用旋律线等多种方式帮助学生记忆、背唱歌曲。

2.复习歌曲的教学设计不能是单一地反复地练唱，应在复习歌曲的同时复习巩固上一课时乃至之前所学的音乐知识，如歌曲的拍号、节奏、创作背景等。复习歌曲的教学策略应是多元、综合的。

3.复习歌曲时使用方法的难易取舍，要根据学生的具体学情而定。有时同一个学校的同一年级不同教学班的学生对歌曲的掌握程度也不同，需要教师及时调整复习的方法。

4.复习歌曲教学的关键在于学生通过复习能唱好歌曲，与之前的演唱相比较有不同程度的进步。

演唱歌曲是小学音乐教学的基本内容，也是学生最易于接受和乐于参与的表现形式。歌唱技能的练习，应结合演唱实践活动，创设与歌曲表现内容相适应的教学情景，激发学生富有情感地歌唱，以情带声，声情并茂。要重视和加强合唱教学，使学生感受多声部音乐的丰富表现力，尽早建立与他人合作演唱的经验，培养群体意识及协调、合作能力。合唱教学可从轮唱开始，逐步过渡到多声部合唱。

在这里，为大家简练地归纳歌唱教学时需要关注的要点：一是歌唱教学要注意调动每一个学生的参与积极性，培养演唱的自信心，使他们在歌唱中享受到美的愉悦，受到美的熏陶；培养学生自信、自然、有表情地歌唱。二是让学生在音乐听觉感知基础上识读乐谱，在音乐表现活动中运用乐谱；乐于参与各种演唱活动。三是通过教学演唱的初步技能，要使学生知道演唱的正确姿势及呼吸方法；能够对指挥动作及前奏做出恰当的反应；能够用自然的声音，按照节奏和音调有表情地独唱或参与齐唱、合唱；能采用不同的力度、速度表现歌曲的情绪。

# 第四节　音乐活动

音乐教学是音乐艺术的实践过程。作为普及性的音乐课堂教学，要使学生通过音乐的技能实践来感知音乐的基础知识，体验音乐审美的基本过程与方法，感受音乐的情感魅力与人文价值。音乐教学中要强调学生的艺术实践活动，积极引导学生参与演唱、演奏、聆听、综合性艺术表演和即兴创编等各项音乐活动，将其作为学生走进音乐、获得音乐审美体验的基本途径。通过音乐艺术实践，有效提高学生的音乐素养，增强学生音乐表现的自信心，培养学生良好的合作意识、团队精神和创作能力。

## 一、参与形体律动

律动艺术性较强，直观形象，生动活泼，以其优美的旋律、高低起伏的音节、快慢有序的节奏，丰富、形象、动人的音乐语言，深受孩子们的喜爱。在音乐课中，因地制宜地运用律动，可以使学生全身心地投入到音乐的美好意境中，将抽象的听觉艺术与视觉、运动有机地联系在一起，让学生们充分地动起来，从传统的、被动的听课座位上"解放"出来，是还原一个生动活泼的音乐课堂，使音乐真正渗透到孩子们心里的有效途径。在进行教学设计的时候，不少教师会创设不同的情境，将一些音乐实践活动，特别是一些形体律动融合到教学活动中。在进行类似的教学设计、实践活动时，我们会看到这样一些问题：

1. 小学音乐教师不是舞蹈演员，舞蹈、形体律动、编舞的能力较弱。当然，有些教师的舞蹈水平高些，能给学生带来美的享受，更好地陶冶学生的情操。很多音乐教师由于自身的能力不足，在教学中对舞蹈、律动不重视，当课堂上需要学生即兴表演时，他们不能进行有效的引导、帮助。

2. 在一些低年级的音乐课上，老师非常鼓励学生进行律动，但课堂上哪些环节可以"动"，"动"在一节课中应当占多大的比例是值得思考的。

3. 教师在课堂教学设计和实践中，要尝试将形体律动和教学内容紧密地结合在一起，要考虑如何让学生的"动"更好地为掌握教学内容、实现教学目标服务。

　　课堂上的律动是为了唤起学生对音乐教学内容的注意力，提高学生学习兴趣。教师在设计律动活动时，既要根据学生的年龄段特点、生活经验等设计简单、易学、易理解的动作，又要对学生的每一次律动提出明确的要求，在学生律动的过程中及时评价、引导，才能使课堂教学"动而不乱""活而有序"。

　　集体舞、队列表演是适合每一个年龄段学生的形体律动表演，而且这样的律动形式不仅关注学生个体的学习，更关注学生间合作能力的培养。在活动与合作中学生需要不断协调，平衡个人与整体的关系。关注合作伙伴，关注集体，注重与同伴用眼神、手势、动作、表情、语言等来交流，有助于学生养成沟通、合作的能力。

　　无论是课前的律动，还是课中的律动，教师都可以赋予这些律动一些功能性的作用。在律动设计时，教师可以根据音乐的特点，设计比较简单、容易完成的动作。在完成律动时，既关注律动与音乐的结合，又兼顾对学生兴趣的激发，使形体律动成为课堂教学的重要辅助手段。

　　下面归纳一下小学音乐教师在指导学生参与形体律动时的教学要领：

　　1. 形体律动不等同于舞蹈，它比较直观形象、生动活泼。它以优美的旋律、高低起伏的音节、快慢有序的节奏，丰富、形象、动人的音乐语言，深受孩子们的喜爱。强调从音乐入手，让学生聆听音乐，引导学生通过身体接触音乐的各个要素。教师在设计和指导学生进行形体律动时，要因地制宜地运用律动引导学生接触音乐的各个要素，达到身体各部分动作与音乐协调统一。同时，要表现音乐的节奏疏密、旋律起伏及情绪变化的规律，将抽象的听觉艺术与视觉、运动有机地联系在一起，让学生们充分地动起来，不仅用听觉去感受音乐，还要用全部身心去感受音乐。

　　2. 在进行律动教学时，老师应避免喧宾夺主的情况。律动教学是为音乐课堂教学服务的，是更有效实现教学目标的一种手段。有的老师频繁地运用律动，忽略了教学目标本身，一节课热热闹闹下来，却并没有为实现教学目标起到任何作用，偏离了教学本身。

　　3. 音乐教学中任何体态律动都是以音乐为基础，通过身体表现音乐中的各个元素的。所以，以音乐为本进行律动设计是基本的原则。为了在教学中能更准确地抓住音乐的特点，把握音乐的基本内涵，教师平时应注重音乐的积累，不断提升自身的音乐修养。尤其是在民族音乐教学方面，一定要把握民族音乐的特点，抓住民族风格的元素，展开律动教学。

4. 在设计、指导形体律动时，要关注学生身心发展的特点，采用循序渐进的教学方法，由浅入深，由易到难。这样能保持小学生主动参与律动的热情，既不会因为过于简单而感到枯燥乏味，又不会因为太复杂而缩手缩脚。

## 二、交流歌曲表演

歌表演可以理解为将"体态律动"适当地运用在歌唱教学中的一种教学方式。歌表演融思想性和趣味性、音乐性和舞蹈性于一体，是最简易的音乐和舞蹈的综合艺术形式，也是学生最易接受的一种表现方式。它把无形的声音同无声的形态动作结合在一起，能充分调动学生的积极性，有利于他们的身心得到全面发展。

对不同年级的学生，歌表演应采取不同的教学手法。例如，低年级学生识字不多，在学习唱歌时掌握歌词有一定的困难，教师可以根据歌词内容，设计优美又确切表达歌曲情感的表演动作，帮助学生理解和记忆歌词，并以形象生动、优美的歌舞动作进行演唱，使演唱更富有情感的表达性。到了中高年级，歌表演的教学方法就要及时调整。

在交流歌曲表演的实际教学中，会存在以下问题：

1. 对于低年级学生来说，运用歌表演的方式可以帮助他们记忆歌词，但是，对于感受节拍特点、解决掌握节奏难点，歌表演是否能起到同样的作用呢？

2. 一些教师在进行歌表演教学时，往往没能把握好歌唱和表演之间的平衡。在歌表演时，到底应该是以歌为主，还是以表演为主？

3. 低年级学生好动，喜欢歌表演的形式，但随着年龄增长，到了中高年级，学生开始害羞，不愿动，那么这时歌表演是否还是一个很好的教学手段？在鼓励、指导学生进行歌表演时，如何把握好表演的度？

4. 教师如何设计简单而有效的歌表演？

一位教师在进行歌曲表演教学时是这样做的。

在歌唱教学中，对歌曲的节奏时值掌握往往是一个难点，如歌曲中的切分节奏、附点音符、休止符、十六分音符、三拍子节奏等，学生在学唱的过程中总是不到位，或者不能在短时间内掌握。这时教师可以结合体态律动，在律动、表演的过程中帮助学生感受时值的长短，掌握节奏的变化。

歌曲表演帮助学生掌握休止符。一些低年级的儿童歌曲中运用休止符来表现歌曲活泼的情绪或动物的叫声等，如歌曲《跳呀，快来跳舞》《玩具进行曲》《布谷鸟》等。对低年级的大多数学生来说，要在演唱歌曲时表现出这些休止符是难点。这时教师就可以设计或让学生设计歌曲出现休止符时进行的简单律动，如拍手、踩脚、用双手拢在嘴边模仿布谷鸟在歌唱的动作等。用动作来填充休止符的时值，会达到意想不到的效果。

歌曲表演帮助学生掌握节奏难点，如切分节奏、附点节奏等。在新授歌曲时，如何帮助学生比较轻松地掌握一些节奏难点往往是需要老师们苦思冥想的。加入简单的动作进行表演，有助于对节奏难点的突破。例如，歌曲《只怕不抵抗》中出现了三句"只怕不抵抗"，但这三句歌词相同，节奏不同。这时，教师可以设计三个不同的动作，在附点音符出现时手部做一个"大"动作，来提示学生这个音要唱得长一些。切分节奏也是同样，在音符时值长的地方加入简单的动作，让学生通过肢体动作，感受音符时值的长短，解决演唱中的节奏难点。

歌曲表演感受不同节拍的特点。教材中的歌曲主要是二拍子、三拍子、四拍子和六拍子的。在实际教学中，学生对于节奏感较明显的二拍子比较容易掌握，而对于像三拍子这样的歌曲，感受、把握其韵律感的能力还不够。教师可以结合一些简单的动作，如原地移动重心，再加上一些手部的动作，来帮助学生体验三拍子的强弱规律；也可以结合音乐在强拍时做"蹲""踏""拍手"等动作，在弱拍时做"踮脚尖""叉腰"等动作，让学生在律动的过程中体验三拍子节奏的强弱关系，并迅速强化这种节奏规律。

歌曲表演是一种教学辅助手段，它不仅能帮助学生理解、记忆歌词内容，而且在歌曲教学中对旋律、节拍、节奏上的难点突破也起到良好的作用。因此，如何利用歌曲中的表演环节更好地达到教学目标，是教师们在课前需要进行充分思考和设计的。

对于低年级学生来说，在歌唱教学中加入表演环节，符合孩子们好动的天性，学生在对动作的模仿、创编、记忆的过程中，加深了对歌词的理解和对旋律、情绪的感受。值得注意的是，在进行歌表演的时候，应该以歌曲演唱为主，表演为辅。不能因为过于强调表演，而放松对学生演唱声音、节奏、音准的要求，恰当的肢体动作应该成为帮助学生更好地演唱歌曲的阶梯。

歌表演中运用的动作要简单、生动、活泼、形象，教师在启发引导学生为歌曲创编律动动作时，可以遵循这些原则：根据节拍创编律动；根据歌词创编律动；根据情境创编律动；利用衬词创编律动。歌表演可以帮助学生理解和记忆歌词，加强舞蹈动作与音乐协调配合的表现能力。结合歌曲学习，学生可以边唱边跳，通过表演提高想象力和表现力，使歌曲内容和表演动作紧密结合。

因此，对歌曲表演教学，我们可以提炼出以下要领：

1. 在歌唱教学中恰当地运用"体态律动"可以让学生在动中学、玩中学、乐中学，可以激发学生的学习兴趣。音乐和肢体的结合，有助于发展学生的创新思维，因而在教学中要引导学生参与到动作的创编中来。

2. 歌表演要以歌为主，演为次，在教学中应做到动静交替。动作不宜过大，应以不影响歌唱为限度，将重点放在歌曲的艺术处理上。

3. 要根据学生的年龄层次设计不同的歌表演。低年级学生的歌表演可以把原本抽象的学习内容变得更加形象，在设计动作时，适合简单而形象、有趣的动作；中高年级学生表演的动作除了表现歌词内容之外，也可以用来表现歌曲节奏的特点、旋律的韵律感等，帮助学生更多地体验、表现音乐本身的魅力。

4. 在歌表演环节要多鼓励学生进行即兴创作，这种教学在有利于提高课堂教学质量、实现教学目标和促进学生发展的前提下，还要使教学内容有所延伸。学生在活动过程中不仅可以灵活自由地表达情感，发展敏捷的思维及快速应变能力，同时还能开阔知识视野，丰富日常生活经验。

### 三、引导跟唱练习

任何一个人，在学习歌唱的最初阶段都是通过模仿、跟唱的方式学习的，跟唱是人类学习歌唱时最普通也最有效的方式之一。唱歌是表现音乐的重要方式，是音乐教学中的重要内容，也是学生最易于接受和乐于参与的表现形式。但是，在实际中，学生在交流演唱课外的流行歌曲时，无论歌曲的节奏、音高变化多么复杂，他们在演唱时总是充满自信，歌曲的表达也十分流畅；相反，一些音乐课上的歌曲，在节奏或音高变化上稍微难了一些，学生在学唱时就会产生畏难情绪，学生在课堂上害怕张开口演唱，这是为什么呢？

长期以来，学校音乐教学的唱歌训练很难摆脱专业音乐学习的传统思路。成人化的范唱、千篇一律的音色要求、专业深奥的发声技巧要求，让学生感觉到音乐课堂的唱歌如此烦、难、土。这种模式化、单一化的唱歌教学方式让学生产生了厌烦情绪。因此，学生爱音乐，却不爱音乐课；爱唱歌，却不爱唱教材上的歌曲。如此现象普遍存在。

教师应从最根本的跟唱练习入手，激发学生对学习歌唱的兴趣，帮助学生学会歌唱。在教学中要注意以下问题。

1. 现在一些音乐课"花样"越来越多，手段越来越"先进"，互动也越来越多，但歌声却越来越少，唱歌教学离教师和学生越来越远。其实，歌唱本身就是一种互动性、实践性较强的活动，教师要能恰当地设计歌唱教学的互动教学环节，提升跟唱练习的有效性。

2. 在教学中要改变过去"不学歌谱不能唱歌"的现象。歌谱的学习方式可以灵活多变，既有五线谱，也有简谱，低年级还可以出现节奏加上字母或柯尔文手势的教学补助手段，为学生的学唱提供不同的阶梯。

3. 针对不同年段的学生采用不同的教学策略。例如，对于低年级学生可以通过游戏律动、模仿演唱学会歌唱，改变学生在演唱中可能存在的过度使用胸声发声的方法，把胸声喊叫的习惯转变为用头声演唱，使低年级学生能平稳柔和地唱。对于中高年级学生，可以采用多种手段帮助学生学会从简单的合唱（卡农训练、轮唱）起步，逐步掌握合唱的能力。

当今国际流行的三大音乐教育柯达伊音乐教学法、奥尔夫音乐教学法及达尔克罗兹音乐教学法都有关于提高学生综合素养的教育理念。达尔克罗兹音乐教学法认为：音乐本身离不开律动，而律动和人体本身的运动有密切的联系，因而单纯地教音乐、学音乐而不结合身体的运动，至少是孤立的，不全面的。针对这一点，达尔克罗兹提出了"体态律动学"的教学法。要注意的是，无论是柯达伊教学法，还是奥尔夫、达尔克罗兹教学法，其运用都要结合本国学生的学情、学生的年段特点等。教学策略能在课堂歌唱教学中最简单而有效地帮助学生掌握歌唱的技巧、表达歌曲的情感，这样的教学策略就是值得借鉴和实施的。

在小学音乐教学中，实施引导跟唱练习时需注意的要领。

1.歌唱教学中，教师要关注音乐作品的完整性，特别是在进行教学重点、难点突破时。不能因为要进行听唱或跟唱的训练，就将音乐肢解成支离破碎的节奏、音符以及短小主题乐句，让学生反复学习。这样做不仅失去了对音乐的完整体验，而且破坏了学生学习音乐的兴趣，不能达到良好的教学效果。

2.教师良好的示范能达到意想不到的效果。在范唱时，教师必须要以真实的情感和饱满的精神状态投入歌曲的意境，唤起学生的情感，更好地促进他们对歌曲意境的理解。让学生在教师直观生动的范唱中，在模仿的基础上发挥其主动性、想象力和创造力，进一步生动地表达歌曲的思想感情和意境，使演唱具有表现力。

3.反复聆听是跟唱练习的重要切入点。在歌唱教学中，应先从听觉入手，让学生分析歌曲旋律，体验歌曲表达的情感。低年级的讨论分析重点在歌曲的情绪表达，如是愉快的、优美的、轻松的，还是雄壮有力的等；而中高年级的讨论分析应体现在旋律的起伏、节奏音型、速度、力度的变化等，也可通过分析旋律，让学生画画图形、线条、色彩，将各乐句的旋律线、力度、情绪等表现出来，从而培养学生情感的整体体验。要注意的是，每次聆听时，教师应提出不同的要求和问题，这样，学生带着不同目标和要求在多次聆听中不知不觉地熟悉了歌曲旋律，感受了歌曲情绪，把握了歌曲风格，为跟唱做好了充分的铺垫。

4.跟唱练习不仅可以在师生间展开，也可以在生生间展开。通过生生间的合作、学习，使学生感受从单声部到多声部的变化，感受音乐丰富的表现力，感悟与他人合作演唱的经验，增强群体合作意识。

## 四、进入音乐游戏

音乐游戏是音乐教学中重要的部分，它满足了小学生好玩、好动的性格特征。音乐游戏是以发展学生音乐能力为主的一种游戏活动，音乐是它的灵魂。学生在伴随音乐进行活动的过程中，可被唤起好奇心与联想，从而学到一定的音乐知识。在音乐教学中恰当地运用游戏，将获得意想不到的效果。

在教学中，教师可以看到，音乐游戏是最为孩子们所接受、喜爱、理解的一种音乐实践活动。因此，教师们在小学音乐教学的方方面面设计了大量不同的音乐游戏，如节奏训练类游戏、音准训练类游戏、培养音乐感受类游戏、训练动作与音乐协调类游戏、歌舞表演类的游戏等。但实际操作中，音乐游戏真的发挥出它的作用了吗？在教学中容易被忽略的问题有以下几点。

1.音乐游戏与其他游戏最主要的区别在于，它是在音乐的伴随和指引下进行的游戏活动。在此类活动中，孩子们的情绪受到音乐形象的感染、激励，他们的动作表情等都需符合音乐的节奏、节拍和内容，并随着音乐的变化而变化。但是，在实际的音乐课中，音乐游戏教学却常常会忽视音乐，而只强调游戏。

2.音乐游戏是在音乐伴奏或歌曲伴唱下，受音乐的内容、性质、旋律、节奏、结构等主导和制约的游戏活动。目的在于培养学生的音乐兴趣，学习音乐知识技能，提高音乐感受力和表现力。但是，一部分教师没有认识到音乐游戏的目的性，从而产生了课堂上有游戏没有音乐知识的情况发生。

3.音乐游戏是一种音乐实践活动，是孩子们感受理解和表现音乐的手段。它也是一项学习内容，而不是舞台表演。是学习内容，就一定要有学习的过程。但是，在实际课堂教学中，还是可以看到不少只关注结果而忽视学习过程的现象。音乐游戏中没有讨论，没有分角色练习，没有思考、学习的过程。

4.在一些课堂教学中，人们看到，在音乐游戏活动中，学生往往扮演的是表演的角色，他们只需要将老师介绍的游戏规则记住，按要求做就可以了。这种完全处于被动接受的学习状态，不能很好地挖掘学生音乐学习的潜能和发展创造性思维。

在教学中，人们要认识到，音乐游戏只是学习音乐知识和技能的手段和方法，音乐游戏必须伴随和围绕音乐才能充分实现音乐教学的目的，所以音乐游戏的最大特点就是"音乐性"。让学生在游戏中学习音乐，感受音乐的流动、旋律的起伏、节奏的跳跃、音色的变化、速度的统一与变化，并随时根据音乐的变化做出反应，在游戏中学会听辨不同旋律、节奏、节拍、速度等音乐的基本要素，训练了听觉、视觉和运动，从而达到音乐学习的目的。

有一些教师认为音乐游戏比较适合低年级学生，其实，只要教师设计得合理，音乐游戏同样也可以在中高年级的课堂上起到良好的效果。值得注意的是，对于低年级学生，游戏可以激发学生的学习兴趣，满足学生好动的心理，让他们在玩中学，在乐中学。而到了中高年级，音乐游戏可以更好地提高学生的音乐素养，培养学生的音乐能力，提高欣赏水平、创造水平，调动学生全身心投入到音乐中，感受美、欣赏美、学习美、创造美、表现美、懂得美。

以下对设计、实施音乐游戏教学要领进行归纳总结。

1.音乐游戏的意义。音乐游戏有其他教学方法不可及的优势，它能把枯燥的音乐知识变成生动的游戏活动，既适应了小学生贪玩好动的特点，又突出了音乐的艺术性，实现了轻松、愉快的教学。在设计音乐游戏时，要注重游戏是为音乐、为音乐学习服务的，一定要和音乐教育相统一，切忌为了游戏而游戏。

2.音乐游戏具有音乐性、自然性、趣味性和创造性。根据游戏的功能与作用分类为：节奏类游戏、音准类游戏、音乐感受力类游戏、动作类游戏和协调类游戏、识谱类游戏以及其他游戏。教师要根据游戏的优点在教学中灵活使用，让学生们在玩乐的过程中学到知识。

3.面对低年级学生，设计音乐游戏时，可以考虑创设情境进行游戏。在游戏中要注重师生间、生生间的互动，把握评价在游戏中的作用。根据教学内容、教学目标或学生实际情况的需要，音乐游戏也可以延伸到课后，如寻找童年的儿歌，与同伴一起进行儿歌表演等。不仅可以扩展音乐教学的手段，而且使学生更好地深入生活，获得更多更直观的生活体验。

4.要重视音乐游戏的育德作用。音乐游戏在育德方面有独特的作用和其他学科无可比拟的优势。它的最大特点是通过优美、动听的旋律，生动形象的表现，融入人的精神世界，通过美妙的音符激发学生的情感，启迪学生的道德情操，使学生在潜移默化中受到教育。

## 五、尝试记性创编

创造是发挥学生想象力和思维潜能的音乐学习领域，是学生进行音乐创作实践和发掘创造性思维能力的过程和手段。即兴的音乐创编可以开发学生的潜能，教师在教学中要鼓励学生在音乐学习实践中创新求异。在即兴的学习活动中，学生必须充分调动自身各种感觉器官，在瞬间唤醒已有的学习经验，统合情感、意志、认知等心理机制以完成创造性的学习任务。

即兴创作活动与传统模仿性学习活动有机结合，能有效地提高学生音乐学习能力和音乐素养。

教师在教学中开展即兴创编和有目的的音乐创作，可以运用模仿、探究、想象、创编等方法，结合节奏组合与创编、音响模拟与表演、即兴节奏与旋律接龙、节奏与旋律填空、音乐情景小品创编与表演等活动完成教学目标。教师在鼓励学生进行即兴创编时，要关注以下问题。

1. 音乐课堂中的即兴创编就是学生被当前的音乐情绪或情境所触动，临时发生兴致进行的音乐创作活动。但是，任何创编都需要"土壤"，在教学中要正确处理模仿与创造的关系，从模仿入手，由易到难、循序渐进地引导学生进行音乐创造学习。

2. 即兴创造与有目的创作是不同的。即兴创造是指事先未经准备、根据即时音乐感受而产生的一种音乐创造行为，它常与即兴表演联系在一起；而有目的创作则需要经过准备、酝酿之后再进行，包括旋律与歌词创作、音乐改编等。两者都是音乐创造教学领域的有机组成部分，在教学中缺一不可。

3. 在创作活动中，要平衡好教师与学生、"主导"与"主体"的关系，教师要积极引导学生自主参与、积极探索，并和学生同学、同乐、同创，使学生由被动接受者变为主动的探究者。

4. 教师要善于挖掘音乐作品的内涵，设计具有探究性的问题。巧妙设计、精心构思，引导学生多角度地展开联想与想象，开展创造实践与探究活动，要为学生提供自主探索的机会和空间。

学生即兴创编的能力是建立在他们掌握了一定的基础知识和基本技能上的，教师也要有意识地进行阶梯式的教学培养。小学音乐教师在指导学生尝试即兴创编时，应注意以下要领。

1. 面对小学生展开的即兴创编要尊重学生年龄发展的特点，遵循循序渐进的原则。例如，在低年级的教学中，教师可以引导学生学会根据短小歌、乐曲即兴创编动作，学会选择打击乐器为音乐作即兴伴奏；能根据对音乐情绪和形象的体验、了解，为短小歌曲、乐曲即兴创编打击乐伴奏和简单舞蹈动作进行表演。

教师可以在复习歌曲、理解音乐情绪和形象的基础上，指导学生选择打击乐器，并根据其音色特点和演奏方式为歌曲即兴创编伴奏。复习或教授律动、舞蹈，根据歌曲情绪和形象，即兴组合这些动作，结合打击乐伴奏开展综合表演。

在中、高年级的教学中，教师可以引导学生学会根据歌曲风格，编、演歌表演及律动；学会用音乐与诗歌、故事、舞蹈等相结合的方式，开展创造性表演；学会以口头创作的形式，进行即兴节奏和旋律"问答"。例如，设计 2 ～ 4 小节 2/4、3/4 或 4/4 拍旋律，师生合作开展口头旋律接龙游戏。可以请学生用完全重复前一乐句曲调的方式接龙，也可以采用重复前一乐句节奏但改变旋律的方式接龙，还可以用根据前一乐句尾音即兴变化节奏与旋律的"头咬尾"方式接龙。有能力的学生可以用这些旋律创编方式做书面创作练习。

2. 在即兴创编活动中，提倡多元互动。教师要尊重学生的权利、意愿和选择，激活学生已有的音乐经验，提供恰当的音乐资料，为学生预留充足的时间和空间，促进学生间的交流、合作和探究。

3. 即兴创编的内容有歌词创编、节奏创编、旋律创编、律动创编等。在教学过程中把音乐与舞蹈、音乐与戏剧、音乐与文学、音乐与运动很好地结合起来。对于学生的创编，教师要多鼓励，给予正确的评价。

4. 鼓励所有学生参与即兴创编，让更多学生的音乐才能被发现，被自由地展示，被不断地完善。在音乐学习过程中，教师要让学生体会创造音乐的过程是快乐和满足的过程。不仅能欣赏别人的作品，也要学会欣赏自己创作的音乐，从中体验音乐和内心的交流，音乐与情感之间发生的奇妙变化。

音乐是听觉艺术，学生主要通过听觉活动感受和体验音乐，同时，音乐也具有"实践性"特征，让学生亲身参与到丰富的实践活动中，有助于他们获得对音乐的直接经验和丰富的情感体验。因此，在音乐教学中，将其他艺术表现形式有效地渗透和运用到音乐教学中，通过音乐为主线的综合艺术实践，帮助学生更直观地理解音乐的意义及其在人类艺术活动中的价值。

在小学音乐教学中，教师要根据教学内容的特点和学生的实际，通过语言、游戏、歌唱、舞蹈、律动、创造等手段，运用综合性的学习方法，促进学生对音乐的感知、理解、表现、鉴赏、创造和评价的能力。

# 第五节 器乐教学

器乐演奏对于激发学生学习音乐的兴趣，提高对音乐的理解、表达和创造能力有十分重要的作用。器乐教学可以培养学生对音乐的表现力，更好地促进学生对学习、生活的创造力。学生通过器乐演奏学习，可以提高自己的专注力，提升身体的协调能力，丰富音乐想象力和创造力。现在小学音乐课堂运用的乐器主要是易于学习、演奏，方便集体教学的乐器，如口琴、口风琴、竖笛、排箫、陶笛、吉他以及各类打击乐器等。这些小乐器进入课堂，成为孩子们的学习伙伴，给他们带来了更大的学习乐趣。在器乐教学的过程中，教师应将其与唱歌、欣赏、创编等教学内容密切结合，实力发挥器乐辅助教学的功能。

## 一、学会正确演奏

目前课堂音乐教学中常用的乐器主要是口琴、口风琴和竖笛。它们价格比较低廉，携带方便，同时又有固定的音高，是较易于掌握的乐器。在学习演奏这些乐器时，老师们第一步要做的就是通过示范帮助学生感受这些乐器的音色特点，简单了解乐器的功能以及初步掌握乐器的正确演奏方法。然后结合音乐活动，指导学生由浅入深、循序渐进地学习演奏这些乐器。通过独立练习、同伴交流、教师指导等方式使学生逐步掌握演奏要点，并最终根据音乐情绪、节奏韵律，整齐、统一、有节奏感地演奏乐曲。

器乐教学的实施，对促进学生个性发展，引导学生参加音乐实践，提高学生审美能力，发展学生的创造性思维有极为深远的意义。在教学中，人们发现有不少学生在学习演奏乐器时进展很慢，有的甚至停滞不前，总是达不到满意的效果，从而渐渐失去了学习的兴趣和信心。其实，这些问题很大一部分原因是学习者在初学的时候，在如何演奏乐器的关键问题上没有得到感性及理论方面的正确引导。正确的器乐演奏姿势就是其中一个重要的环节。正确的口琴、口风琴和竖笛的演奏姿势详细阐述如下。

口琴演奏姿势：

基本持法：

1.左手以虎口处夹住琴的低音一端，除拇指外其余四指尽量并拢，掌心蜷曲成一个音室置于琴身后方。

2.右手以拇指和食指握住右琴缘，食指与其余三指也是尽量并拢，两掌心相互呼应，类似向远方呼叫一般。

3.左右两手腕关节应该可以自由同时左右横移，但不要让手臂随着移动。

特别注意：

1.左手掌不要马上包住琴身后方。且四指与口琴呈平行方向，如此才能留出一个可以让口唇滑行吹奏的通道。

2.两肩自然下垂不要僵硬，两臂内缘稍贴向身体才不会到处晃动。不管是立姿还是坐姿，上半身应该挺直，切勿弯腰号背；两脚展开与肩同宽，放松身体的肌肉。

3.建议学生在演奏过程中动手不动口，即用手来移动口琴，不要以口来带动琴。

口风琴演奏姿势：

口风琴的演奏姿势可分为立奏和坐奏两种。

立奏时身体的重心须在两腿之间，腰部要直，胸部不能太紧张，头部自然。一般情况，演奏时上身不要左右摇摆。在初学口风琴或练习时，一般都采用坐奏，坐奏时注意不能将一条腿搁在另一条腿上，头部不能过于低垂，不能选用过高的凳子。因为这些都会妨碍正常的呼吸。用这种姿势在演奏时能看清每一个琴键。演奏时将琴搁在双膝上，用左手扶吹嘴，右手按键。同学们对口风琴熟悉到一定的程度时或表演时一般采用立奏姿势。采用这种姿势时，演奏者用左手竖拿着琴，右手按键，双唇轻轻地对准短吹口，留出一点空隙即可。

竖笛演奏姿势：

1.头正身直别弯腰。即吹奏时要精神饱满，挺胸收腹，头正身直两眼平视前方或看谱。可立可坐，立时两脚可平行展开与肩同宽或左脚在右脚前一脚远。重心可在左、右脚交替。坐时，座位要高低适当，两脚自然分开或垂地。身坐凳面或椅子面的三分之二，两脚有重心感。

2. 全身放松抿嘴笑。即要求身体自然放松，上身如果僵硬，就会影响气息的流畅。口形如抿嘴笑，嘴角向两边拉，唇贴着牙齿，腮略收切不可鼓腮。竖笛的吹嘴不可以衔太多在嘴里，最多只衔吹嘴的三分之二，并且使竖笛与吹奏者身体成 45 度角。

3. 拇指小指扶好笛，手指放松弯弯腰。即手持竖笛时应左手在上右手在下，依次用右手、左手的无名指、中指、食指按一至六孔（八孔竖笛应用右手小指先按第一孔，左手椅指按第八孔）每个手指都应放松成弧形，不可僵直或用很大的劲去按孔。拇指约与食指相对，与两小指一起把笛子拿稳。在手指按孔时，应用手指第一节的指肚去按孔，切不可用指尖去堵塞，那样既容易漏气又不灵活。

4. 抬 2 厘米不乱跷。即在抬指放开音孔时，手指离孔不能低于 2 厘米、高于 3 厘米。低会影响音准，高会影响速度与按孔的准确性。

5. 按孔严密气别跑。具体要求是要演奏者养成良好的习惯，即按孔时用手指触摸感觉一下是不是把孔按严了，若没有按严就会产生漏气现象，使竖笛一时吹不出音或吹出"怪音"、走调等不良情况，会严重影响音乐的演奏。

在学习乐器之前，先了解乐器正确的演奏要求，通过模仿、练习，逐步掌握正确的演奏姿势。养成正确的演奏习惯有利于激发学生学习的主动性和积极性；有利于形成学习策略，提高学习效率；也有利于培养学生自主学习的能力。

良好的学习习惯是学生在学习过程中经过反复练习形成，并逐步发展成个体需要的一种自动化学习的行为方式。在这个养成的过程中，教师要起到指导、帮助、强化的作用。

## 二、掌握指法气息

谈到器乐演奏就不得不讲到指法和气息。在器乐教学过程中发现，一些孩子在拿到一首新曲子时，通常最注意认音和节奏，总是忽略曲子中的指法；但练到一定程度之后，就会出现经常不连贯、节奏混乱等问题，这就是在初学时没有运用正确的指法造成的。正确的指法使演奏顺畅，而错误的指法为演奏带来困扰。

同样，合理、恰当地运用气息，也能避免上身紧张、脖子变粗、上下嘴唇外翻或嘴唇咬得过紧等带来的困扰。在指导小学生学习器乐演奏时，要关注以下问题。

1.小学生受其生理条件限制，在演奏器乐时对气息的运用和控制能力比较弱。日常教学中指导学生逐步掌握气息的运用和控制，至关重要。

2.在口风琴和竖笛的吹奏过程中，要配合正确的指法，才能使演奏效果事半功倍。

3.在器乐教学中，单纯训练弹奏指法和气息十分枯燥，时间长了会让学生产生厌学的心理。教师要尝试将枯燥、机械的训练与课堂音乐学习内容相结合，激发学生的学习兴趣。

对于初次接触口琴的小学生来说，激发起学习的兴趣是十分关键的。教师的范奏以及通过视频引发学生的学习欲望是很好的方法。在学吹口琴的整个过程中，教师要多示范、讲解，用简单易懂的比喻帮助学生理解、掌握吹奏口琴时手持姿势、口型、气息控制的方法。通过简单的练习曲，结合课内的指导和课外的练习，利用有效的评价，鼓励、帮助学生循序渐进地建立正确的吹奏技巧，为后面的学习打下坚实的基础。

口风琴的吹奏要求口、眼、手的配合。吹奏口风琴时，身体要正对键盘的中央，坐得端正而不僵硬，上身略向前倾，肩部和背部要松而不垮。口风琴的指法与钢琴相似，演奏中一般只能用一只手弹奏音乐。练习初期，老师可以让学生一边唱指法，一边用手指在琴键上弹奏，帮助学生建立起指法的概念。当学生初步掌握简单指法后，再辅以小练习曲。要注意的是，在指导学生同音连奏的时候，要注意提醒他们不必将手指抬起，只要将手指按住琴键不动，舌头发出"吐吐"的声音就可以了。

如图4-1所示，竖笛演奏时左手在上、右手在下，左手的拇指封堵竖笛的背孔——也称高音孔或零孔。竖笛的正面各音孔的名称从上至下分别为1、2、3、4、5、6、7孔。左手的二、三、四指封堵竖笛的1、2、3孔（注意左手的小指自然地停在竖笛的上方，不要置于竖笛的下侧以免影响左手二、三、四指的灵活性），右手的拇指置于竖笛的下侧稳固竖笛，其余的手指依次封堵竖笛剩下的几个音孔。在用手指封堵竖笛音孔时，应注意要用手指的指腹处封堵音孔，使音孔关闭严密；左手的拇指要用靠近指尖部腹部封闭音孔，以利于高音孔的开闭。

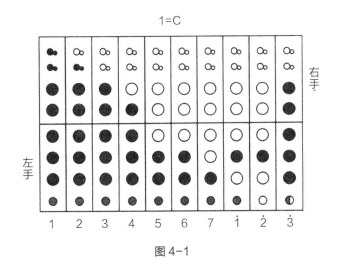

图4-1

正确的竖笛吹奏方法是：从鼻子和嘴角吸气，吸到胸部和腹部，小腹微微向里收，以使演奏有气息支持。正确掌握单音的吹法是学吹竖笛的基础。因此，教师要重视对单吐法的指导和练习。此外，在演奏乐器时，根据演奏的要求需要运用不同的吹奏方法，如急吸缓吐、急吸急吐等，这时选用简单的乐曲协助吹奏训练是比较有效的教学方法。

综上所述，器乐教学中，教会学生掌握正确的指法和气息的要领归纳如下：

1. 对于小学生来说，直观的模仿比抽象的说教更容易理解和掌握。因此，在教授学生器乐演奏时教师要多范奏，或利用多媒体视频等辅助手段，使教学更直观、有效。

2. 针对指法和气息的训练较为枯燥的问题，教师可以借助小游戏、竞赛等手段，激发学生学习的积极性与主动性。

3. 正确的气息和指法不是一朝一夕就能掌握的。因此，课堂中的指导训练要和课外的练习相结合才能达到更好的效果。建议教师们可以尝试罗列一个学期或一个学年的教学进度表，使器乐教学内容能适时、适度地得到实施与推进。

### 三、辅助教学主体

小学生在音乐课堂中学习乐器演奏，不是单纯地为了掌握一两件乐器的演奏技能，而是为了避免课堂教学的单调枯燥。将口琴、口风琴、竖笛等乐器用到学习中，让学生的眼、手、口并用起来，最大限度地调动各种感官参与教学活动的积极性，激发学生的学习欲望。

此外，乐器进入课堂成为学生的"学具"，很大程度上降低了学生识谱唱曲的难度，特别是天生音准有缺陷的学生，这些有音高的乐器代替了识谱唱曲。通过演奏，一样可以掌握乐谱知识，增强了学生的自信心，激发了学生学习音乐的兴趣。

由于学生能力的不同，在学习、掌握器乐吹奏的过程中表现出参差不齐的水平，这时，分层教学就能比较好地解决这一问题。

1. 合作齐奏。这是同一层次的学生进行的合作，也是合作中较简单的一种。器乐齐奏是器乐的一种演奏形式，它要求学生演奏时的情绪把握要准确，速度力度要均衡，而且给学生提出一个比独奏时更高的要求——既要顾及自己的演奏，更要兼顾同伴的演奏。开始时，有些个性强的学生会不顾别人，按自己独奏时的情绪力度演奏，使整个演奏乱糟糟的。经过一段时间的训练后，他们已经学会听别人的演奏调整自己的演奏状态了。因此，这样的合作教学对于培养他们良好的个性与完善的性格，有很大的作用。

2. 合作联奏。这种形式可以在同一层次的学生中进行，也可以在不同层次的学生中进行。所谓联奏，是按乐句自然划分，各人演奏不同的乐句，合作连接成完整的乐曲。在同一层次中，将一首乐曲划分好乐句，以接龙的形式进行联奏。既使学生对曲式结构有初步的感受，又能培养学生对节奏进行的均衡感，不至于将乐曲奏"碎"。对于不同层次的学生，应该选择难度跨度较大的曲子，简单的部分由低层次的学生完成，有一定难度的部分由高层次的学生完成（高层次的学生也可以完成整首乐曲）。在教师的指导下进行全曲的联奏，在练习的过程中既体现了学生掌握基本技能技巧的水平，又增强了不同层次学生之间的合作，有利于营造和谐、共振的学习氛围。

3. 合作合奏。合奏是一种最常见的器乐演奏形式，合奏能力也是器乐演奏技能中的重要组成部分。在同一层次的学生中，可以采取单手分练的形式。在配合好全曲之前，两人一组，一人演奏左手，一人演奏右手，进行两人之间的配合。这样既降低了难度，又培养了初步的合奏能力。在不同层次的学生中，可以开展较复杂的合奏训练。不同层次的学生分别演奏不同难度的声部，每个学生对所奏声部都应该游刃有余，尽可能减少技术上的负担。如果教师没有合适的合奏曲目，可以在有一定难度的乐曲基础上，编写简单的伴奏谱。

在合奏的过程中，针对出现的节奏错乱、声部进声不齐、错音等现象，可以让学生倾听正确配合产生的良好音响与配合失误造成的音响缺憾，比较两种不同的合奏效果，使他们认识到技术合作的重要性。有了初步的和声感后，可以对各声部的力度、速度、呼吸等提出更明确的要求。通过实践，让学生体验到，在合奏中每个声部为了能更好地表现自己，都应积极与其他声部配合，力求完美和谐。

经过一段时间的合奏实践，每一个学生的合作意识都得到了加强。他们对合奏本身产生了无尽的兴趣，还增强了表现各种风格乐曲的表演才能，并关注其他大型的合奏作品。

可见，分层让所有学生都能按自己的能力找到适合自己的位置，发挥自己的作用；合作，在共同演绎音乐作品的同时，告诉学生不但要估计自己的演奏，还要用心聆听别人的声音，培养学生与人协作的交往能力。分层合作，的确是乐器教学中非常有效的一种教学策略。

综上所述，器乐教学辅助教学主体时的教学要领是：

1. 器乐教学是指将乐器作为学具，辅助教学内容。因此，课堂教学中，应在课前准确定位目标，确定器乐在本节课中所起到的辅助作用，在动作思维中融合音乐情境与要素的体现、表演，这是保证课堂器乐教学有效性的关键所在。

例如，欣赏课上，可以通过演奏乐器帮助学生感知、记忆歌曲、乐曲主题旋律；歌唱教学中，通过器乐演奏教会学生歌曲教学中较难掌握的旋律，为歌曲学习做铺垫；对于高年级的学生来说，用器乐分声部演奏，或和教师配合各演奏一声部，可以帮助学生掌握两声部合唱的音准；同时，吹奏乐器时练习气息控制，能够为歌曲演唱的气息学习奠定基础。

2. 在器乐教学中，教师要正视学习差异，设计能力分层。例如，在合奏中，不同能力的学生可以承担不同的任务，附点节奏掌握不好的学生可以吹奏单音；指法变换困难的地方可以用"和音"置换；编配适合绝大部分学生程度的伴奏。给能力不同的学生以不同的要求，让学生"跳一跳，就能摘到葡萄"。尽量保证齐奏或合奏的良好音乐效果，姿势正确，气息均匀，音色优美，音乐情绪恰当，富有音乐表现力。

3. 由于授课内容、课时和学习经历的限制，教师们会发现学生课堂中习得的演奏技能是有限的，这就需要学生利用课外时间进行一些技能练习。教师可以有针对性地给学生留一些"作业"，并以竞赛、风采展示等形式引导学生主动地参与到课外练习中。

## 四、练习打击乐器

打击乐以其强烈的节奏感、丰富的表现手段为广大师生所青睐，对活跃课堂气氛、调动学生的学习积极性也功不可没。它不但可以培养学生从多种角度理解教学内容，而且有助于培养学生的节奏感。教学中恰当地运用能收到事半功倍的效果。用打击乐为歌曲伴奏，不但活跃了课堂气氛，激发了学习积极性，使孩子们以较高的热情投入到学习中去，而且无形中培养了学生嘴与手的协调性及同学间的合作精神。

一般情况下，在音乐课堂教学中常用的打击乐器有小铃、三角铁、木鱼、响板、铃鼓、双响筒、沙球、鼓等。在课堂中运用这些打击乐器容易忽略的问题有以下几点：

1. 在教学中，教师发现学生在演奏打击乐器时动作不规范，如双响筒只敲击一侧，左右摇晃沙锤，敲击三角铁的顶端等。因此，对于低年级学生，认识打击乐器的形状，知道它们的名字，能够感受、分辨打击乐器的音色，掌握打击乐器正确的演奏方法是学习重点。

2. 当学生认识、了解打击乐器的音色后，要善于抓住小学生爱玩的天性，让他们通过探究这些"玩具"的节奏、声音变化，学会选择用适当的乐器为歌曲、乐曲伴奏，防止出现用一种节奏型伴奏到底的情况。

3. 打击乐器虽是一个人演奏，但更加注重多人合作演奏，才能形成美妙音乐共鸣。在演奏打击乐器时，要引导学生控制乐器演奏音量，学会倾听，帮助学生养成与人合作的学习习惯。

4. 教师在呈现打击乐器谱时，要尽量将原本复杂的配器方案以较为简单、易懂的方式呈现。在合作演奏时，养成学生看指挥或聆听音乐的习惯。

5. 由于教学时间、打击乐器的数量有限等问题，教师在课堂上不能为所有学生提供实践操作、探索创编的时间与空间。

在对学生实施打击乐器的启蒙教育时，要做到一听、二看、三试、四奏。

一听，是指培养聆听的习惯。打击乐器的音色丰富，在学生仔细聆听的过程中既可以感受乐器的各种美妙的声音，又能培养学生安静聆听的习惯。例如，通过"猜猜我是谁"的游戏，让学生听出乐器声音的特点。

二看，就是要注重培养观察的习惯。通过对乐器的观察，找到乐器的特点，再结合听到的声音，可以帮助学生认识小乐器。例如，在学习串铃时，学生会说这个乐器是由好多个小铃铛组成的，摇一摇就会发出叮叮咚咚的声音。通过老师的引导和启发，学生在认识打击乐器的过程中，养成了仔细观察的学习习惯。

三试，即培养学生动手、动脑的能力。如果不经历亲身的实践，学生对打击乐器的认识仅停留在表面。在"试"的阶段，教师可以利用学生好奇心强、模仿能力强的生理特点，通过游戏"请你和我一样做"，引导学生观察、模仿老师演奏乐器的动作，学习正确的演奏姿势。也可以大胆放手，将乐器发到学生手里，让他们亲自尝试找出演奏方法，并将自己找到的演奏方法与老师、同学交流，然后总结并互相学习。此时教师的评价和指导是相当关键的。

四奏，即培养学生正确的演奏方法。掌握一种乐器的演奏方法不是一朝一夕的，特别对于启蒙阶段的一年级学生。因此，为了让学生更快、更好地掌握打击乐器正确的演奏方法，教师可以编一些儿歌或顺口溜帮助学生记忆，如演奏木鱼，小金鱼真调皮，我有办法来治你，左抓尾，右拿棍，你再乱蹦，头会痛。

针对一年级学生的生理特点，在一听、二看、三试、四奏的过程中，通过游戏这一教学媒介，既认识了乐器，了解了乐器的音色，知道了如何正确演奏乐器，又激发了学生模仿、探索的学习欲望，培养了学生动手、动脑能力，体验到了音乐学习的乐趣和成就感。

打击乐器按音高特点可分为固定音高和无固定音高两种；按材质可分为金、木、竹、皮等种类；按演奏方法又可分为敲击、拍打、摩擦、摇晃等类别。每件乐器都有着自己独特的音色和个性：碰钟、三角铁声音清脆，穿透力强，余音袅袅；板、梆子声音坚实、短促；锻、钱音色清亮；铃鼓活泼、小鼓急促；大鼓稳重……不同乐器由于不同特性，适用范围也不尽相同：碰钟、三角铁常配合优美抒情的曲调演奏；木鱼适合轻快、活泼的曲调；双响筒模仿马蹄的声音惟妙惟肖；小锣、小钱特别适宜表现欢快、热闹的场面；小鼓演奏较密集的音型是拿手好戏；大鼓从鼓心到鼓边可发出不同的音高，音色各异，力度变化大，对情绪及气氛的渲染能起较大的作用。

在教学中，教师要引导学生感知、听辨不同乐器的不同音色特点，并在尝试中掌握选择合适的乐器为歌、乐曲伴奏的原则，选择的乐器的音色表现要适合歌、乐曲的情绪及节奏特点。

音乐教师不仅要依据教材明确打击乐器伴奏的任务，而且要懂得一些配器知识，掌握一些配器技巧，还要考虑学生的伴奏能力，为歌曲设计恰当的伴奏。每首歌曲、每件打击乐器都有其相适宜的伴奏音型，有的歌曲的伴奏节奏可以在教材中找到，有的需要教师在备课中研究推敲，有的则可以启发学生集体讨论设计。总之，在课堂教学中怎样使用打击乐器为歌曲伴奏，需要音乐教师在研究教材、研究教法、研究学生的基础上，认真思考，精心设计。

不少教师鼓励自己的学生动脑、动手制作属于自己的打击乐器，并将这些自制小乐器带入课堂学习活动中。鼓励学生动手制作属于自己的打击乐器，在激发学生学习欲望的同时，也促进了学生的想象力、创造力和动手能力。制作打击乐器的过程，有利于学生对声音、音响的探索。此外，与同伴交流制作乐器的过程也有助于学生间思维火花的碰撞，增加了师生间、生生间的互动。

综上所述，归纳一下小学音乐课堂中打击乐器辅助教学需要把握的要领。

1.打击乐教学时可以通过"看、摸、敲、打"等实践活动进行体验和学习，这样学生不仅在较短的时间内较为直观清晰地了解了各打击乐器的形状构造，而且在实践中摸索掌握了一定的演奏技巧。对于低年级学生，要注重对其进行感受、分辨打击乐器的音色，掌握打击乐器正确的演奏方法的教学。

下面列举一些常用打击乐器的演奏方法。

小铃：

双手食指和拇指各执小铃一端，要注意不要拿捏铃体，而是要拿捏铃体尾部露出的绳线部分，敲击时手腕放松，使小铃充分振动，发出清脆的声效。

三角铁：

（1）演奏姿势：左手手掌弯曲举至胸前，把三角铁上的绳环挂在食指上，再以拇指辅助握持，右手持击槌。

（2）演奏方法：右手持击槌轻敲三角铁缺口的对边中心点（此点为三角铁全器的中心点，声响最匀称优美），或敲击底边的中心点（敲击此点比较简单，适合一、二年级或初学的学生，这时三角铁最稳定，不会晃动）。演奏颤音时，则是来回敲击三角铁缺口的对角两边。

（3）消音法：三角铁是金属乐器，敲击一个声音以后，它会持续发出共鸣声，所以要用左手五指指尖握持三角铁，以消除余音。

鼓：

演奏时胸、肩、大臂等上身肢体自然放松。击奏时，双臂向上自然弯曲置于鼓面上，双手握槌，右手拇指第二关节和食指二、三关节握鼓槌柄部，拇指与食指第三关节自然并拢，中指、无名指、小指向掌心弯曲，与槌柄保持一定的间隙以控制鼓槌。左手掌心向内侧，拇指和食指虎口处夹持鼓槌柄部，用无名指第三关节托住鼓槌底部，其他手指向掌心方向自然弯曲成握球状。

掌握了正确的持槌姿势，还要有正确的击奏方法。在练习中一定要使学生体验击奏二字，也就是说要弹击。鼓槌击打在鼓面后，须立即恢复击鼓时的预备动作。击鼓动作要完成于瞬间，而且有弹性和充分的共振，要奏得明亮、集中、结实、有力度，奏出丰满的音响效果。初学者练习击奏时还应注意击奏位置，应击在鼓的中心点三至五厘米处。此外，还有边击法、制音边击法、交替击奏法、滚奏等。在练习时可先单手练，然后双手练，也可双手交替练习。

响板：

将响板置于虎口位置，一面用拇指，另一面则利用食指或（和）中指扶持着，然后靠手指的夹动令响板发声。如果串联响板的绳子属于有弹力的而且又系紧时，拍按后响板会回复原位。但是，如果只由普通绳子所串联，则先要把手指穿过绳圈并系紧后，才可以令响板被拍打后返回原位。

演奏方法有两种：一种是右手的中指套上松紧带，靠中指和拇指的捏合使两板相击而发出声音；另一种是将响板放在左手手心中，用整个右手的手掌相击而发出声音。后一种方法比较适合低年段学生的演奏。

铃鼓：

铃鼓是小鼓的旁边加上金属片，在扣打或摇动时发出声效的节奏乐器。

（1）持鼓的方法：

左手将食指、中指、无名指穿入鼓框没有铃的位置，用大拇指和小指撑住鼓面，呈"六"字状。

（2）打法：

①手指轻轻弯曲，用指尖敲打，会发出铃和鼓面混合起来的动听的声音。

②左手持鼓，右手用手腕肘部处敲打出节奏（注意手腕放松），敲打出的声音有弹性。

③奏颤音，用左手单手手腕关节轻微且迅速地上下摇动。

双响筒：

双响筒是一种竹木体乐器，由空心的竹筒及木柄组成。演奏时，左手持乐器木柄，右手持小木棒敲击竹筒两侧，会发出高低两种声音。要使学生懂得双响筒一侧发音低，一侧发音高（一般为左低右高）。演奏时，注意敲击时手腕放松，声音更为清脆明亮。

沙球：

又名沙锤，用内装沙粒的密封的椰子壳外加木把制成（儿童打击乐为塑料壳，内装沙粒，两个一组）。演奏时，左、右手各握一把，双手交替上下晃动，奏出各种节奏音型。沙球发的音为清脆、短暂的沙沙声，所以在晃动时要运用手腕力量，使沙球内的沙粒集中于一点，而不能呈散沙状使节奏不清晰。

木鱼：

用木头刻制的、形似鱼状、中间空而头部开口的一种乐器。通过另一根木制的敲棒击鱼头而发音，其音色接近于响板。演奏方法为左手持"鱼的尾部"，右手持棒按节奏敲打"鱼头"的顶部。

2.课堂教学中的每个教学环节、每种教学方法都是为实现教学目标服务的，都是为完成教学任务而设计的，音乐教学中的打击乐器教学也不例外。本节课是否需要打击乐器、用在什么时候，要依据教学目标，针对教学内容和教学对象确定。

3.在用打击乐器为歌、乐曲伴奏时，要引导学生根据音乐作品的情绪、音乐形象，选择恰当的乐器。一般来说，声音短促明亮的打击乐器善于演奏轻快活泼、节奏密集的音乐，如木鱼、铃鼓、双响筒、响板等；声音悠长的打击乐器适合表现优美抒情、节奏舒缓的歌曲，如三角铁、碰铃等；小钹、小鼓、小锣适合热闹喜庆的音乐，特别是具有中国民歌特色的歌曲；大鼓音色、音强变化丰富，可以渲染情绪、气氛，既能表现激昂高亢的情感，又能表现沉重悲壮的情绪。依据音乐基本要素选择打击乐器，同时，要充分考虑其对比性、互补性和相容性，这样才能演奏出符合歌曲音乐形象的伴奏音乐。

4. 运用适当数量的乐器为作品演奏，也是在教学中值得关注的一点。使用的打击乐器数量过多，既会使伴奏喧宾夺主，使音乐失去了美感，又会给学生传递错误信息，使他们误认为伴奏乐器越多越好，声音越强越好，歌声越响越好。因此，要根据教学目标选择适当数量的打击乐器为作品伴奏。

5. 在进行打击乐器教学时，教师要懂得一些配器知识，掌握一些配器技巧，还要考虑学生的伴奏能力，为歌曲设计恰当的伴奏。有时可以在教材中找到，有时需要教师在备课中研究推敲，有时则可以启发学生集体讨论设计。

6. 鼓励学生自己制作一些简易的打击乐器，不但能激发学生的学习兴趣，发挥学生的想象力和创造力，也能锻炼学生的动手能力。

## 五、促进课外练习

对于器乐教学来说，总少不了一个"练"字。在课外学习器乐的孩子不少，对一种器乐演奏能力的习得是一个漫长、积累和探索的过程，学生在这个漫长的过程中要保持一个较好的学习状态。特别是我们的课堂器乐教学，如果仅依靠课内教学的时间，学生对器乐演奏技巧的掌握是十分有限的，这时，课外练习就必不可少。教师在鼓励、指导学生在课外进行练习时，应注意以下问题。

1. 小学生年龄小，做事情的计划性不够，在课外进行器乐练习时，容易产生盲目、随意的问题。在指导学生进行课外练习时，教师要指导、帮助学生为自己的练习制定目标和计划。

2. 练习乐器演奏是比较漫长而枯燥的过程，对于自制力较弱的小学生来讲，更加容易出现倦怠、惰性。教师可以在课内为学生搭建展示的平台，利用竞赛、评价等多种手段，激发学生学习的兴趣，体验演奏的乐趣。

3.学生在课外进行器乐练习，缺乏一定的指导，这时家长的作用不可小觑。教师可以利用一些媒介，让家长了解学生在课内学习的内容，鼓励家长参与到督促、指导学生课外练习的过程中。

通过案例分析进一步学习。

【案例分析】

器乐教学——口风琴教学课堂练习与课外作业

1.本案例以学生初次学习课堂器乐为基准，并以口风琴为器乐教学主体，从学期教学设计的角度，提出学习目标及课内外练习、作业指导建议。

2.教师在具体运用本指导建议时，应关注一般课堂教学容量。在能完成已有课堂教学内容的基础上，结合教材内容，运用每节课约 5 ~ 10 分钟时间开展器乐教学。

3.案例将器乐学习大致分为四阶段进行，其中一个阶段的内容，不是指必须在同一节课中完成。教师可以根据学生练习和作业所达成的实际效果，将一阶段的练习教学在一单元的学习活动中逐步地、层层推进地展开、实施，并在其后的课中反复巩固提高，以期达到预设的教学达成目标。

器乐教学的真正目的在于辅助音乐教学，培养学生的艺术形象思维，提高学生的动手能力和综合素质，而不是培养演奏家、音乐家。恰当的评价制度的建立有助于激发学生的学习热情，帮助学生养成良好的学习习惯（无论是课内学习还是课外练习），也可以进一步发挥器乐辅助教学的作用。可以采用以下两种方法：

1.摘星制：

一星：喜欢吹奏口琴，能在爸爸、妈妈帮助下练习吹奏，能与同伴一起演奏一首简易的练习曲。

二星：喜欢吹奏口琴，每周有固定的时间练习吹奏，能与同伴一起演奏一首简单的练习曲、一首简单的乐曲。

三星：喜欢吹奏口琴，每周有固定的时间练习吹奏，能与同伴合作或自己独自演奏两首简单的乐曲。

四星：喜欢吹奏口琴，每周有固定的时间练习吹奏，能与同伴合作或自己独自演奏两首简单的乐曲和一首稍复杂的乐曲，能为一首简单的乐谱注上正确的指法，并能演奏前八小节。

五星：对吹奏口琴有热情，每周有固定的时间练习吹奏，能与同伴合作或自己独自演奏两首简单的乐曲和两首稍复杂的乐曲，能为一首简单的乐谱注上正确的指法，并能演奏前八小节，能为一首简单的儿歌谱曲。

2. 奖励制：

在课堂教学中为激励学生学习器乐的兴趣，设立了各种奖励制度。例如，设立各组争旗台，每堂课中评出表现最突出的三组奖励一面小红旗，积累至五面小红旗可换取相应的奖品；设立每月艺术之星，每个月各班根据器乐课中学生表现情况评出 2～3 名，以示激励；设立最佳"小助手"，每月根据"小助手"们在课堂上的协助表现，各年级段评出 3～5 名；设立特长生，每学期根据学生摘星的情况，全校评出 30 名。

打击乐器教学是中小学器乐教学的重要组成部分，但由于课堂教学时间受限，学生喜欢的打击乐器教学无法在课堂上落实到每一个学生身上。将课堂学习延伸到课外、融入生活，以认知、实践、探究、创造作为一条线，将学生的课内、外学习串联起来，提高学生对器乐演奏的兴趣和技能，更好地发挥器乐辅助教学的作用。

结合以上的学习，器乐教学课外练习中需要把握以下要领：

1. 器乐教学课外练习的最终目的是辅助教学，因而在帮助学生设计课外练习时，设计的内容应该是课内学习内容的延伸，要有复习、巩固、提升的内容，然后课内留给学生适度的时间进行练习并加以指导。具体而有序地规划每一次的课外练习，学生在反复的练习中获得更多的演奏技能。

2. 在设计课外练习内容和方式时，教师要关注两头，即兼顾群体和个体的共同发展，把握均衡。让大部分学生按能力所及练习课堂教学内容，对于那些音乐特长生，教师可以另外布置任务，如领奏、充当小辅导员，或让有钢琴特长的学生为大家伴奏。对于有困难的学生，不仅要让他们掌握最基础的知识、技能，还要多鼓励，为他们搭建舞台，让他们感受到成功的喜悦。

3. 学习兴趣是学习活动的重要动力，只有学生对学习本身感兴趣了，才会积极主动地探索。因此，在设计课外练习时要关注趣味性，在技能学习和训练的过程中更注重对学生学习兴趣的激发，避免由于长时间枯燥的训练让学生产生厌学的心态。例如，为学生提供更多的练习内容，让学生自己选择感兴趣的内容进行练习；课堂反馈时，让学生当小老师，评价同伴的习练情况等。另外，在完成练习的方式上也要注重多样化，个别完成，合作完成，即时完成，短期完成与中、长期完成相结合。

4. 在设计练习时，要有梯度，体现学生的年龄段特点。通常情况下，人们对一种技能的习得一般要经过模仿、掌握、熟练和创造几个阶段。因此，在各个不同的阶段，练习设计要体现学生年龄段的特点，一定要由易到难，循序渐进。特别是对低年段的学生来说，设计练习时要以本学段的知识与技能目标为标准，练习的方式可以以单一的、模仿性的为主。而到了中高年段，随着学生身心素质的逐渐提升，他们的学习能力也会进一步提高。在对音乐学习的相关基础知识、基本技能有一些积累的情况下，教师对练习的设计可以增加层次、难度，练习的目标定位可以从知道、了解进一步到掌握、熟练，甚至能达到灵活运用的标准。

5. 让家长更多地了解学生的学习情况，有助于课外练习的展开。

器乐作为中小学教学的基本内容，既是学生学习音乐和表现音乐的重要手段，又是开发其智力的重要途径。通过学习乐器，可以让学生掌握一种乐器的基本演奏技能，同时，在学习中培养审美的情趣、能力，丰富发展学生的文化生活。在乐器教学中，教师要注重趣味性，在各种丰富多彩的实践活动中贯穿审美教育。如果忽视这些，一味追求技能技巧的操作、训练，甚至仅以学生演奏器乐的水平高低评价学生的学习成效，必然是不科学的。器乐教学需要关注以下几点：

1. 器乐教学中，要注重让学生学习正确的演奏姿势和方法，培养从小规范地演奏和爱护乐器的良好习惯，结合音乐的表现力，注意增强器乐演奏的表现力。

2. 器乐教学的方法是多种多样的，多种器乐教学方法是服务于不同的教学目的和任务的。教师要善于结合器乐教学的特点、学生年龄特征及实际演奏水平，选用灵活多样的方法进行教学。

例如，以启发式为指导思想的器乐教学法，不仅采用各种有效的器乐教学形式与手段调动学生学习的积极性和主动性，培养学生学习器乐的兴趣，而且能培养学生对器乐的综合表现力和创作能力。

以讲解示范器乐为指导的器乐教学法，是教师结合乐曲简介乐器的特点和基本演奏技能的方法。主要通过教师本人规范而科学地示范演奏，获得较理想的效果。它既能形象示范，又能面授机宜；既能讲清演奏要领，又能及时纠正学生错误；既方便、灵巧、有趣，又能立竿见影获得器乐教学实效。

结合综合训练的器乐教学法，是将各种器乐教学手段与不同的训练方法有机结合起来综合运用的方法，经常在以器乐为主的综合课中使用，可以培养与提高学生独奏与合奏能力。

以趣味游戏为主的器乐教学法，能融知识性、思想性、趣味性于一体。以寓教于乐的方式，通过玩玩唱唱、吹吹打打，使学生获益于趣味游戏之中。

3. 在器乐教学中，教师要重视和加强合作演奏能力的培养，使学生感受多声部的魅力，在与同伴合作演奏的过程中，培养初步的齐奏、伴奏及合奏能力，帮助学生建立与他人合作的经验，培养群体意识及协调、合作能力。

4. 选用符合歌、乐曲情绪的乐器及节奏为歌曲伴奏，也需要创编意识，可以放手让学生尝试用多种方法为歌曲伴奏，让他们自主地感受并总结出哪种方式最合适。学生在创编方面需要教师"扶一扶，帮一帮"，如教师可以提供几条节奏让学生尝试，还可以提醒学生，一种乐器可以从歌曲开始伴奏至结尾，也可以伴奏部分歌曲，以达到变化的效果，几种乐器的伴奏可以起到互补的作用等。

# 第五章　小学音乐教学的实践性分析

音乐的再现，必须通过演唱、演奏等艺术实践活动实现，而乐谱仅是记录音乐的符号。音乐教学中所包括的各项内容，声乐、器乐、欣赏、创作等都需要通过实践活动完成。音乐教学具有极强的实践性，音乐实践活动是音乐教学目标得以实现的重要前提。

音乐教学的实践活动，就其性质，可分为操作性实践与非操作性实践两类。操作性实践主要通过音乐表演（如歌唱、演奏等）和音乐创造（如作曲等）进行审美活动。这些实践活动需要学生亲自参与，在操作中感受音乐、理解音乐、表现音乐与创造音乐，这必须具有一定的技能技巧。非操作性实践主要是指通过音乐欣赏进行审美活动。必须让学生主动聆听音乐发现和领略音乐的美。在教学中，操作性实践与非操作性实践不是截然分开的，而是有机结合在一起的。唱、奏中包含着欣赏和聆听，欣赏中也常需要表演（如小学低年级学生的欣赏与律动相结合的教学）加深对音乐作品的感受与理解。

《全日制义务教育音乐课程标准（实验稿）》中指出："音乐课的教学过程就是音乐艺术的实践过程。因此，所有的音乐教学领域都应重视学生的艺术实践，积极引导学生参与各项音乐活动，将其作为学生走进音乐，获得音乐审美体验的基本途径。"根据音乐教学实践性很强的特点，教师在教学中应努力实现实践性原则，给学生创设良好的环境，给予充分的实践机会，引导他们积极主动地参与演唱、演奏、欣赏与创作等活动，使他们在不断反复的实践中情感得到升华、音乐素质与能力得到提高、创造力得到发展。贯彻这一原则应注重以下几个方面。

## 第一节　创设音乐实践环境

凡是审美活动，都必须通过生动鲜明的形象感染人，使人产生美感，才能达到教学目的。作为审美活动中审美客体的实践环境，应具有美的感染力、吸引力。良好的实践环境可以激发学生对音乐实践的兴趣，产生学习音乐的动力。因此，人们应注意教室环境的布置、音乐媒介的音响效果，恰当地运用电教手段、图片等，让听觉形象与视觉形象有机地结合，同时教师的范唱、伴奏、表演等也应生动富有美感，从而有一个良好的实践环境，让学生在愉悦的氛围中进行音乐审美活动。

音乐是一种非语义的信息，它的自由性、模糊性和不确定性特征给人们对音乐的理解和表现提供了想象、联想的广阔空间。音乐本身就是一门极富创造性的艺术，音乐教学为学生提供了发展创作精神和创造能力的机会，陈鹤琴说："要引导儿童在艺术的环境中，有兴趣的与环境发生互动，充分激发其主动性、积极性，才能更好地培养和提高儿童对音乐的感受、理解、体验和表现能力。"在教学中创设良好的音乐环境，培养学生对音乐的兴趣，让孩子们经常接触音乐、聆听音乐，生活在充满音乐的环境中，那么，每个学生的音乐潜能就能得到惊人的发挥。

## 一、创设良好的教学情境，充分调动学生积极性

从字面的含义理解，情是情绪、情感，境是环境、场景，二者合一，就勾勒出一个人的内在感觉与自然因素交互作用所形成的音乐教学特有的情感境界。从另一个角度理解，音乐是以流动的音响塑造形象的情感艺术，音乐教学中教师应创设一种可以让学生听、视、感、触的环境氛围，以激发、感染、陶冶、启迪与激励情感主体，师生共同分享音乐本身所蕴含的情感世界。

音乐课的情境教学则是运用音乐特有的艺术魅力，教师通过利用媒体、游戏、声光图等各种教学手段，带领学生进入特定的艺术氛围，从而使学生在兴趣盎然中学习音乐。

比如，教师在教《钟》这首歌时，先让同学们介绍自己见过的钟，随后幻灯显示各式各样的钟，让孩子聆听钟的声音，在学生对钟产生兴趣之后，随即出示节奏，大钟当—— 当——、闹钟叮玲玲叮玲玲、秒针走路滴答滴答，让学生有节奏的模仿，并分组进行合作表现，孩子们在音乐的伴奏中，一遍遍有节奏地念着，一遍遍地体验着钟所带来的节奏乐趣，在如此的氛围之中，孩子们都学的相当认真，大家都沉浸在愉悦的气氛中。在新

歌的学习部分，孩子们学的劲头十足，收到了良好的教学效果，达到了"咫尺之内，而瞻万里之遥；方寸之中，乃辨千寻之峻"的艺术效果。

## 二、合理运用评价方式，营造轻松和谐的课堂气氛

新一轮课程改革倡导课程评价要"立足过程，促进发展"，不仅是评价体系的变革，更重要的是评价理念、评价方法与手段以及评价实施过程的转变。新课程强调建立促进学生发展、教师提高和课程改进的评价体系，在综合评价的基础上，更关注个体的进步和多方面的发展潜能，建立自信，促进音乐感知、表现和创造等能力的发展。

音乐教学需要情感的投入，因而必须营造愉悦的氛围。在教学中，要善于寻找孩子的亮点，善于"慧眼识英雄"，就等于无意间给了孩子一次发现自身闪光点的机会。

在音乐课上，学生由于自己的努力，在一次成功的演唱、一段精彩的表演、一个满意的回答后，心情十分舒畅。这时教师要及时发现，捕捉学生智慧的火花，对学生的出色表现给予充分的肯定和赞赏，千万不要吝啬自己的感情和语言，而要及时、巧妙地运用鼓励的艺术，激发学生的积极情绪，让学生知道你在关注他、赞赏他。例如，有个非常调皮的孩子，由于有较严重的多动症，因而他上课时总会发出一些不和谐的声音或是做出一些出格的举动。一次在玩节奏游戏"开火车"时，教师刚讲解完游戏的玩法及规则，他就高高地举起了小手。看着他积极的样子，教师说："好的，你来做火车头吧！"孩子欣然接受，在游戏的活动过程中，孩子双眼紧紧盯着大屏幕看着一条条的节奏，认认真真地拍着每条节奏，在大家的努力之下，孩子们开到了老师设计好的音乐城堡，大家欢呼雀跃，这时教师握住他的小手赞许地说："你真了小起，真是个出色的火车司机！"教室里顿时响起了雷鸣般的掌声。从此以后，这名学生变了，上课专心了，发言积极了，音乐能力有了明显提高。

可见，合理的运用评价方式，可以充分调动学生的积极性和创造性，有利于学生艺术潜质的发现和培养，开拓了学生多角度发展的空间，为营造轻松和谐的课堂气氛创设了良好的基础。

### 三、通过音乐实践，增强学生的创造力、想象力

传统的学习观，注重的是以知识和课本为中心的认识活动，把学习的本质视为一种认识过程。陶行知说："中国教育之通病是教用脑的人不用手，不教用手的人用脑。"正切中了我国教育长期以来忽视实践活动的弊端。在国际学习科学研究领域，流传着一句名言："听来的忘得快，看到的记得住，动手做更能学得好。"这句话生动地强调了实践对于学习的重要性。

音乐是实践性和操作性很强的学科，尤其是表现领域体现出技能性特点。《音乐课程标准》指出："音乐课的教学过程就是音乐艺术的实践过程。因此，所有的音乐教学领域都应重视学生的艺术实践，积极引导学生参与各项音乐活动，将其作为学生走进音乐，获得音乐审美体验的基本途径。"

在教《蜗牛与黄鹂鸟》这首歌曲时，教师让学生自己设计剧情自己写台词。一个个生动的形象出现了，有刚发着新芽的葡萄树，有艳丽的黄鹂鸟，有憨厚可掬的蜗牛，有朵朵美丽的小花和嫩绿的小草，更有小组还设计了旁白，孩子们通过唱一唱，奏一奏，一同表现音乐，孩子们玩得特别开心，全身心地投入到表演中，把自己扮成了其中角色，把课堂当成了展现自己的舞台……学生在无拘无束和非强制性的表演中个性得到了发展，教师也可以从学生的兴趣需要中找到教学的突破点。

在音乐课堂上，教师要给学生自由的空间，尊重学生的奇思妙想，引导他们参与各种艺术实践，不断丰富他们的创造力和想象能力。总之，通过生动的情境创设，发展学生的想象力，老师用激励的语言激发学生的自信心，创立一种自由、平等、愉悦的学习氛围，使学生们大胆参与，充分发挥自己个性想象和体验，就能让学生在音乐的海洋中自由翱翔，真正的爱音乐，爱上音乐课。

## 第二节　加强学生音乐实践

由于音乐审美活动具有很强的实践性，学生又是音乐审美活动的主体，因而教师在教学中应积极引导学生充分参与音乐实践活动。语言要精练，指导要得法，应给学生留有充分余地，让他们自己体会、思索、实践，

变单纯的技术性练习为传情达意的艺术创造，绝不能包办代替学生的实践活动。对不同水平的学生提出不同的艺术实践要求，积极鼓励基础较差的学生参与音乐实践活动，让每个学生能在原有基础上有所提高。要善于激发学生的创造性，鼓励他们在演唱、演奏、表演中进行独创性处理和表现，保护他们的创作热情，肯定他们的创作成果。

## 一、参与音乐实践活动策略概述

"音乐课的教学过程就是音乐艺术的实践过程。因此，所有的音乐教学领域都应重视学生的艺术实践，积极引导学生参与各项音乐活动，将其作为学生走进音乐，获得音乐审美体验的基本途径。通过音乐艺术实践，增强学生音乐表现的自信心，培养良好的合作意识和团队精神"。

人类对自己的感受、情绪、思想、意识有一种本能的表现欲望。音乐课常见的是学生作为听众，缺少参与。只有让学生作为表演者亲自参与其中，才能有更深刻的音乐体验。探索小学音乐教学的有效策略，研究通过音乐教学中各种生动的音乐实践活动，培养学生的音乐兴趣，为学生终身喜爱音乐奠定良好的基础。

## 二、参与音乐实践活动策略特征

以课程标准为准绳，带动音乐教与学方式的转变研究，尤其注重音乐实践活动参与教学策略的研究。参与音乐实践活动的策略就是，通过各种表演活动与方式，如律动、声势、歌唱表演、舞蹈、游戏、打击乐器、口风琴演奏、角色扮演、小音乐剧表演等，让学生亲自参与，并在音乐中感受音乐的美，当学生与音乐融为一体时，会进入一种兴奋的、沉醉的、忘我的状态。

## 三、参与音乐实践活动适应范围

歌曲学习的兴趣培养、音乐欣赏的参与度、为各种音乐与歌曲配备的打击乐合奏、口风琴演奏、为歌曲或标题音乐中有情景的角色表演、低年级的音乐游戏、中高年级的音乐剧表演、创造性的音乐活动（创造声音、创编打击乐节奏型、创作小歌曲）、活动课中更多的参与性表演、组织小小音乐会的策划等。

**（一）低年级**

1.音乐活动中歌曲学唱有效策略

创设歌曲学习情境（激发兴趣、引起注意）—感受音乐（聆听歌曲、审美期待）—体验音乐（师生讲解歌词、审美愉悦）—表现音乐（打击乐合奏、歌唱、舞蹈、绘画、音响、配乐朗诵、情节表演等审美体验）

2.音乐活动中体验歌曲情感有效策略

演唱歌曲—挖掘情感（师生交流相关文化）—创设情境（学生入情入境）—再唱歌曲（阐释音乐内涵，深层体验）—完美表现（富有表情，内心感动表现音乐）。

这种教学方法是歌曲基本会唱后的活动。人们发现，营造感悟音乐内涵的活动，抓住音乐作品中富有灵气的"眼"，创设一定的儿童喜闻乐见的情境，可以进一步促进学生与音乐的沟通，领悟歌曲表达的感情，促使学生更好地感受与表现。例如，《小乌鸦爱妈妈》一课，创设情景，找同学扮演生病的乌鸦妈妈，扮演懂事的小乌鸦，"小乌鸦"们叼来虫子，一口一口喂妈妈。学生们动情地唱着、表演着，这种教学活动开启了学生潜在的善良品质，让学生在音乐的感动中，情感世界更加丰富多彩，效果显著。

3.活动中音乐欣赏教学有效策略

创设情境（故事、儿歌、谜语、多媒体、音乐背景）导入—聆听音乐（教师抓住音乐形象突出的地方引导聆听）—再听、交流感想、分享快乐体验—合作探究、用各种方式阐释音乐（相关文化介绍，合作表现音乐）

教材音乐欣赏低年级主要选择音乐形象突出，音乐旋律有特点，易于学生理解和记忆的作品。教师可选择情境导入的方法，激发学生聆听的欲望，在聆听后让学生参与的活动很多。例如，《杜鹃圆舞曲》，A段主题用打击乐器合奏、伴奏；B段舞蹈表演。这样学生会在参与中记住音乐的曲式结构，聆听时会注意段落的不同情绪、节奏、速度及音乐表达的意境等。

4.音乐活动中的游戏有效教学策略

一般是将音乐教材中富有情景和情节的内容以游戏形式完成。这对于低年级的学生，是最快乐的音乐实践活动。以人民教育出版社一年级上册为例，音乐活动有9项。这9项活动有寻找声音的世界；听听我创造的声音；用声音讲故事（小白兔盖新房），音乐探宝（教学阶段回顾）；声音的长短；教师与学生根据内容创造各种游戏内容，创造音乐活动过程，在游戏的情节表演中完成教学内容。非常贴近儿童生活，受到学生喜爱。

情景游戏：创设游戏情景（激发兴趣）—音乐活动导入（准备阶段）—实践活动（引导体验）—师生探究（评价与总结）

例如，一年级下册的第一单元《红灯停、绿灯行》内含活动课《红眼睛绿眼睛》唱歌《小蚂蚁》（集体邀请舞）、器乐《做个好娃娃》、唱歌《小胖胖》。这个单元中的《红眼睛绿眼睛》，就是指马路上的红绿灯，"红灯红，红眼睛，眼睛眨一眨，车子停一停……"有的教师将教室的地上划上斑马线，设置情境，"热闹的马路怎样才会有良好的秩序？"学生们边演唱边表演，有的扮演小司机、各色行人、小交通警察。学生们根据红绿灯的变化，进行表演唱。生活中的经验与规则在歌声中更得到证实。教师再巧妙的引申红绿灯的作用：红灯在音乐中可以用休止符表示；绿灯可以放声唱，红灯又可以默唱。音乐知识潜移默化地让学生掌握了。当然这也包括音乐课音乐知识与能力的培养，如四分休止符、四分音符的认识及教师"导"而不露痕迹的教学技能。

## （二）中年级

### 1.音乐情景剧常用有效策略

歌曲完整演唱（激发情感）—交代剧情（创设情景）—分组编导、排练—准备道具、头饰、布景、背景音乐—小组表演汇报（师生做观众）—师生点评。

学生从一年级形成的良好参与表演的习惯，使学生中产生很多小导演、小演员、小音响师，参与表演音乐剧的主要目的是培养学生音乐综合表现能力，参与群体活动能力。特点是活动面大，给每一位学生表演机会。在学生用自然的、美好的歌声演唱歌曲后，加入表演。例如，《猴子蒸糕》一课中，分角色的歌表演，学生不但会将饥饿、懒惰的小狗与勤劳的猴子扮演的很好，还有的小组合作，会用身体造型，如房子、小树、磨盘，学生的想象力很丰富，课堂上充满活力。

三年级的《蜗牛与黄鹂鸟》学生会配音，加入台词，创编蜗牛与黄鹂鸟的表演动作、场景布置、音乐配音等，一部小小的音乐剧带给孩子们很大的快乐与音乐的体验，活泼、幽默、夸张的歌曲风格表现得淋漓尽致。

### 2.歌曲学习有效策略

创设情境（激发学习欲望）—聆听作品（审美愉悦）初步唱歌词—学

唱歌曲（视唱曲谱、打击乐器合奏演奏、视唱部分旋律、小组汇报、全班共同完成）—再唱歌曲—介绍挖掘歌词内涵（相关文化资源师生查找、多媒体、影视资料等）—激发情感，关注内心体验。

3. 综合艺术课音乐实践活动的策略

创设情景—音乐介绍—资源利用（挖掘内涵）—主体实践（多种艺术形式交流）—再体验音乐（情感升华）。四年级音乐课《田野在召唤》，是一首二部合唱。学会曲谱视唱后，学生用口风琴演奏二个声部合奏，很好地解决低音部的音准。然后，教师与学生共同创编几个声部以上的打击乐器合奏总谱。每一个学生在演奏、演唱、表演的过程中，体验音乐的节奏、旋律、情感的美好。歌声发自孩子们的内心。这种音乐实践活动课的设计令学生忘我地投入到音乐体验中，为之陶醉，因之动情。

### （三）中高年级音乐剧教学的有效策略

从四年级开始，音乐剧内容在学生学会歌曲、掌握音乐剧的情节后，教师将任务交给学生，由学生们分组独立完成。教师准备一些道具、音乐、布景，在各个小组汇报演出后点评，尤其注重学生的审美能力的提高与培养准备阶段（分配任务、了解剧情）—练习阶段（背台词，歌曲演唱熟练）—（组内合作，确定角色、自己排练、教师指导）—汇报演出（师生共同讲评）—体验成功喜悦。

例如，《东郭与狼》《渔夫与金鱼》，学会歌曲后，按场次与幕划分小组。学生自己排练，分配角色表演，学生逐渐体验到生活中的情景，在舞台上经过艺术加工后所具有的感染力，印象深刻。

## 四、参与音乐实践活动策略效果

依照小班化的理念，参与音乐实践活动的教学策略，使音乐课堂不再沉闷，各种音乐活动的开发使课堂呈现出生机。学生们变得活跃、富有激情。音乐课成为他们喜爱的课程之一。教师熟悉钻研教材、领会教材编写意图，挖掘蕴涵在教材中的知识点，音乐表现手段、相关文化等内容，以音乐为主线将这些内容贯穿起来，融入音乐教学中。在教材中寻找能吸引学生、感动学生内心和情感体验的切入点，并由切入点展开教学活动，效果明显。引导学生感受音乐、体验音乐、表现音乐，让学生积极参与的音乐实践活动的开发与创新，是低、中年级学习音乐的良好的途径。中、高年级中情感的挖掘与引导，领悟音乐的真谛，激发学生深层次地感受音乐带来的审美愉悦。相关音乐文化的学习，使音乐课更加丰满、生动、感人，这又是另一种参与音乐实践活动的良好开展与继承。

# 第三节　注重音乐实践中的审美体验

审美实践与审美体验是相辅相成的。在进行音乐实践活动中，学生的情感随着音乐的发展产生共鸣与起伏，在不断的体验中感受、领悟、发掘音乐的情感内容，得到美的熏陶与精神的升华。因此，在教学中要注意启发、诱导学生对音乐作品进行审美感受的体验，避免单纯和枯燥的技术传授。由于学生的生活阅历较浅，审美经验不够丰富，因此教师在指导学生进行音乐实践时，要注意发掘音乐形象中的情感因素，让学生在歌唱、演奏、欣赏等过程中，获得美的体验，使知识技能和审美境界得到提高。

审美教育是我国基础教育体系中的有机组成部分，也是实施人格塑造和素质培养的重要手段。感受和体验既是基础音乐教育基本的行为实践方式，也是其价值和意义得以体现的基本要求。《音乐课程标准》（以下简称"新课标"）实施多年以来，以音乐审美为核心的基本理念贯穿于音乐教学的全过程，它不再以孤立的方式传授音乐知识、音乐技能为主要目的，而代之以人格塑造、素质培养、文化传承和审美教育为主要目的，在音乐创作、表演、欣赏等教学实践活动中，培养学生的创新精神和实践能力。

## 一、感受与体验

感受是具体的实践过程。在基础音乐教育领域，感受不仅是对音乐作品的听觉感受，把听觉理解为感知音乐唯一手段的观点有待商榷。假如这一观点被认可，它就意味着学生由主动变为被动，有主动选择变为被动接受。在被访的中小学生中流行这样一句话，"喜欢音乐，但不喜欢音乐课"。此现状足以说明，在基础音乐教育领域中，有些音乐课已经成为中小学生喜欢音乐的阻碍。基础音乐教育的教学内容是审美教育的依据和前提，是学生获得音乐感受和体验的客观条件。音乐教学内容的审美因素包括立意、情境、韵律、旋律、歌词意境、乐器演奏等。

就基础音乐教育而言，音乐教学内容应贴近中小学生的认知、理解和生活实际，表达学生的期待和愿望。它可以是蕴含美好寓意的故事；也可以是抒发温馨风格的自然景色；或是充满了童趣的美丽梦幻，还可以是人人都能体验和感受的亲情、友情以及赞美歌颂的激情表达。如此广阔的表现范围，对中小学生有较强的吸引力，使他们的内心萌生美的愿望和美的期待，同时，音乐教学内容应该具备中小学生所能够接受并且喜爱的内容，能够使中小学生爱听、爱唱，逐步积累、理解和产生审美功效。音乐教学内容还应体现作品的经典性，通过中外经典音乐作品展示人类音乐文化的精粹所在。

作为音乐教师不仅要善于分析、传达和总结教学内容，还要深入挖掘音乐教学内容中的审美因素，将自己的音乐审美体验有机融入教材的分析理解之中，形成有序、稳定且有一定引导意义的课堂讲解。将音乐审美意境和情感状态有效加以呈现，这种具体可感的审美实践可以让学生感到亲切自然，同时，还要保证学生有充分时间参与到音乐意境和情感表达的实践过程当中。

## 二、注意与期待

注意与期待是中小学音乐教育实践过程中两个重要的心理准备阶段。它具有两个显著的心理特征：一是意识的专注程度。通常称之为注意力。音乐教学过程的注意力不同于其他学科，主要表现在形象思维运用的活跃程度和感性经验传达的合理性方面。它与学生自身性格特征、认知能力和方式、日常生活中感性经验的积累，以及思维的专注程度等有密切关系，具有鲜明的个性特征。当学生面对音乐作品描述的特殊情境，能否使特定的审美对象进入其思维所能覆盖的范围，并且能够有效捕捉与其日常积累相适应的感性特征，是其意识的专注程度的主要表现。这一过程显示的结果不是单向的刺激和反应，而是双向互动的产物。对特定的审美对象"耳闻目睹"只是感官的引导，而形象思维的活跃程度和感性经验的传达，才是意识专注程度最终所要达到的目的。

二是感性经验的传达。这里涉及一个合理性的问题，即主观判断。学生能够将自身所获得的感性经验加以传达，与这种传达是否合理是两个不同的问题。前者是行为实践过程和这个过程所获得的结果，后者则是对这一结果的主观判断。每一个学生都会做出自己的判断，但对这一判断的结果又往往产生某种心理期待，即期待自己的判断符合音乐作品的表现实际，甚至希望符合老师的评判。此时教师的作用十分关键。从某种程度上讲，理解和表达对音乐作品的感受无所谓标准答案，只是一个合理与否的程度差异。因此，教师不要把对音乐作品的理解和表达唯一化、程式化，允许结果的多元化和多样化，允许合理的延伸和拓展，允许合理的想象与幻想，让音乐的表现空间更加宽阔。

一堂精彩的音乐课总是离不开教师巧妙的构思和充满新意的教学设计，独具匠心的设计往往会诱发学生的专注程度，使其产生新的审美期待。例如，在教唱美国歌曲"祝你生日快乐"时，可以做出如下设计，生日场景、贺卡等生日用品、教师范唱。情景设计可以唤起歌曲规定内容的表现意境，熟知的生日生活经验可以使学生产生强烈的共鸣。

学生的注意与期待往往同具体的教学内容相关，也与教师讲解的感染力和吸引力相关。音乐审美实践不是空洞的概念，而是鲜活的、富于感染力的具体音乐实践过程。学生只有在这个过程中才能感受音乐美的存在，才能将生活经验与音乐审美经验不断融合，通过渐进的积累逐步完善他们的感性审美经验，从而实现基础音乐教育的根本目的。

### 三、参与与表达

这一阶段是音乐教学的主体阶段，它既是学生音乐审美感知的过程，也是学生审美实践的探索过程。其显著特征是参与与表达。参与程度表现为学生的主体性是否得到承认和尊重，而表达则是学生主体意识的张扬。

在音乐基本技能教学中，很容易发生同音乐审美实践相违背的现象。例如，从乐谱和音符入手的识谱训练，从时值出发的节奏训练，着眼于音程、和弦而脱离音乐的听觉训练书面讲解。类似知识的、枯燥的课堂讲解，与其他学科课程讲解没有多少区别，根本不可能使学生产生审美体验，因而学生产生厌烦情绪是必然的。有效的途径应该把音乐基本技能教学作为音乐审美感知和审美实践探索的具体过程，让学生扮演主体角色。例如，识谱教学中，从音乐自身入手，以表现的方式（如通过唱歌的方法，可进行唱名摸唱、唱名背唱、视谱听唱、先唱词后唱谱等）把识谱教学建立在解读和传达音乐表现意境的具体方法上，使识谱教学和歌曲演唱成为一体化的表达方式，引导学生把乐谱看成是一种可以获得审美感受经验的感性图像；在节奏训练方面，从学生自身身体的感觉和肌肉的反应入手（如拍手、捻指、跺脚、行进、奔跑、跳跃等），以自由的、协调的、表情的身体动作，将音乐情绪和表现意境中的节奏运动感觉准确地表现和传达，使学生逐步建立对音乐运动要素的灵敏反应，并从中体验音乐的美感与乐趣，积累感性经验和对感性经验的身体表达方式。

值得注意的是，在节奏训练中休止符往往被忽视，应把休止符作为音乐运动的一个要素，音乐中的无声是有声整体的有机组成部分，是音乐整体意境和情感运动变化不可分割的要素之一，音乐审美整体意义的获得不可能缺少休止符的体验。在听觉训练方面，将教学的着眼点置于音乐的各种要素的体验和感受方面，尤其关注旋律的感受与体验。因为旋律具有强大的美感力量，其音高、节奏、力度、速度、音色等各种要素的变化，是其美感生成的重要形式因素，必须加以重视和强调。

在具体教学环节中，渗透着音乐审美的感知因素。例如，唱歌教学中，教师富有感情的范唱或新歌曲的播放；配有背景音乐的绘声绘色的歌词朗诵；建立在歌曲美感体验的轻声学唱等，都会引导和诱发学生的音乐审美感受，参与音乐审美探索是中小学学生必须经历和反复尝试的实践过程。例如，欣赏教学中，对音乐美的感知主要体现在对音响的感知和聆听方面，教师要引导学生通过多种方式，包括口头的、身体的、乐器的等，对音响感受做出各自的反应，最大限度地提高学生的参与程度，强化学生审美感受的积累和表达。

## 四、认知与创造

音乐审美认知与创造是音乐教学最终要达到的教学目的。没有认知就没有创造。音乐审美创造的动力来自于对音乐审美认知的深度和广度，从某种意义上讲，审美想象力的丰富与否，直接决定学生审美创造的成败。在具体音乐教学过程中，我们将其称为复习阶段。在这个阶段，师生共同探索音乐审美实践经验，加深对音乐的认知和理解，建构每位学生各自不同的音乐审美实践表达方式。

从某种意义上讲，复习就是对音乐审美对象感受和认知的不断重复过程。重复的美学意义在于对审美对象感性经验的累积，产生进一步的认识和理解，它是不断生发美感的重要途径之一。现实中，几乎所有中小学生都喜欢动画片中的歌曲或乐曲，究其原因，多是"重复效应"所产生的结果。一部多集动画片，每天播放一次，每天重复一次片中的歌曲或音乐，久而久之成为中小学生记忆最深、感受明确、认知清晰的重要感性因素。音乐教学应很好地运用这种"重复效应"，使学生感受和理解音乐的经验能够不断重复和加深，逐渐使这种感受和理解转变为学生各自的认知和创造动因。

重复和"重复效应"并不完全相同。就音乐教学而言，单纯重复仅是一个过程的再现，而"重复效应"则不仅是单纯过程的再现，而且更加注重重复后所产生的效应程度，重复仅是一个手段，而效应才是这种重复所生发的新的力量，其特征是力求每一次重复后生发的效应不断得到强化，甚至是变化。例如，唱歌中一遍又一遍单纯的重复毫无新意，其效应微乎其微。效应的发生并不产生在简单意义上的重复过程之中，而是重复中能够包含多少诱发认知和理解的有效因子，就像每一集动画片中相同和不同的内容一样，这些不同内容便是诱发认知和理解的有效因子，相同的内容则是对认知和理解进一步强化。音乐教学中重复效应所生发的有效因子，主要指充分调动学生的想象力，把想象力与各自学习和生活的经验有效结合在一起，这一点每一位学生都不同，不变的歌词则是这种重复过程中的相同因素，它可以强化各自的认知和理解结果，创造性便在这一过程中逐步得到生发。重复的目的就是要让学生积累体验，特别是学会不同体验的积累和理解，通过重复领会、理解和表达更多的感受，以至产生"让人眼前一亮"的创造性效应。其中，顿悟也是常常出现的现象，有些学生甚至突然感觉到自己在音乐上有了进步，发现自己通过音乐展现想象力、表现力和创造力的能力得到明确改善，音乐成为其做事、学习和生活的动力之一。

# 第六章　小学音乐有效教学的实践研究

## 第一节　有效教学的准备

俗话说"磨刀不误砍柴工"，课前教学准备是实现音乐有效教学的基础和前提，主要是指教师在课堂教学前要处理的问题解决行为，是教师在制定教学方案时所要做的工作。包括教学内容的组合、教学目标的制定、教学过程的安排、教学方法的选择、教学评估的实施、教学调控与预设等，还要解决教学材料的处理与准备（包括课程资源的开发与利用）、音乐作品的分析与熟悉、教学组织形式的编制以及教学方案的形成等问题。可见，课前准备的内容非常繁多，备课工作要"细、全"，要做到"目标的有效、内容的有效、教法的有效"。

### 一、备"学生"

以往的备课是从教师的角度进行考虑，而新课程理念倡导从学生学习主体的角度备课。备"学生"强调在学情分析的基础上处理需求与差异的问题，即了解学生的"需要"以及不同学生之间的"差异"，教师不仅要了解学生知识水平上的差异和需求，还要了解学生之间学习方面有何特点、学习方法怎样、习惯怎样、兴趣如何、求知热情等差异。从而指导教师更好的思考如何安排教学内容，如何选择教学方法等系列教学问题。如果对各班的学生有了充分的了解，那么就能根据实际情况因材施教，因材备课。

目前，小学音乐教师往往教多个平行班，可是在实际教学中对同一年级不同班级却采用了相同的教学方法进行教学，实施的是"一课一备"，这样忽视了平行班之间的差异和学情，没有体现因材施教的教学理念。

例如，湘版义务教育新课程标准实验教材《音乐》第七册《祖国妈妈》的教案中，以学唱歌曲《我爱妈妈，我爱中华》教学内容为例。

教学内容：演唱《我爱妈妈，我爱中华》

教学目标：能深情地演唱歌曲《我爱妈妈，我爱中华》，用美的歌声表达自己内心对祖国最真挚的爱。

教学设想：教学本着"操作性强、组合性强"的宗旨设计教案，其目的是为了能采用多种教学方法在不同的平行班级进行教学，便于在实际教学中能够因材施教，也便于教学的创新。比如，用带空心五角星"☆"标记的教学方法，表示具有选择性和参考性，即教师根据实际情况而选择采用哪种教学方法更适宜。而带实心五角星"★"标记的教学环节，如学唱曲与学唱词两教学环节，则表示该两个环节具有并列学习的次序。

在该教案中，教学环节"学唱旋律"和"学唱歌词"可以互换，教学方法的选择是多样的，教师可以根据学生实际学习水平采用不同的教学方法。比如，基础较差的学生，可以采用母音模唱法，而对于识谱能力较强的学生，可以采用轻声视唱法，这种"一课多备"的理念充分体现了学生的主体性，实现了因材施教。

## 二、备"教材"

备"教材"体现在以下方面：其一，教师要善于"用教材"。教材是教学的范本，但并不意味着教师要生硬的"教教材"，成为教书匠，而应成为教材的主人，科学地运用教材。通常教材中的音乐作品已经被详细地指定了，但教师可以根据教材和音乐新课程标准和要求，以及学生的实际水平、情绪状态对教材中的作品进行选择、组织和排序，进行"再度开发"。

教师在组织选择教学内容时，教师要遵循教育规律和教学原则，科学地安排与搭配教材内容，合理地组织各项音乐活动，做到每堂课信息量饱和，以免造成讲多了学生消化不良，讲少了学生又营养不良的现象。

其二，教师要熟悉音乐作品。教师要钻研教材，不仅要知道教材的知识构造及编写意图，还要对所教的音乐作品的创作背景、所表达的情感等深入了解。

场景一：教师指导四年级学生欣赏约翰·施特劳斯《雷电波尔卡》，其中，有一个环节是让学生用乐器为《雷电波尔卡》伴奏，模仿乐曲中雷声和闪电，要求与乐曲中击擦、击鼓的声音同步。可实际教学中学生总是没能与音乐同步，原因是教师的示范和带奏总是出错，不是早半拍就是晚半拍，导致学生没有很好掌握节奏。

场景二：在五年级音乐课上，教师正在给学生上《猜调》，教师在不同的欣赏环节中，分步骤提了几个问题：歌曲采用了什么样的形式表现呢？歌曲中一口气问了几个问题，速度快吗？歌词采用了对答式，几乎是一小节唱完一句词，给人的感觉是问题如串，为什么会这样？歌曲中反复出现了"XXX，XXXX"这样的密集节奏型，让歌曲给人一种什么样的感觉？歌词中哪些地方体现了云南的地方特色？讨论歌曲的旋律走向与云南方言的语调的关系？这堂课学生的兴趣很浓，积极性很高，效果很好。

从两个场景可以看出，第一位教师对音乐作品《雷电波尔卡》不熟悉，在课前没有熟听音乐作品，对于反复出现的击擦、击鼓的节奏，把握不准，没有给学生做好示范，自然会影响教学效果。第二个场景，从老师给学生设计的几个问题，就可以看出该老师对民歌《猜调》进行了深入的分析，让学生去发现和体验作品最有特色的方面。例如，对歌的形式；歌曲节奏较快是在猜谜游戏中难倒对方，形成了"对答如流"的特殊效果；歌曲中的粑粑、团团、海、小乖乖、米线等词生动体现了云南方言，其语调与歌曲旋律走向吻合等。由此可见，教师对作品的熟悉程度，直接影响课堂的效果。

## 三、备"目标"

音乐教学目标是从微观的角度，预计某一时段、某一环节音乐教学所要获得的结果，是学生在音乐教师指导下，音乐学习活动具体的行为变化表现。

### （一）教学目标制定要科学、合理

教学目标是方向，它是教学持续有效的关键，教学目标正确才能保证有的放矢，教学目标的高、多、空只能使教学任务难以在有限的时间内完成。

1.教学目标是课程标准的具体化

在《音乐课程标准》中分学段描述了各领域应达到的学习要求，那么教学目标与课程标准呈对应关系，是课程标准的具体化，因而教师要在音乐课程标准的指导下科学制定每单元、每学段、每课时的教学目标。

2.教学目标要符合学生的实情

教学目标在《音乐课程标准》的指导下，还应符合学生的实际学习水平，进行合理地制定。教学目标制定得太高，只有少数学生能够达到，制定得太低，又失去了教学意义，教学目标的制定应在遵循"跳一跳摘桃子"原则的前提下合理制定。

### （二）教学目标叙写要规范、简洁

目前，仍然有一些音乐教师对于如何叙写教学目标认识不清晰，往往误把"教学目的"当成"教学目标"，目标表述得非常宽泛，笼统。例如，"增强音乐文化素养，热爱祖国""通过这首歌曲的学习，培养学生的爱国主义精神""通过欣赏这首乐曲，提高学生的欣赏水平，拓宽视野"等，这些虚空的目标表述对教学实践没有指导意义。正确的音乐教学目标表述应明确、具体和简洁，主要涵盖本课时学习的具体内容、方法、过程及要达到的程度和水平。

在崔允漷主编的《有效教学》中，对教学目标的表述进行了较详细的阐述。

第一，行为主体即学习者，行为目标描述的是学生的行为，而不是教师的行为。规范的行为目标开头应是"学生应该……"书面上可以省略，但表述要体现以学生为主体。像"通过……使学生……""通过……培养学生……""通过……引导学生……"这类在传统音乐课程"教学目的"中经常使用的行为动词，已不符合音乐新课程"教学目标"的表述要求，可将其行为动词改为"对""在""用""能够""感受""体验""了解""掌握"等。

第二，行为动词用以描述学生所形成的可观察、可测量的具体行为。教学目标应该表述得具体一些，这种具体的教学目标应该以能够激励学生热情地学习为标准。

学习国歌时，写道，"通过歌曲《祖国妈妈》的学习，培养学生爱国主义精神"，这种写法空泛，也无法评价"爱国主义精神"程度如何。改为，"能用甜美的歌声自信演唱歌曲《祖国妈妈》，表达爱国之情"，该目标具体且可操作，学生是否能用甜美的歌声表达爱国之情，就是评价的参照依据。

第三，行为条件是指影响学生产生学习结果的特定的限制或范围等。例如："在《王老先生有块地》的歌曲学习中，能认识和掌握四分音符。

第四，表现程度指学生对目标达到的最低表现水准，用以评量学习表现或学习结果达到的程度。例如，"能用初步掌握 1、3、5 三个音的竖笛吹奏法"和"能用竖笛熟练地吹奏 1、3、5 三个音"比较，前一目标最低要达到的是基本掌握三个音的吹奏，而后一目标最低要求要达到熟练地吹奏三个音，两者在最低水平标准是有区别的。

### 四、备"方法"

音乐教学方法有多种，在"教学目标"设定之后，选用哪些教学方法、手段进行教学，是需要教师深入思考的问题。同一教学内容，不同的教法效果就会不同，教必须致力于"导"，服务于"学"。教法的选用要灵活、恰当，才能使之有效。

可遵循两条原则。其一，"量体裁衣"的原则。适合的才是好用的，教学方法的选择要从实际的教学内容、教材特点、学生情况出发，扬长避短选用教法，教法贴切，教学才能有效。其二，"优化组合"的原则。将多种教学方法、组织形式及课堂管理因素进行优化组合，使之形成连贯的整体，组合模式的灵活运用能为实现课堂教学目标服务。教师还可以按自身的优势选择合适的教学行为，设计自己个性化的教学，创造独特的教学风格。

例如，用玻璃琴杯表演《小星星》，可以采用小组合作学习的方式，遵循"同组异质"的原则，将全班分成几个音乐小组，以小组为单位开展活动，要求小组长给组员分工，有的同学准备玻璃杯，有的同学往杯中倒水调音，有的同学练习演奏等，然后开展表演评比活动，随机进行小组互评。这种较复杂、综合的音乐探究、创造、表演学习任务，适合采用小组合作的形式。又比如，学习莫扎特的音乐作品《渴望春天》《法国民谣变奏曲》《土耳其进行曲》，教师可以采用多种教学方法组合：《渴望春天》的学习可以聘请学生当小老师，采用聆听—学生提问—讨论—演唱等形式；《法国民谣变奏曲》的学习可以采用聆听—模唱比较—吹奏等形式；《土耳其进行曲》的学习可以采用聆听—哼唱主题曲—与贝多芬的《土耳其进行曲》进行对比欣赏等教学方法。

### 五、备"预设"

著名教育家苏霍姆林斯基说过，"教育的技巧不在于能预见到课的细节，而在于根据当时的具体情况，巧妙地在学生不知不觉之中做出相应的变动"。"在课堂上我们会出现很多与课前教学设计相'冲突'的问题，教师如何应对这些'突发'事情，则需要教师在课前准备时，善于变化自己的角色，在设计问题时多站在学生的角度想想，学生会有一些什么样的答案呢？我应该准备哪些灵活的教学板块和教学方法呢？而不是想当然局限于自己所想的，所设计的答案里，好的课前预设是为了课堂更好的生成"。

例如，《踏雪寻梅》教学片段

师：亲爱的同学们，老师给你们带来了一个短小好听的歌曲。这到底是一首什么样的歌曲呢？我们一起来听听。（出示歌谱，但无歌名，聆听时，学生可以摆头，感受音乐的活泼、欢快。）

师：请认真聆听歌曲，用一个词语或一句话表达你的整体感受？歌曲表达了怎样的心情？你听到了什么声响？

生：我听到了"叮当"的声响

师：是什么发出的叮当声呢？

生：驴子的蹄子发出的声音。

生：是铃铛声，感觉越来越近了！

生：不对，是越来越远了！

（学生争论起来）

师：我们看图谱，用不同的形式演唱一下，你觉得那种更适合？

（创作处理四句"响叮当"）

$$| 3\ 5\ \underline{5\ 0} | 2\ 5\ \underline{5\ 0} | 3\ \underline{5}\ \underline{5\ 0} | \underline{1}\ \underline{1}\ \overset{\frown}{1}\ 0 |$$

感受不同处理方法，给予的不同的音乐形象。

师：音符是忽高忽低，你想到了什么？

生：渐强（小毛驴的铃铛声越来越近了）

渐弱（小毛驴走远了）

顿音的演唱（小毛驴一蹦一跳）

略带连音的演唱（小毛驴慢慢地走，赏雪赏花）

忽强忽弱的处理（小毛驴的铃铛声若隐若现，时而听得到，时而听不到）

……

以上这个教学片段是一名音乐教师上公开课的其中一个环节。对照教案，人们发现学唱和处理四个"响叮当"应该放在学歌曲环节。但是，当学生提到了铃铛声，且对"渐强"和"渐弱"进行争论时，教师并没有为了按照事先设计的教案环节将学生的讨论打断，而是顺着学生的思路，运用已有的知识，采用了顿音和连音唱法，渐强和渐弱的处理方法进行对比演唱，让学生感受不同表现形式所带来的不同意境感受。教师在此不拘泥于教材中顿音的唱法，而是尊重学生的个性。这样不露痕迹的处理，不仅活跃了课堂氛围，而且激发了学生的创作欲望，也及时调控现场。新课程背景下，不要让课前的预设束缚了课堂教学的模式和教师的思维，而是要让课前的预设成为教学实施的桥梁和纽带，生成优质的课堂教学。

# 第二节　有效教学的实施

音乐课堂教学是实现有效教学的主阵地，有效课堂的标准就是师生以积极的状态，共同参与音乐教学活动，以促进学习；通过教学活动，全体学生的音乐思维技能得到发展，达到预期的教学目标。

## 一、充满"活力"的讲授

"讲授"顾名思义就是讲解与教授，自古以来，任何课堂教学都离不开教师的讲授。音乐课堂的讲授不仅是通过语言，还可以通过肢体、范唱等，教师讲授要清晰、简洁、恰当、准确、流畅，才能让课堂的"讲授"充满生动和活力。

### （一）具有吸引力的导入

兴趣是最好的老师，只有在兴趣的指引下，孩子们的学习激情才能迸发，才能主动参与学习。如何创设具有吸引力的导入，可谓是"仁者见仁，智者见智"，因为同一教学内容，不同的教师会采取不同的方法导入，即使同一个老师面对不同的学生导入的方法也会不同。在设计导入环节时，应遵循"三符合"原则，即符合学生年龄特点，符合教学内容的需求，符合音乐作品的情境和情感。

例如，五年级的《猜调》一课的导入采用的是制造悬念，吸引学生。

师：中国地大物博，有56个民族，每个地域都有自己的音乐风格，其中民歌是区分一个地域特点的一种音乐表现形式，有这样一首民歌被著名歌唱家宋祖英唱到了维也纳金色大厅，我们一起来听听，这是一首怎样的民歌？

还可以采用开门见山，直奔主题的方法。

师：同学们，今天老师给大家带来了一首非常好听又短小的民歌《猜调》，我们一起去感受一下吧？（用音乐作品本身来吸引学生）

例如，二年级的《在旅游路上》一课导入采用的创设情境，激发兴趣。

师：同学们，今天老师带你们一块去郊游，现在我们整装待发，随着音乐出发！（边听音乐，边踏步，体验感受音乐的节拍。）

还可以采用谈话的方法导入。

师：同学们，谁能说一说你都到哪儿郊游过，有些什么感受可以跟大家分享吗？（从学生的生活实际作为课堂的切入点，既吸引了学生，又紧扣了主题）

例如，三年级的《折纸船》一课导入采用的情感铺垫，引起共鸣。

师：（出示中国地图）同学们，我们看看中国地图，台湾岛如同一叶孤舟在海上漂浮，著名的台湾诗人余光中用诗歌《乡愁》表达了思念家乡的情感。（教师随优美的音乐，声情并茂地朗诵诗歌《乡愁》）

还可以采取用生动直观的方法导入。

师：今天老师要现场折一只小纸船，你们猜猜，老师要把它送给谁？

生：……

（老师边说边折）

师：我请它载着老师的一个心愿，漂洋过海，送给台湾的小朋友，你们再猜猜，它会载着老师一个什么样的心愿呢？

现场折纸船的方法生动形象，又很好地阐释了歌曲《折纸船》的第一段歌词"小小手儿巧又巧，折个船儿摇呀摇……"，教师所提的问题，与歌曲的内容及所表达的情感是吻合的。

## （二）具有魅力的语言

课堂上，教师如何运用语言给孩子讲授既是一种能力，更是一种艺术。亲切的语言能够拉近师生间的距离；抑扬顿挫的语言能够激发学生的兴趣；激情的语言能够与学生产生情感的共鸣；幽默的语言能够产生轻松的课堂氛围等，在课堂上，教师要运用什么样的语言来给学生讲授呢？笔者认为，根据不同的教学内容和课堂氛围，随机灵活的调整自己的语速、语调，把握课堂节奏，定能事半功倍。

例如，上《国歌》一课，老师在讲述《国歌》创作背景和朗诵歌词时，运用抑扬顿挫的语音语调，能感染学生，激发其内在的爱国激情，利于学生理解和表现歌曲。

例如，教师有一次在上《小鸟，请到这里来》时，不知从哪里飞进一只蝴蝶，安静的课堂顿时喧闹起来，有抓蝴蝶的，有躲闪的……，这时，教师并没有批评学生，而是幽默地说："你瞧，我们的歌声多美呀，把蝴蝶都吸引到课堂里了，我们再来唱歌，和蝴蝶一起迎接春天的到来。"学生马上安静下来，更积极地参与到音乐活动中。这样一来既运用幽默的语言解决了课堂的突发事件，又风趣地把学生拉回到课堂里。

例如，在强调某一教学重点的时候，教师应该放慢语速，提高声调引起学生的注意力，而对于非重点的地方或过渡语，教师可以加快语速，让整个课堂的教学有快有慢，而不是一个步调，这样才不会令人乏味，教师要学会控制语言，采用与学生能力相适应的"教学节奏"，让整个课堂的"讲授"充满活力。

### （三）具有感染力的范唱与演奏

音乐教师的范唱与范奏能够对学生起到很好的示范作用，因为学生的演唱、演奏具有模仿性，好的范唱与范奏，胜过反复的讲解和强调。

例如，前不久，教师以《撒尼少年跳月来》一课为例，开展了音乐同课异构的活动，第一位老师的范唱不尽人意，不仅声音位置比较靠前，而且没有表达出撒尼少年围着篝火唱跳的热情。虽然教师始终强调学生演唱时的高位置，声音要有共鸣和弹性，要富有激情地演唱，可是，学生演唱的声音比较"白"，情绪也比较平淡。而第二位老师声情并茂的演唱吸引了学生，赢来了阵阵掌声，学生的演唱也提高了一个层次，不仅声音有弹性，还把"跳月"时开心的情绪通过声音表达出来了。可见，教师的范唱是非常重要的。

作为一名音乐老师，肢体语言也是非常重要的，特别是在指挥学生演唱、演奏、欣赏音乐时，教师一个赞许的眼神，一个提示的手势，一个信任的微笑，都能指导、鼓励学生，起着此处无声胜有声的效果。

在指挥学生合唱时，老师手势稍高，表示声音稍强；手势连续，表示声音连贯；老师左手代表高声部，若是跳跃的，代表高声部的声音要富有弹性等，这些都是用手势进行指挥，指导学生和谐统一地演唱。

老师在指导学生感受贝多芬《土拨鼠》6/8拍子的强弱规律时，只需要用手势点出每一小节强和次强的拍点，学生就能感受到6/8拍子的强弱规律，能够跟着老师一起合拍。这就是手势的魅力，无须更多的语言，音乐大师上课，根本无须课件，完全可以驾驭课堂，用肢体语言指导学生体验和感受音乐。

## 二、充满"生命力"的提问

一堂有效的课堂，往往是由一个个有效的"提问"串联起来的，提问是教师引导学生思考、参与活动的关键。教师要设计富有"生命力"的提问，即所设计的课堂提问具有实际意义，紧扣教学主题，突出教学重点，能引发学生探究的愿望，给予学生创造思考的空间，能提高学生的思维能力，增强交流等。

目前，在课堂上，教师的提问还存在一些问题。下面通过三种现象的描述，归纳目前课堂提问存在的主要问题。

现象一：

师：刚才我们听到的歌曲是《春姑娘》，你们说好听吗？

生：好听！

师：同学们喜欢这首歌曲？

生：喜欢

师：想不想学？

生：想

存在的问题：在日常教学中，很多老师经常会把提问当成活跃气氛的手段，特别是低年级音乐教学，常常可以听到老师问"好听吗""喜欢吗""高兴吗"，就像口头禅一样随意而出。殊不知，这样的提问方式和内容是没有任何意义，学生的回答也是不假思索，脱口而出。这种过于简单，看似热闹的空泛盲目提问，只会束缚学生的思考，浪费教学时间。

现象二：

在欣赏《金蛇狂舞》时，教师连续提了一连串的问题：该乐曲给你什么样的感觉？乐曲分为几段？乐曲是用什么乐器演奏的？乐曲表现了一个什么样的场景？乐曲的曲作者是谁？

存在的问题：该现象中程式化的问题，生硬的提问方式，是不符合小学生的年龄特点，这只会让学生被动地欣赏音乐并回答老师提出的问题。

尤其是提出一大堆、一连串的问题，在毫无铺垫的情况下，学生会觉得问题太难，只能呆板的被老师牵着鼻子走，你说我听，你问我答，没有激发学生思考问题的兴趣。

现象三：

一年级的《火车开了》一课。

师：出示课件，你们看这是现代几种新式火车，你们认识吗？

生：认识

生：不认识

师：谁能说说每种新式火车的样子像什么呢？

生：……

师：现在随着音乐模仿火车的叫声，或者用声势动作模仿火车开动的样子。（教室里乱哄哄，有些同学相互抱作一团，模仿火车开动。）

存在的问题：现象三中所提的问题与音乐教学毫无关系，脱离了实际教学目标，虽然是学习歌曲《火车开了》，但相关文化的渗透要为教学服务，"说说新式火车的样子""模仿火车的叫声和开动的场景"在这样模糊随意的问题指引下，学生乱作一团，这样既不明确问题的指向，也远离了音乐，可谓是毫无作用。

针对以上存在的现象，需要注意以下几点，提问才能起到穿针引线、水到渠成的作用。

**（一）关注全体，把握难度**

巴尔扎克说："打开一切科学钥匙毫无疑义的是问号。"老师的提问要遵循"跳一跳摘桃子"的原则，才能帮助学生打开思考的大门。针对全体学生，提问要难易适中，那种显而易见的问题，不能引起学生思考的共鸣；过于深奥的问题，则会让学生望而却步，失去学习的兴趣和信心。教师的提问设计要像攀登阶梯一样，由浅入深、由易到难，引起不同程度学生的深入思考。

例如，《晨景》教学片断摘录。

（导入）师：同学们，老师给你们带来一首非常清新的乐曲，你们先听一小段，然后告诉老师，它给你一种什么样的感觉，使你想到了什么，如果要你给它起个名儿，你想把这一小段音乐标明什么呢？

学生聆听《晨景》一小部分（学生非常认真地聆听）。

师生交流过程中，学生回答问题很积极，每个人都有自己的想法，还为音乐起了"蓝色的海""涌动""回忆""思念"等名字，音乐激发了学生的思维。

师：同学们说得都有道理，其实这是一首名为《晨景》的乐曲，从名字来说，应该是描绘清晨的景色，你们心目中最美的晨景是什么样子的呢？

师：现在就请同学们闭眼聆听音乐，这首由格里格创作的音乐作品是否和你心中的晨景一样呢？

学生边听，老师边指导，音乐缓缓响起

师：你们听，音乐一开始是怎样出现的，给你一种什么样的感觉呢？

音乐由弱到强。

师：听，音乐力度是怎样变化的，它想表现什么？

主题曲反复出现。

师：这一段旋律总是反复出现，你留意了吗？

不同乐器演奏。

师：这是管弦乐曲中的什么乐器演奏的呢？

乐曲快结束时。

师：乐曲是如何结束的呢？

初听后的交流。

师：乐曲一开始非常轻柔，其中有一部分由弱到强，为什么会有力度变化，作者想表现什么呢？想描绘清晨一种什么样的景色呢？

生：开始很轻柔，是天微微亮，山间还飘着薄雾，人们还没有起来……（学生思维很活跃，对于他们的回答，教师给予更多的是鼓励，只要孩子能说出理由目标。）

案例中教师所设计的每一问题都丝丝入扣，紧扣音乐，紧扣教学，尤其是在学生欣赏时，巧妙设问，帮助学生理解音乐。

### （二）贴近生活，留有余地

音乐来源于生活也高于生活，针对小学生的年龄特点，课堂提问要贴近学生的生活，力求问得新颖别致，使学生产生浓厚的兴趣，激起探索的欲望。同一个问题可以变化一下问的角度和发问的方式，让它变得生动有趣。例如，《动物说话》一课的教学片段。

师：当我们用自己语言相互问候的时候，你们是否想到，大自然中的万物也有它们的语言呢，同学们能试着模范一下吗？

师：谁能告诉我，风是怎样说话的？

生：呜……呜……

师：雨又是怎样说话的呢？

生：哗啦啦……沙沙沙……

师：大海会说话吗？

生：唰唰唰……

师：在一条美丽的小河边，住着四个好朋友：小鸡、小鸭、小狗和青蛙，它们正在亲热的说话，你知道它们是怎么说话的吗？

课堂问题的设计不仅要贴近生活，还要具有开放性，也就是给学生留有想象的空间和余地，这种留有余地开放性的提问是一种丰富的资源，能使教学更为新鲜而有趣。

例如，音乐剧《乌鸦与狐狸》教学片段。

第一步骤：歌曲分析，了解和感悟角色的个性特征，学生思考、讨论，积极回答问题

师：歌曲中乌鸦的得意是怎么表现出来的？

（学生演唱相关乐句，富有表情边唱边演）

师：这是一只什么样的狐狸？它是如何诱惑乌鸦的？

（学生声情并茂的演唱"唱一个吧，唱一个吧"，感悟人物性格，用自己的话说出来）

第二步骤：剧情片段表演

师：如果你是狐狸，你还会对乌鸦说些什么样的甜言蜜语呢？

（学生两人一组创编乌鸦与狐狸的对白，同时进行这一片段的表演）

师：除了乌鸦与狐狸，森林里还有哪些动物呢？

（学生想象森林的其他动物并参与表演）

在该案例中，教师提出的一系列问题都是具有开放性，给予了学生想象的空间，尊重了学生表演的多样性。

### （三）把握时机，因材施问

课堂提问切忌"满堂灌""满堂问"，什么时候提什么样的问题，教师要把握提问的时机，提问时机选得准，选在关键之处，可以起到事半功倍的作用，否则效果不明显。从教学角度讲，应选在知识重点、难点、关键

点提问；从教学的进程来说，课始提问引起注意，课中提问引发深思，课尾提问归纳巩固。以欣赏《大红枣儿甜又香》为例，在初次欣赏，可提问"大红枣儿为什么甜又香，你能从歌曲中找到答案吗？"这样可以激发学生兴趣，较快的集中注意力。在第二次欣赏时，问"歌曲采用了哪几种演唱形式？""歌曲采用快、慢、快不同速度时，表达了一种什么样的情感？"等，借此引发学生分析，活跃思维。在课尾，问"歌曲用大红枣儿甜又香表达了军民鱼水一家亲的情感，你们还熟悉哪些类似的歌曲，能试着唱一唱吗？"这个问题旨在归纳和梳理，提高学生的鉴赏能力。

此外，针对不同音乐基础的学生，采取不同的提问方式，并掌握好提问的难度。以学习演唱形式为例，同一个问题，面对较差的学生，这样问："歌曲《歌唱祖国》的演唱形式是齐唱还是独唱？"面对基础较好的学生，这样问："歌曲《歌唱祖国》的演唱形式是什么？为什么用这样形式演唱更为恰当？"这样增强了学生回答问题的自信心。

### 三、充满"思考力"的倾听

倾听是平等而开放的交流，是教育的一种言说，是一种特殊的教育。倘若将"讲授"作为教师的课堂主导教的行为，那么，"倾听"则是学生课堂上主体学的行为，前者是外化的方式，而后者则是内化的过程。充满"思考力"的"倾听"是一种有效内化的表现，学生在认真倾听老师的讲解、同学回答等同时，再加上自己的思考，才能消化课堂知识，使之转化为自己的能力。学生不再是盲从的听课，不再是不假思索的吸收，更不是一只耳朵进一只耳朵出的无意义倾听状态。

### （一）立于"听"

教师要培养学生"倾听"的良好品质，不仅要学会听教师的讲授、提问，还要学会倾听同学的发言，形成师生相互倾听、生生相互倾听的良好氛围。如何培养学生认真聆听的习惯呢？笔者认为，第一，教师要时刻关注学生倾听的状态。在课堂上，教师不仅讲授，而且要关注学生倾听的状态，如果学生无精打采，状态不佳，教师就要及时调整自己的教学思路和方法，激发学生倾听的兴趣。有时可以采用提问的方式，针对刚才环节的学习重点进行提问复习；有时可以采用回顾的方式，让学生总结归纳所学到的知识等。在强调认真倾听老师讲授的同时，还要强调认真倾听同学的发言。在课堂上，经常发现老师提问以后，只有部分学生在思考，学生回答问题时，只有极少数同学在倾听其他同学的发言。针对这一现象，教师可以通过提高学生回答问题的参与率，或通过对回答问题的学生进行生生评价等活动，提高学生的倾听意识。当问题提出，虽然只有几个同学单独回答问题，但其他同学也要倾听，积极思考，教师要培养学生"耐心听、仔细听、善于听"的品质，对于其他同学回答进行补充，或者提出自己的见解，即使没有回答问题，但在认真倾听，仍然可达到深入思考的目的。

第二，发挥教师"倾听"的作用。倾听不仅是一种人文关怀，更应该看成是教育观念的转变，倾听本身就是处理教育事件的艺术和智慧。教师在强调学生要认真倾听的同时，不要忽略了自己也要认真倾听学生的发言，及时发挥教师"倾听"的作用。有些教师在课堂上为了按照自己预先的教学活动流程、环节进行上课，往往对不符合自己意愿的学生回答置之不理，这样只会让学生失去回答问题的信心。笔者认为，教师要耐心地倾听学生的回答，哪怕是错误的回答，也要尊重学生，让学生回答完整，教师再进行反馈点评，对学生的回答适时的补充、追问、赏识都是很有必要的。特别是在学生的回答中，教师要善于捕捉学生的"闪光点"，使之成为教学的契机。

（二）善于"听"

听，是音乐艺术最基本的特征，不管是欣赏还是表演，一切音乐艺术的实践都依赖于听觉，因而必须培养学生善于"听"的能力。

以欣赏教学为例，学生应在教师的指导下有效地欣赏作品，如欣赏《金风吹来的时候》，教师可以指导学生带着问题由浅入深，一步步深入聆听音乐。

第一遍：乐曲给你的整体感受是什么？乐曲的主奏乐器的音色有什么特点？（带着问题聆听，听后交流）

第二遍：乐曲清新、婉转，你能听出音乐反复出现的主题曲吗？可以随之哼一哼吗？（继续带着问题聆听，关注主题曲）

第三遍：乐曲的哪些特点展现了傣族音乐的风格？（从音乐元素方面欣赏音乐，更深入的理解音乐）

以上聆听活动都伴随着不同的问题思考，使学生的聆听活动充满意义。

以合唱教学为例，在欣赏中开展合唱教学。

第一，"听"整体。学生在学习前，认真聆听合唱歌曲的范唱，对歌曲进行整体感受。接着教师指导学生开展听音色、听和声、听情绪情感等，这种有意识的欣赏活动，目的是为学习合唱歌曲铺垫。例如，学习合唱歌曲《栗子大丰收》时，通过整体聆听，让学生感受歌曲活泼、风趣的风格。在教师进一步点拨和聆听中，学生很快发现两声部的相互烘托和填充的关系，生动的描绘了栗子从树上纷纷落下的场景。

第二，"听"声部。听听高低声部的旋律走向、找找两声部的相同与不同点，这种感性的体验和理性的分析，能够进一步帮助学生对歌曲情绪情感的全面把握。例如，聆听和区分比较《一根竹竿容易弯》两声部时，可以充分发挥学生的想象，将歌曲第一乐段的高声部比喻成划船的主力队员，将低声部的衬词"梭郎"想象为大鼓、助威的声音，有了各自的音乐形象，能帮助学生在演唱时控制自我的声音。

第三，"听"彼此。这是合唱中不可缺的技能，它更多强调学生在合唱时能够仔细聆听自己及他人的演唱，及时调整和控制自我在合唱中的声音，寻求合唱声音、情感表达的共性。首先，在进行分声部训练时，要求学生相互聆听，找出对方声部演唱的不足和值得借鉴学习的地方，从而也能熟悉另一声部的旋律。其次，在合唱时，教师要指导学生相互聆听，听听彼此演唱声音是否和谐，并及时调整自己声音的大小等。这种有层次、有目的、有指导的"听"，能让学生更深层次的感受和把握歌曲，体验到了"听"的愉悦性。

在欣赏教学、歌唱教学等活动中如何指导学生听，需要教师采用多种方法在日常教学中提高学生倾听音乐的能力。

## 四、充满"和谐力"的沟通

音乐学科教学有特殊性，因为音乐是流动的艺术、听觉的艺术，教学中的一切活动都应从音乐本体出发，又要尊重学生的听赏个性，这样的沟通才是"和谐""有效"的沟通，才能促使学生更好的欣赏音乐、理解音乐和表现音乐。

### （一）尊重音乐的本体

音乐的不确定性，使人们在与音乐作品沟通的时候更要尊重音乐的本体。因为音乐的物质材料就是声音，而声音由高低不同的乐音按照一定的规律组织起来便构成了音乐。它不同于绘画和文学，绘画是靠"看"去完成对艺术的思考，文学即可看也可听，但从语言中"听"的声音是有语义的，如"河流"，听到这两个字就知道是河流的形象，而不是其他，可音乐的音响材料是非语义和非造型性，具有抽象模糊和不确定性的特点。贝多芬的《月光奏鸣曲》在最初是一首无标题音乐作品《升 C 小调钢琴奏鸣曲》作品 27 号第二首。贝多芬在这首曲子中并没有要表现月光，而是充满了一种忧郁的情绪，是一位德国音乐评论家雷尔斯塔布在听了这首乐曲后写了篇评论文章说，"听了这首曲子……使我联想起瑞士卢萨恩湖上水波荡漾的月光"，后来出版社根据这段话，将这段音乐以《月光曲》命名。其实从音乐的角度，雷尔斯塔布个人想象是可以的，但仅以个人的感觉作为乐曲的解释是不恰当的。语言是不能完全诠释音乐，音乐只能靠听觉去感受，正因为它只可意会不可言传。

音乐课堂上经常看到，在欣赏某一作品时，教师会把自己对作品的理解，用语言进行描绘，贴上个人见解标签，甚至强加给学生，其实这样严重影响了学生个体对音乐的体验。教师要让学生掌握音乐语言的规律性，从音乐本体去欣赏，通过音乐语言，感受作品的情感，去鉴赏音乐，这才是尊重音乐本体，才是有效"沟通"。

## （二）尊重学生的个性

现象一：不同年龄层次的人欣赏同一作品，存在欣赏差异。邀请小学五年级和初中三年级的学生共同欣赏《月光》，欣赏前，并不告诉学生作品标题，只要求学生随音乐进行感受，想象描绘，为作品取名字。有的学生说"像傍晚的晚霞""清晨的薄雾"；有的学生说"感受到春天万物生长的气息""波光粼粼的湖面映着一轮皎洁的明月"；还有的学生说"音乐略带忧伤，让人有种思念之情"等，高年级的描述更为生动，思维更为活跃，他们可以用一篇文章描述，低年级则只能断续、简单地说一二句，为乐曲取名也各有特点。

现象二：同一人在不同时期欣赏，也存在差异。初一某一位女学生在第一次欣赏乐曲时，选择了蓝色，表示自己体验音乐的情感色彩，而下次课堂上再次欣赏时，却选择了白色。问其原因，她说道："第一次聆听，觉得乐曲很好听，旋律优美，所以选择了蓝色。第二次聆听，觉得乐曲舒缓的旋律中带有淡淡的悲伤，所以选择了白色。"

　　以上现象说明，同一个作品不同人欣赏感受不同，即使是同一个人但是在不同时期欣赏同一作品，体验感受也是不同的，可见，主体个性化审美是必然存在，也正如俗话所说，"一千个读者就有一千个哈姆雷特"。

　　毋庸置疑，在人们与音乐本体沟通时，教师应该尊重学生的个性差异，采用多元的评价标准，让音乐课堂异彩纷呈，让学生与音乐沟通的个性得以发挥。例如，欣赏乐曲《北京喜讯到边寨》时，让学生选择自己喜爱的段落进行描绘。A、B 两部分表现的情绪和场面截然不同，有的学生选择了热烈奔放的 A 段，有的学生选择了优美抒情的 B 段，并说出了相应理由。评价时，教师主观上更倾向于 A 段，但对于两种选择都应肯定。因为学生的选择是他们真实的内心体验的外化，都说出了令人信服的理由，反映了他们的性格差异。再如，捷克作曲家德沃扎克《第九交响曲》（自新大陆）中第二乐章的一个主题音乐，旋律优美、深情并带有忧伤情绪，抒发了作者对祖国和家乡的思念之情，笼罩着一层淡淡的哀伤。在欣赏时，大部分学生能感受到乐曲中散发着浓浓的思念和淡淡的忧伤，并从眼神、表情中自然流露出来，但也有部分学生只感受到乐曲的深情优美。这是因为这部分学生性格乐观、外向，这种性格赋予他们欣赏时一种主观色彩，评价时不能轻易给予否定。

　　但是，尊重并不代表一味迎合，教学中，在遵循音乐审美原则的前提下，尊重学生的个性。在一次课堂上欣赏舒伯特《小夜曲》，班上的学生都能围绕乐曲舒缓、柔美、宁静的特点，展开想象和描述，当老师问到还有别的感触吗？其中一名学生说在音乐中感受到了夜晚围着篝火舞蹈的场面，从答案本身来说，确实富有个性，但却是一种标新立异，对于这种违背音乐本质特点和审美规律的个性化体验的现象，是一种误解，不能称赞叫好。在肯定该学生积极思考的同时，教师应该循循善诱进行引导，让他细心地聆听并真正理解音乐。

## 五、充满"实效性"的巩固

　　"学而时习之"，"温故而知新"，意思是学过的内容要经常练习它，温故是不容忽视的。巩固其实是教学的一个重要的原则，但在音乐课堂教学中，由于音乐教材的连贯性、逻辑性相对其他学科要弱，每周的音乐课时比较少，"巩固"这一教学原则往往被老师忽略，学生常常出现学了后面的歌曲，忘了前面的知识。因此，教师在课堂教学中要充分发挥"巩固教学原则"的作用，使之发挥实效。

巩固性原则要求人们要积极引导、帮助学生组织各种复习，同时，在对新知识的组织、改组和运用中巩固旧知识。在课堂上，教师可采用以下实例中方法，帮助学生巩固知识。

例如，针对音乐理论知识的巩固，教师可以在日常教学活动中，指导学生活学活用。在学习《清晨》这首歌曲的时候，可以问学生："这首歌曲采用了什么样的演唱形式？你是如何分辨的？"在处理歌曲的时候，可以问："同学们，除了采用合唱的方式，我们还可以采用什么样的形式来演唱呢？"学生回答，"领唱再加上合唱""轮唱的形式"……教师可以指导学生用不同的演唱形式进行表演，并要求学生评一评，哪些演唱形式适合《清晨》。这样不仅巩固了"演唱形式"的理论知识，还帮助学生如何运用这一知识，同时丰富课堂教学内容。

例如，针对掌握音乐主题这一教学要求，教师要掌握"多听"的原则，通过各种有趣活动让学生反复听。以音乐教材第五册为例，重点欣赏曲目有《金蛇狂舞》《老师你好》《牧童短笛》《我为祖国守大桥》《苗岭的早晨》等。每个欣赏曲目要求学生掌握的内容也不同，《老师你好》掌握作品情绪和情感，抒情优美的旋律，表达了学生对教师的感恩和敬仰之情。《牧童短笛》的作者是贺绿汀，表达了牧童骑牛吹笛的欢快、愉悦情境，歌曲有三段，第一段和第三段旋律相似。《金蛇狂舞》表达了赛龙舟激烈、你追我赶的场面。《我为祖国守大桥》中由"火车奔驰"和"解放军叔叔站岗"的两个音乐主题（形象），交替进行，由手风琴独奏。《苗岭的早晨》描绘了苗寨从清晨到傍晚，苗家人一天生活劳作的情景，由三段组成，抒情、宁静、欢快、抒情，乐曲结尾重复了第一段，由贺绿汀创作，口笛独奏。

面对这么多的内容，教师可以利用每堂音乐课五分钟的时间，开展"辨听音乐主题""听音乐说名字""有奖竞听"等活动。例如，播放《金蛇狂舞》的主题曲时提问，这首乐曲的名字是什么？同学们试着唱一唱、拍一拍；播放《我为祖国守大桥》的两段主题音乐时提问，播放的音乐中哪一段是描绘"火车奔驰"的音乐形象？哪一段是描绘"解放军叔叔站岗"的音乐形象？通过这样的巩固练习，教师不仅可以帮助学生复习本册的教学内容，还可以复习其他年级学习过的歌曲和知识。

# 第三节 有效教学的辅导

辅导是教学的重要环节，是提高教学质量的重要措施。在问卷中，87%的教师认为，仅靠音乐课堂是满足不了学生的需求，课外辅导是音乐课堂教学的有效延伸和补充，需要通过多种途径对学生进行课外辅导，但是这个想法却很难实现。在实际教学当中，教师在课外对于非音乐特长生的教学辅导是非常少的，虽然73.9%的教师偶尔会进行辅导，但效果是微乎其微的。是不是教学辅导必须采取一对一、一对多的面对面辅导形式呢？其实不然，辅导的方式有很多种。

## 一、课后作业，有效反馈

在传统的思想里，音乐课是不会布置家庭作业的，音乐老师自然没有家庭作业可"批阅"，似乎音乐教学永远只停留在课堂的40分钟，只要下课铃声响起，音乐教学就与孩子们无关了。其实，以家庭作业的形式督促孩子利用课余时间学习音乐、巩固课堂知识，能收到明显的成效。

音乐家庭作业的布置要在"确立目标"的前提下，实现有效反馈，作业不宜多、繁、杂，内容要有针对性，形式符合学生年龄特点，具有多样性，要让孩子对作业充满了兴趣。

例如，第八册《可爱的家》学习完了，布置三项作业。一是，请你和家人照一张全家福，把照片贴在"我的家"栏目。二是，请你当小老师，教你的爸爸妈妈唱《可爱的家》，或者请你当小演唱家，为家人演唱《可爱的家》。三是，请你积极准备，下堂课进行该首歌曲的演唱比赛。

这三项作业中，"照全家福"看似与音乐无关，但却能帮助学生增进家庭的和谐，激发爱家的情感，与该单元"回家"的主题融合；教唱歌曲是以当小老师的形式吸引学生，在教唱过程中，学生的起到了巩固复习的作用；第三项作业，其实是一种监督反馈的手段，对于孩子作业完成得如何，会以比赛的形式进行检查，对师生都起到促进作用。

例如，将要学习第十一册《音乐家贝多芬》，布置以下预习作业。第一，你对著名的音乐家贝多芬了解多少呢？如果知之甚少，那么请你赶快通过上网、查阅资料的方式认识音乐家贝多芬，记住一两个经典的小故事给大家分享。第二，试着在"百度"里搜寻一下《欢乐颂》《土耳其进行曲》《土拨鼠》，请你先听为快，与家人分享一下你的感受。第三，除了教材中的三首音乐，你还了解或喜欢贝多芬哪些作品呢？下堂课我们将根据同学们对贝多芬音乐作品了解的多少，评选"最佳小老师奖"，加油吧！

按照课时安排，每周一个班是 2 节音乐课，如果跨周的话，完成一次作业至少有四五天准备的时间，因而对学生来说时间是充裕的。刚才这个作业主要是针对下堂课要学习的内容，要求学生提前预习，这也是一种辅导。作业的表述方式活泼、生动，而且告诉了学生采取什么样的方式完成作业；作业的内容既针对了教材内容，还进行了拓展，尊重了学生的喜好。

## 二、提供资源，有效分层

班级教学的缺点就是无法对个别学生实施单独教学，导致班上学生两极分化的现象，教学辅导就是要"带两头，提中间"，提高整体的学习水平。

课堂教学难以满足各层次学生的学习需求，那么，可以在课外，通过提供资源，提出不同要求，进行分层辅导。笔者进行了两种尝试。

尝试一：通过课间听音乐。现在学校都实现了班班通，教师可将教材中音乐作品拷贝到每个班的电脑里面，要求各班文娱委员利用下课的时间，播放给学生听。几周后，学生不仅熟唱了学过的歌，就连还没有教唱的歌曲，学生也会唱了。"熟悉的音乐，总能吸引学生"，这样让音乐课堂教学也得心应手了。

尝试二：通过网络提供资源。教师可开通博客，与几名音乐老师创建博客圈，将教材中的音响资料上传在博客圈，针对每个内容附上了《学习指导》，学生可以根据自己的实际水平，选择学习内容。如果对于已学过的内容掌握不好，可以通过这个平台，继续巩固以前的歌曲；如果对于已学过的内容掌握较好的学生，也可以通过这个平台学习后面的新知识。学生在这个平台上，根据《学习指导》的要求和步骤，点击音乐，学生就能自学音乐了，这样就解决了课堂上"吃不饱"和"消化不了"的现象。

## 三、设计活动，有效合作

音乐学习是需要合作的，音乐表现更需要合作，在很多音乐教学活动中，经常会培养学生如何与他人合作进行合唱、合奏、表演音乐剧等。其实学生喜欢合作，关键在于人们要提供学生合作的平台。

例如，学习《樱花》这一课，教师要求学生利用课余时间了解音乐这一作品特点，并与同学合作完成 ppt 的制作，再在课堂上进行展示。学生的能力超乎想象，课件做得非常的精美漂亮，在讲解过程中突出了《樱花》这一作品的特点。

又例如，在学完第八册《茉莉花》后，教师要求学生利用课余时间分组排练，表演《茉莉花》。在第二节课，教师设计了"音乐擂台赛"的活动，以小组的形式进行合作表演，人人上场。有的组采用了领唱和齐唱的演唱方法；有的组形式多样，唱歌加上竖笛、舞蹈的表演；还有的组学生会弹钢琴，并采用钢琴伴奏表演的方式。借此时机，教师要学生参与评价，提高学生的鉴赏水平。

可见，课外活动的潜力是巨大的，关键在于教师如何设计课外的音乐活动，提高合作的有效性。

## 四、课外评价，有效激励

课堂上对学生的评价是不可缺少的，事实上，在课外对学生的评价也是非常重要的，可以激励学生的自信心和学习兴趣。人们可以尝试着建立"音乐评价中心"电子专栏，教师定期有计划有目的地组织学生在网上进行答题测试，在日常工作中逐步完善评价中心不同等级、不同难度的听赏。在课外，充分利用综合素养的测试题，学生可以随机抽取本年级考题进行测试练习，目的不是"考"学生，而是通过这种方式，让学生的音乐综合素养在不断测试聆听中得以提高。

尝试着建立学生音乐素养电子档案是为了让老师了解每一个孩子，也让每位孩子记录自己音乐学习的成长故事。它可分两个层面，第一，音乐电子管理档案。这是教师使用的档案，档案中，记录每班各学生多方面的评价等。第二，音乐电子成长记录袋。它面向的是家长和孩子，其中每期学生都要填写自己在音乐方面的收获、获奖情况、特长进展情况、下期努力的方向，以及家长的建议和老师的寄语，构建学生音乐管理模式，及时激励学生。

### 五、开阔视野，有效创新

音乐带给人们无限的想象空间，教师可以在课堂教学的基础上，利用课外辅导拓展作品，开拓学生的视野，丰富教学知识，激发学生的创新意识。

例如，在学习完《猜调》这一课，教师可以要求学生利用课外聆听不同版本的《猜调》，有小提琴版本、对唱版本、合唱版本、宋祖英维也纳的演唱版本，要求学生把感受写下来，进行分享。

例如，在学习《人民音乐家聂耳》这一课，要求学生利用课余时间聆听教材以外聂耳的作品《毕业歌》《前进歌》《大路歌》，找到音乐作品的共同点等。

# 第七章 现代教育技术在小学音乐教育中的应用

## 第一节 现代教育技术的界定

### 一、教育技术的概念描述

教育技术可以按两种方式加以定义。从广义上讲：教育技术的意义上是指产生于传播革命的媒体，这些媒体可以与教师、课本和黑板一起来为教学目的服务……组成教学技术的部分，包括电视、电影、投影器、计算机和其他"硬件"和"软件"项目……狭义的教育技术的定义超出了任何特定的媒体或设备及其各自组成部分的总和。它是按照具体的目标，根据对人类学习和传播的研究，并利用人力和非人力资源的结合，以促进更有效的教学的一种系统的设计、实施和评价学与教的全部过程的方法。

美国教育传播和技术协会的定义属于工作组在广泛收集国内外教育技术界人士意见的基础上，提出了最新定义，教育技术是对于学习的过程和资源进行设计、开发、利用、管理和评价的理论和实践。

### 二、现代教育技术在音乐教学中的作用

现代教育技术是现代科学技术与现代教育理论发展到一定阶段的产物，是以视听教育为基础，并充分利用众多的最新科技成果和汲取科学方法论的精华而形成和发展起来的。它主要从学习过程和学习资源两方面相结合的角度，探讨如何运用现代科技优化教学过程，提高教育教学效率和教学质量。

从19世纪末的幻灯到21世纪的电脑、激光视盘，现代教育技术已经进入系统发展阶段。我国的现代教育技术萌芽于20世纪20年代，起步于30年代，至今已有六十多年的历史。但真正得到迅速发展是在20世纪70

年代后期，经过 80 年代的全面发展，90 年代更是进入深入发展时期，推进了我国教育、教学改革的深化。对于现代教育技术在我国教育改革中的地位和作用，我国教育部领导提出：要把现代教育技术当作整个教育改革的"制高点"和"突破口"。教育部前部长陈至立女士曾在《中国教育报》创办的专题新闻版上撰文指出："要深刻认识现代教育技术在教育教学中的重要地位及其应用的必要性和紧迫性；充分认识应用现代教育技术是现代科学技术和社会发展对教育的要求，是教育改革和发展的需要。"并号召："各级各类学校的教师 要紧跟科学技术发展的步伐，努力掌握和应用现代教学技术，以提高自身素质，适应现代教育的要求。"学习、掌握并运用现代教学技术，对于音乐教育改革和发展意义深远，其主要作用可以概括为：

**（一）增加教学的情趣性，激发音乐学习兴趣**

现代教育技术的多种功能优化了音乐教育、教学过程，可以达到色彩逼真、形声并茂，这种音画结合既可以再现场景也可以创设情境，使音乐教学富有情趣，在音乐与感情、形象融为一体的情境中使学生心灵受到熏陶，引起学生感情上的共鸣，能够有效地激发其学习兴趣，触发想象能力，活跃多重思维，让学生产生强烈的学习欲望，调动学习主动性和积极性，达到寓教于乐、寓教于美。

**（二）增大教学的信息量，开拓音乐文化视野**

现代教育技术突破了空间与时间的限制，既可以充分展示音乐教学中所涉及的古今中外音乐文化知识，发挥教师的主导作用；又可以充分体现学生认知主体作用，让学生自主学习，使学生更容易进入音乐并且创造音乐。此 外运用投影、录像、多媒体等直观展示，可以把较复杂的问题简明化，丰富学生对音乐的感性认识，增大音乐教学的信息量，极大地丰富音乐教学内容。还可以让学生通过电视或教师事先制作的课件等，收看或收听到高质量 的"音乐会""音乐欣赏讲座"及了解相关的音乐文化知识等，对开拓学生音乐文化视野和提高学生的审美能力，产生了巨大的作用。

**（三）促进音乐教学改革，提高音乐教学效率**

现代教育技术可使学生充分利用视觉和听觉去获取知识，这种多种感觉器官并用无疑有利于学生学习效率的提高。对学生而言，可以在有限的时间里获取更多的知识；对教师而言，还可以利用录音、录像等记录音乐教学过程以供课后分析，从而有利于提高教师业务素养和教学水平。再者，通过现代教育技术全国各地乃至世界各地的优秀教师的音乐教育、教学活动录像资料可以相互交流，在教育思想、教学方法、教书育人等方面给广大音乐教师带来深刻的启示，为我国音乐教育改革带来新的活力，促进音乐教学改革，提高音乐教育质量。

### 三、现代音乐教育技术的类型

随着时代的发展，录音、录像、广播、电视、电影、幻灯、投影、电脑多媒体等硬件以及音像制品，载有各种教学资料的音像带、视听盘和各种电脑多媒体光盘、课件等软件，已成为音乐教学媒体的主流，成为极具特色的现代音乐教学技术手段。在现代音乐教学活动中，这些技术的实施对于提高教师的教学质量和提高学生的学习效率以及教育与社会的融会贯通，都发挥了很大的作用。

根据现代音乐教学技术所借助和所采用的媒体不同，大体分为电声听觉设施、光学视觉设施以及现代多媒体电脑设施。

#### （一）电声听觉设施

电声听觉设施主要是指电声技术为基础，包括录音机、唱机等被听赏教学所广泛采用的教学媒体。这类音乐教学设施在当前的音乐教育中具有以下几个特征：

（1）普及性。就目前我国的社会科技状况以及生产力发展来看，以录音机为主的电声听觉教学设施在各地区较普及，成为一种大众化的教学设施；

（2）感染性。电声听觉设施在学生接受音乐教育的过程中，可以使学生亲身感知音像作品、感受音乐情绪、深化音乐感情，更为直观、真切地接触音乐，有助于提高教学效果；

（3）实用性。以录音机为代表的电声听觉设施，由于体积小、携带方便、选择性强等特点，使用率极高、普及性极强。

这类教学设施在教学中已经得到较为广泛的应用，欣赏教学、背景音乐以及需要倾听的一切教学内容，都离不开电声听觉设施。

#### （二）光学视觉设施

光学视觉设施以光学技术为基础，包括幻灯机、投影仪等教学媒体，这类音乐教学设施在当前的音乐教学中有以下特点：

1. 直观性。由于光学视觉设施直接给受教育者以视觉上的效果形象，清晰地把教授的音乐形象和教学内容展现在受教育者面前，具有感染力，易产生教学效果；

2. 实效性。光学视觉音乐设施、设备简单并易于操作，在教学中应用较为普遍，也有明显的教学效果，尤其在渲染气氛、创设情境、视听结合方面发挥了重要作用。

### （三）电脑媒体设施

随着社会的发展，这类设施最近几年已被引用到音乐教学的课堂上，其具有如下属性：

（1）信息综合立体，丰富感官体验。计算机能长期大量储存教学信息、教学起源，在教学中采用视觉、听觉、视听、思维判断等多种感官的共同作用，可有效提高学生的学习效果以及综合运用、理解、掌握知识的能力；

（2）紧密联系社会，拓展学生眼界。计算机与现代生活、现代社会联系紧密，将其运用于教学中可使学生直接认识社会、接触社会、学习社会、开阔眼界、打开思路，使音乐教育与社会生活相联系，同时向学生提供了有效的学习方法与途径；

（3）操作简单便捷，提高学习效率。现代电脑多媒体设施最大特点之一就是操作简单方便，便于掌握、便于使用，在增加生动与趣味的同时降低了学习难度，大大提高了音乐学习的教学效率；

（4）功能完备齐全，课堂生动直观。计算机是现代高科技迅速发展的产物，具有较强的逻辑判断功能和高速准确的运算及自身运行功能，又可使用多媒体帮助学生走"近"甚至走"进"音乐，发挥视听通感作用，激发学生内在学习动机与学习兴趣，运用图文声色并茂的效果感染、影响学习，使课堂教学丰富多彩、生动直观，使学生身处教室便能纵观古今、横览中外、视听并举、获益匪浅。

具体说来，多媒体设备包括刻录光盘、扫描仪、数码相机、录音话筒、互联网资源、数码摄像机、文档资料、CD/DVD 光盘等相应设备。

这类教学设施正随着时代和社会的进步逐渐走进音乐教室，越来越广泛地应用在教学中，首都师范大学音乐系大学四年级实习教师在上《音乐中的童话》这节课时，充分使用学校现有的多媒体设备，使画面与音乐充分结合、情景交融，在学生的脑海中再现了《斯拉夫舞曲》《蓝色狂想曲》《小小魔术师》等交响乐的音乐情境，使学生获得了最大程度地审美体验，取得了较好的教学效果。

# 第二节　现代教育技术在小学音乐教育中的应用策略

就目前来看多媒体技术非常发达，种类也很繁多，数字化音乐教学系统为我们的音乐教师、音乐课堂及教学带来了很多的方便。但凡事都要有度，音乐教师在使用现代教育技术进行音乐教学时，一定要端正态度、仔细推敲、使用得当才能取得最佳的教学效果。反之，就会画蛇添足、适得其反。

## 一、端正态度

### （一）充分认识各种教学技术手段的性能，正确使用媒体手段

首先，现代教学技术的使用是教学现代化的标志之一，作为进行现代化教学工作的现代教师，必须充分认识到现代教学技术手段在教学工作中的重要性，并努力学习与掌握相关操作技能与使用方法，增强运用现代科技的教学能力，提高自身的教学水平，在实际教学工作中，灵活运用各种教学措施与手段。国家教育振兴行动计划中，国家级骨干教师培训班的三项任务之一便是掌握现代教学技能，这也充分说明在教学中使用各种教学措施与手段的重要性，而且在使用时一定要注意各种教学多媒体手段的性能与功能。例如，在进行欣赏教学时，教师一方面要注意音响设备的选择，避免劣质、粗糙的音响效果；另一方面要注意音量的控制，营造适宜的欣赏环境。不应过大，压过学生歌唱的声音；也不应过小，学生会听不到。

其次，凡事都要取之有度、用之有道。教学中的教学技术手段也要合理看待、合理运用。我们既要看到它具有不可比拟的教学效果的一面；但也要根据实际教学需要做到合理、适度地使用，只有这样才能发挥其最大功效。即在音乐课堂教学当中，不是所有的教学内容都需要运用多媒体教学手段，倘若教师为了刻意地追求现代感觉滥用多媒体教学手段，而在课堂用不到电脑的环节硬加，则会起到适得其反的作用。例如，教师在进行传统民族音乐教学《叫卖调》的课程时，口传心授的方式是最佳方式，而且

无论是什么类型的音乐课堂教学，教师的教学技能是不能忽略的，在此基础上再配以恰当的多媒体教学手段，才会使课堂教学更加有效、教学效果更加显著，因此完美的音乐教学课堂应是各种手段的相互借鉴与融合在一起的使用。再如在进行歌唱教学时，适当的现场示范与板书教学就足以达到最佳的歌唱教学效果，有的音乐教师却偏偏要选择大量的媒体视听课件，这样不仅分散了学生学习歌曲的注意力，而且如果歌曲的歌唱版本选择不当、调过高或过低，都会严重影响学生的学习效果和学习兴趣。

**（二）正确把握小学音乐课堂教学目标，有效服务课堂教学**

音乐教学的目的是使受教育者了解音乐、掌握音乐，教学设施是教师为达到目的所采用的教学辅助工具与手段。教学技术手段的采用绝不能成为教学美的展示，在音乐教学中不能把教学技术手段作为华丽的外壳，装点门面的"花架子"。教师要切实掌握教学技术手段，根据音乐教学的不同需要合理使用，使其真正发挥教学媒体的作用，从而提高教学效果。例如，有的教师为了追求所谓的现代教育技术手段进行音乐教学，整个音乐课堂变成了教师的课件展示，教师完全无视学生的存在，忽略自己的基本功，只是往返于电脑与讲台之间，或是练"一指弹"——无数次地点击电脑，音乐课就完全演变成了课件展示课。还有的教师完全依赖于现代多媒体技术开展音乐课，这样的做法也是不可取的。例如，在一次音乐公开课比赛现场，由于场地临时出现故障，预备的电脑无法正常运行，这就使许多教师措手不及，课堂冷场根本无法正常进行。试问这算是合格的音乐教师吗？

## 二、准确操作

**（一）合理使用教学技术手段，有效进行"美"的教育**

音乐教育是一种美德的教育，应该是教学中的音响、过程及教学形式、教学语言尽可能完美结合，使学生在美妙愉悦的气氛中学习。在教学过程中教师在选择教学媒体时必须精心挑选、细心制作，绝不可粗制滥造，以求将最优质的声音效果与最完美的画面形式展现给学生，否则各种教学技术手段不仅发挥不了自身对教学工作的作用，反而画蛇添足、弄巧成拙，破坏整体教学过程。例如，有的教师使用录音机时由于操作不当或准备不充分，出现"啪哒啪哒"的怪响或来回找不到带子的情况；使用电脑课件时图像混乱、杂乱无序、音响失真、音色不纯等，这样的教学谈不到美的效果，并在不同程度上给教学带来负面影响。这样的"现代教学技术手段"最好不用甚至还不如没有。

**（二）恰当应用教学技术手段，为音乐课堂增光添彩**

现代教学技术在教学中应当起到画龙点睛的作用，尤其对于音乐教学来讲，音乐本身就是视觉与听觉的艺术、是跨越了时间与空间的文化产物，因此现代教育技术的应用与多媒体资源的共享应当是为学生理解音乐作品、进行音乐审美起到积极的帮助与促进作用；而不是音乐教师用来展示和炫耀自身功力的手段，一切教学技术终究是为了音乐教学和课堂活动的进行而服务的。恰当地将现代教学技术运用到课堂教学中能起到穿针引线的作用，使教学内容更加清晰、透彻，便于学生学习和理解。

例如，在新改版的中小学音乐教材中有诸多涉及亚洲、非洲和拉美地区的音乐，教师在讲授这些内容时，普遍觉得比较困难，无从下手。因此，如果只是通过枯燥、乏味的语言来给学生描述音乐内容或地域人文，那样就显得过于单薄。且学生学习起来也缺乏兴趣。这时，多媒体教学技术就为音乐教师提供了诸多便捷，例如，音乐教师可以利用自己收集与掌握的与此地域相关的实地音乐信息与材料，制成精美的音乐课件，给学生以视觉的冲击；也可以将自己去国外考察的图片及视频片段展示给学生，让他们有身临其境的感觉，在音乐课堂上不知不觉地融入当地的音乐文化当中。这样的教学方式，这样的音乐课堂，是现代教学技术手段为老师与学生架起了沟通的桥梁，把最新鲜的音乐信息以最快的速度、最准确的传递给学生，不仅激发了学生的学习兴趣，更提高了学习效率，起到事半功倍的效果。

## 三、技术选择

**（一）根据教学实际需要，采用有效教学媒体**

首先，教师要在充分把握各种教学技术的情况下，根据自身素质、个性特征等有选择的采用这些技术手段，不能盲目效仿而出现类似"东施效颦"的教学失误。

其次，由于我国的经济发展不平衡，各地教学条件、设施存在一定差距，所以，有些比较贫困偏远的地方存在教学设备不完善、教学环境不健全等问题，各地要因地制宜，切不可强求。

例如，在发达地区的音乐教师可使用的现代教学技术种类很多，其中网络中就涵盖了众多的资源，音乐教师一定要依据课堂的类型，充分发挥现代教学技术中各项设备的功能与作用，来合理、适度地组织、准备、安排教学步骤，课堂上才能收到最佳的效果。如在《七子之歌》的歌唱课教学中，通过歌曲让学生了解澳门的历史和社会背景，教师可以用文字或图片、视频的形式，帮助学生透彻地理解歌曲的情绪，这些与音乐相关的信息资料只是辅助材料，切不可将有用的信息无序的堆积，易造成课堂无音乐主题，且目标不明确的现象，真是"丢了自家地，肥了他人田"。

在农村的音乐教师，由于偏远地区的学校教学条件简陋，没有机会接触和较为普遍的使用网络等先进的现代教学设备，这就需要音乐教师根据自己的地域特点及实际情况进行调整。如在了解《生活中的音乐与节奏》一课中，如果农村教师没有条件，无法现场直接播放现成课件，那么他们可以将现实生活中的敲门声、切菜声、跑步声等通过录音机录下来，以方便课堂教学使用。

### （二）根据地域教学条件，合理使用现代教学技术

首先要摒弃教学技术可以代替教师工作的错误想法。现代教学技术是教师开展教学活动的工具，这种工具最终是为我们的教学服务的，它与教学的关系是内容与形式的关系，而教学又是靠教师来组织的，所以教师的作用与地位具有不可代替性，再加上我们的音乐教育本来就是一种情感教育，所以它更加离不开人与人之间的交流与沟通。教学技术是不可能代替教师的工作的，具体表现在以下几个方面：一方面，现代教学技术必须依靠教师的精心设计、操作才能发挥它的有效作用；另一方面，教师对学生特有的人格影响、情感的教育是任何教学技术都无法代替的。师生对话是很有必要的，人一机的对话操作代替不了人一人的交流沟通。

其次辅助的教学手段不能代替主要的教学手段。使用现代教学技术不是教学目的而是一种教学的辅助手段。教学中不能为直观而直观，为教学技术而搞教学技术；要突出音乐学科教学特点、突出音乐性，不能"形式化"或追求"华而不实"的东西，更不能喧宾夺主。使用教学技术要服从教学实际需要，有利于提高音乐课的教学质量，使用时要注意：

1.确定教学内容，把握教学目标

教师要根据教学内容及教学目标的分析，确定在教学实践中使用教学

技术的目的、方法、过程。在音乐教学实践中可以把音乐与画面有机地结合起来，做到音画同步，以帮助学生更充分地感知、体验音乐作品并引发学生的联想。例如，在欣赏交响童话《彼得与狼》的过程中，教师便可采用音乐与画面结合的方法，用画中的主体人物与相对应的乐器结合，介绍音乐主题。

2.确定使用程序，把握操作步骤

怎样合理运用教学技术是教师在备课过程中需要精心策划和准备的，教师在备课的过程中应考虑教学技术的使用程序与方式，课前应检查教学媒体有无障碍，所用教学媒体软件必须在课前认真观看，以免临时发生故障分散学生的注意力，浪费宝贵的上课时间。

3.确定最佳时机，把握最佳效果

上课时做好引导和启发学生的工作，把学生的注意力集中到应该研究的对象上。哪些时候应该提问，哪些问题应引导学生思考，哪些环节应提醒学生注意，教师心中都要十分明确。使用教学技术时，一定要选择最佳时机，以收到最好的效果。在播放音乐时，声音不可太大，避免产生极大的噪声，伤害学生的耳朵；但又不能过小，避免影响教室后面同学的倾听效果。

4.确定有效方式，实现整体优化

现代教学技术不能代替传统教学技术。各种教学技术都有各自的优势与局限，选择教学技术手段时要注意到媒体的组合，发挥整体优势，比如，需要培养学生的听觉能力的时候，就可利用电声听觉设备充分发挥其在提供听觉方面信息的优势。因此，我们在推崇现代教学技术的同时，也要继承传统教学技术的合理部分，把二者相互融合、相互渗透。如果我们只固守传统教学技术不放，对现代教学技术不闻不问固然不对；但如果我们过分滥用现代教学技术，又会使我们走入另外的一个误区，认为只有现代的才是最好的，这显然也会产生很多负面的影响，比较理想的做法是把多种媒体组合起来实现整体优化。

## 四、应用策略应注意的问题

### （一）对多媒体教学"热"的冷思考

由于多媒体教学具有表现力强、信息容量大等优势，增大了音乐教师课堂教学的课容量，提高了教学效率，受到广大音乐教师的热烈欢迎，并在教学实践中得到广泛的推广与普及。但当兴奋度渐渐褪去，音乐教师在课后认真总结与反思多媒体教学这一新的教学辅助方式时，我们会发现以下三个方面的问题值得思考或应该做得更好：

1.正确处理多媒体教学中内容与形式的关系

通过以上的论述，我们不难发现多媒体技术在音乐课堂教学中起到了增光添彩的作用，但是音乐教师在运用这一形式来表现其教学内容时，一定要把"度"把握准，做到恰到好处非常重要。但有的老师为了上好一节精彩的音乐课，在备课时总是把相当大的精力放在课件制作的一些技术问题上，却忽略了教材教法本身的钻研和课堂整体环节的设计安排。用大量的视频、音乐、图片和动画效果来充实自己的教学内容，结果却没有收到预期的效果，正是这些具有视听刺激的画面过多地吸引了学生注意力，同时，在一定程度上成为教学的干扰源。因此，音乐教师在选择这些多媒体教学素材时，一定要选择具有针对性的信息，让这些经典的视频、音响、画面在课后给学生留下深刻的印象。因此，在运用多媒体教学时，必须要正确处理内容与形式的关系，内容是内涵、根本，形式是外在、辅助，形式是为内容服务的，切不能本末倒置。教师一定要把握多媒体教学的本质含义：借助丰富的媒体元素，把知识、文化、内容等更有效的、直观的分析透彻、让学生在过程中学习、体会所学内容，切不可"画蛇添足"使用过多、无必要的画面及音素来渲染课堂内容。

2.正确处理多媒体教学中教师与电脑的关系

在音乐课堂教学中，不论是用传统的教学技术还是使用多媒体手段进行教学，音乐教师一定要以新课标为指导核心，把握好课程的四个基本理念，守住音乐这一阵地，以学生为本体，随时关注学生的反馈与交流，切不能总是不自觉地将注意力集中在电脑上，忽视学生的反应，扮演电脑操作员的角色，形成了"学生瞪着眼睛看，教师围着电脑转"的现象，这样的教学失去了师生间的交流、互动与碰撞。教育社会学家托尔斯顿·胡森曾告诫人们："不要把学校看成是一个教学工厂，机器也不能代替教师。在有理由用机器代替教师的少数情况下，也必须把那种教学看成是反常的。"这一理论重在强调师生间的相互作用是无法也不可能用教育技术来代替的。特别是在音乐课堂这一特殊的学科教学中，更加强调学生的主体地位，教师则是一位引导者，逐步引领学生进入学习状态。因此，多媒体不能完全代替整个教学过程，音乐教师必须做出合理、适度的选择、应用，才能达到最佳的教学效果。

3. 正确处理多媒体教学中课件与板书的关系

板书的书写是传统教学方式中必不可少的环节之一，但在当代的音乐课堂教学中，由于多媒体的普遍使用，使有的音乐教师逐渐忽略了板书的设计，将传统的黑板、粉笔冷落到一旁，取而代之的是教师的电脑按键操作，他们完全依照备课的教案组织成课件操作顺序，上课时只需按一个键课件便按顺序"播放"下去，这样的一堂课便成为毫无意义的可见参观课，成了一种新的"注入式"教学。但视觉心理学告诉我们这种"注入式"的教学如果反复重复，只能给学生带来倦怠感，瞬间获取的信息也会转瞬即逝，无法得到记忆与巩固。如果教师能在用流动的音响与动感的画面的同时，将教学重点或在课堂的生成随时以板书的形式固定在黑板上，形成动静结合的方式，这样不仅会加强师生间的互动，更是对音乐课堂随机生成事物的记录与分析，方便课后总结与评价。因此，在运用多媒体进行教学时不妨将黑板和粉笔作为补充，合理利用、取长补短，以取得最佳效果。

先进的多媒体技术作为音乐课堂教学的辅助手段之一，仍处于初级发展阶段，在实践过程中还需要进一步的完善和改进，多媒体教学将会随着新课程改革的进一步深入实施而逐渐成熟。

**（二）现代教育技术在音乐教学中应遵循的原则**

多媒体技术在音乐课堂教学中的运用，在某些情况下可以弥补传统教学的种种不足，尤其是在音乐欣赏课中的运用，能给音乐增添无穷的魅力，给学生的学习提供捷径，但是这些都是建立在合理使用多媒体的基础之上的，如果运用不当不仅不能增加音乐欣赏课的实际效果，反而会成为教学的负担。因此运用多媒体教学应遵循如下几个基本原则：

1. 科学性原则

这里所说的"科学性"主要是指在进行多媒体教学时，教师所选择的被用来制作课件的多媒体信息素材的准确性与权威性，尤其是对当今网络资源的选择与运用应注意以上两个要点。

（1）信息的准确性原则。信息的准确性包括几方面：一是信息的文字和语言表述正确，如今互联网中大多数信息还是文字信息，文字信息表述的正确与否，在很大程度上影响着人们对信息的理解和交流。二是信息客观、准确地反映事实，众所周知，在网络发表信息有很大的自由，谁都可以在网络上发布信息以表达自己的观点，有的信息受到发布者偏见、成见、个人价值观点和政治观点的影响，不能准确客观地反映现实。此外，互联网也正在逐渐成为一个市场和广告工具，由于商业性原因，一些网站在信息的准确性方面会受到影响。如搜索引擎中检索结果会受到广告或赞助商等因素的影响；有些网站想提高点击率，而将与网页主题无关、但流行的关键字放在网页标识中等。获取准确信息的方法一是浏览权威网站，另外是多浏览几个网站，对信息进行综合判断。包括：网页内容在文字或语句表述上是否无错误；信息是否反映了客观事实；网页信息是否带有浓厚的商业色彩；网页信息观点是否显性或隐性地体现出个人偏见或成见。

（2）信息的权威性原则。互联网是一个丰富、浩大的信息库，其开放性使任何人都可以在网上发布信息，由于缺乏必要的质量管理和控制机制，所以网络信息价值不一，不乏虚假信息的存在。在查找、引用网络信息时，信息的权威性和真实性成为用户注重的问题。网站所涉及的主题领域内著名网站或权威人士所发布信息权威性、可靠性比较高，所以一般可以看是否标注了信息的来源，信息的作者在该主题领域内的威望和知名度，或是否有版权标识和作者的联系方式等来判断信息的可靠性和权威性。包括：网站的作者是谁？是否受到团体、组织或专家的支持与协作；信息作者在该网站主题领域内是否有威望和知名度；网站中的信息是否注明来源；网页中是否有除 e-mail 以外的联系方式？

2. 辅助性原则

在使用多媒体进行音乐教学时，教师一定要走出"计算机能取代教师"的认识误区，要明确多媒体教学只是音乐课堂中的辅助手段，对教学起到的是辅助性作用，是为教师教与学生学建起一架沟通的桥梁，而不能全部替代教师的教学行为，因此一定要注意把握好这一原则。多媒体技术的作用其实是配合课堂中教师的每一个眼神、每一个细微的动作，将富有感染力的信息传递给学生，这样才能达到预期的效果，倘若在实际教学中，使传统的教学手段与多媒体教学相互补充，取长补短，会取得更好的教学效果。另外在教师使用的网络资源中应遵循谨慎性原则。

欣赏外国及其少数民族音乐时不可避免要接触到大量与宗教有关的音

乐作品。对此，教师应该明确观念，在欣赏之前就对学生进行必要的正确引导。我国宪法和法律对公民有宗教信仰自由的规定，同时，我国对于青少年的教育方针是教育引导他们树立辩证唯物主义的世界观，崇尚科学，信仰无神论，避免青少年学生受到宗教的影响。因此，我们在向学生介绍外国及其少数民族音乐作品时，如涉及宗教内容必须明确地向学生说明，这是其他民族特有历史文化传统的表现，我们作为中国人有自己的优秀文化传统，在欣赏其优美音乐的时候不必也不能一并接受其宗教信仰。教育学生崇尚科学，建立正确的人生观和世界观，充分吸收外国音乐的精华，正确对待其中的宗教内容，即尊重其他民族的文化传统、宗教信仰，但自己不要不加区别地通通接受。当然，我们要遵守我国宪法和法律公民宗教信仰自由的规定。在我国少数民族地区，涉及宗教音乐问题的处理还要符合当地的民族自治政策和宗教政策。

3. 简约性原则

新课标的教学理念明确指出：现在的音乐教学应当是面向学生整体，注重学生的直观感受与情感体验的培养。因此，现代教学技术实际上就是将复杂的问题简单化，把概念性较强的知识转化成为最简单的形式呈现出来，多媒体课件的设计更应该遵循这一原则，要把基本概念、教学内容、基本方法以及解决实际问题的思路以最简约的方式传授给学生，而不是在炫耀教师的课件制作水平，一定要遵循简约性的原则。因此多媒体课件的制作与应用应遵循以下几个要点：

（1）追求画面的质感，避免画面重复。在同一画面中不易出现过多的对象与过大的动画效果，图形须简约，动画效果需立体、有效。

（2）追求美观、大方，避免花哨、炫耀。在同一画面中所使用的色彩数量不宜过多，突出表现主题，避免出现眼花缭乱的现象，需去除与表现内容无关的花边、彩框。

（3）追求文字简洁，图文有机结合。过多的文字阅读不仅给人疲倦感，使学生失去学习兴趣，更会造成对所学知识的干扰。

（4）追求有效和谐，避免华而不实。不要为了炫耀教师的教育技术水平，而刻意追求课件的华丽，使用过多不必要的较难技术的动画设计，而忽视了音乐课堂本身。

### （三）现代教育技术应用策略

1.发挥多媒体特性，优化音乐课堂教学

所谓"多媒体"的特性是指"利用计算机技术将文字、图形、图像、声音、视频等多种媒体信息以数字化方式有机地集成在一起，从而使计算机具有表现、处理、存储多种媒体信息的综合能力"。对于音乐课堂教学来说，要发挥多媒体的特性，实质上就是指将多媒体作为音乐课堂的有效操作手段，为进行高效教学奠定基础。并且，从目前中小学学校的使用率来说，其中多媒体教学所占比例达到79.5%，这说明多媒体技术在教学中的应用是居主导地位的。

另外，音乐是通过外界的声音刺激，给人以感官的感性刺激引发人的内在体会。因此，在进行音乐教学时，教师更要强调通过有效的手段引发学生的情绪反应与情感体验，因此运用何种方法引起学生的共鸣是教学的关键所在，尤其是能够综合地运用各种媒体手段是非常重要的。通过查看大量资料，我们了解：心理学研究表明，多重感官同时感知（如视听同步感受等）的学习效果要比单一感官感知的学习效果好，多媒体技术就是一种可以同时、同步、高速度、高质量地传输、存储，展示大量的声音、语言、图形、图像及动画效果，使真实的图像、干净的声音、三维立体的动画综合为一体，把特有的音乐效果统一地表达出来，达到实用而完美的程度，因此，这样的媒体手段非常适合音乐课堂教学。

比如，在小学三年级的一节欣赏课中，教师的多媒体应用就非常恰到好处。课堂内容是欣赏管弦乐曲《喜洋洋》，教师将一段无声的画面展示给学生，视频中男女老少都穿着喜气，挂红灯、贴对联、舞龙狮，一片过年的红火场景呈现在所有学生面前，随后音乐教师准备了三段不同的音响效果，供学生选择，用恰当的音响来为画面配乐，其中包括抒情的《天鹅湖》选段、雄壮的《军队进行曲》以及当天课堂的主题——民族管弦乐《喜洋洋》，通过鲜明的视觉冲击与听觉的完美结合，所有的学生不仅对音乐的选择都一目了然，更对他们进一步体会、理解乐曲做了很好的铺垫，可见优秀的媒体教学离不开音乐教师的精心设计；同时，完美的教学设计要通过多媒体的全方位配合才能够展示得淋漓尽致。因此，清晰的教学思路与有效的教学手段是相辅相成的，音乐教师在进行课堂教学时一定要随时总结教学经验，逐步完善自己的全面素质。

2.利用网络特性，整合音乐课堂教学

随着网络的高速发展，在当今信息爆炸时代，网络得到了快速、广泛的普及。自20世纪90年代计算机的发展进入一个新的阶段以来，可以说，在我们的生活中处处离不开网络，它已经改变了人们之间传统的信息交流方式，为人类提供了大量的信息，提供了方便，网络已经深入每个人的生活中。

首先，随着音乐新课程改革的日益深入，在教育领域当中有越来越多的学校、机构建立起各种教育网站、校园网络平台、教师博客等，内容丰富、信息广阔、形式多样；其次，在音乐教师的课堂教学中所涉及的相关姊妹学科的知识、内容、形式也日益综合，必然决定了音乐教师需要选用更多的具有不同时代特征、风格特点的图像、声音、文字、资料来加深学生的感性认识，为学生自主学习提供一定的发展空间，以及为课后的师生的延伸拓展提供依据。因此，网络化课堂教学的产生是时代发展的必然与需要，它将教学媒体与网络进行合理、有机地结合，运用网络技术进行课堂教学活动。那么如何通过网络帮助学生理解课堂内容，使网络里现有的艺术资源、成果在课堂上充分发挥作用，保障信息流通就是网络特性的关键所在。因此，教师可以将课堂与网站相连接，根据课堂教学的需要，随时将需要的音乐内容、视频图像等呈现在学生面前；除此之外，还可以让学生把自己编辑、制作的音乐成品发送到相关网站，这样可以很好地与他人在网站上进行交流，实现艺术资源共享的教学环境。

例如，在一堂莫扎特作品的音乐欣赏课前，教师提前不仅让学生分组查找莫扎特的生平简介、代表作品、创作风格等相关信息，并将这些信息制作成相关视频链接网页公布在学校的网站上。这样，学生可以在网站上进行自主学习的同时，也可以搜索与莫扎特相关的其他内容，并对其进行编辑补充在当前的页面上，也可以利用业余时间在相关论坛参与网上讨论、发表评论等，这不仅是对课堂教学的补充和延续，还激发了学生的学习兴趣，增强了合作意识，对熟练掌握电脑操作技能、锻炼独立探索的学习能力是有很大帮助的。

3.注重实用特性，服务音乐课堂教学

多媒体教学手段具有一定的实用性，然而，在目前的音乐教学中，有些教师有"偷懒"的现象，换句话说就是在使用媒体的过程中存在一些使用不当的情况，使原本简单的问题复杂化，此时，多媒体教学手段就是附加品，没有任何意义。例如，有的音乐教师根本不关注音乐这一本体，将所有精力都放在课件的制作上，在授课时，由于课件过于丰富，学生的注意力完全被花哨的画面所吸引，不能注意听课，这样就失去了多媒体教学的辅助作用；有的教师过分夸大媒体的作用，整个课堂就是教师课件的展示课，将所有的教学内容都用媒体呈现出来，教师则扮演了一位图片"解说员"，使教学很乏味、很被动；还有的教师甚至认为教 f 媒体可以完全替代音乐教师工作，这就大错特错了。这也是音乐教师与其他学科教师的区别，音乐教师应坚守住"音乐"这一本体，所有的教学手段都应围绕"音乐"展开，面向全体学生，引领他们进行音乐课堂的学习，而不是图片解说或课件展览。因此，随着新课程的逐步完善，音乐课堂需求的不断变化以及音乐教师认识的不断深入，音乐教师应该渐渐认清使用现代化教学媒体的意义与价值，它不是教学目的而是一种教学辅助手段，要树立"整体优化"的课堂概念，实现音乐课堂的有效性！

通过以上有关音乐多媒体教学的分析与梳理，建议音乐教师在音乐课堂实践中应注意多媒体技术与音乐教学的有机整合，这样才能收到良好的教学效果。在学校素质教育不断发展的今天，信息技术将得到更加广泛的应用。音乐教师应当在不断的教学实践中总结、补充自己多媒体运用的知识与经验，协调好信息技术与音乐教学的关系，有效掌握并运用现代化多媒体技术来推动高效音乐课堂的进一步发展！

## 第三节　多媒体音乐手段的整合

新的课程改革对音乐课程目标从情感态度与价值观、过程与方法、知识与技能三个维度进行了设定，这就要求音乐教师在进行教学设计时，一定要合理选择和运用现代教学工具并与传统教学手段进行有机地组合，共同为音乐教师的有效教学提供支持。它以听觉、视觉等多种媒体信息作用于学生的感官，形成合理的教学过程，才能达到最优化的教学效果。

## 一、传统与现代手段完美结合，充分激活小学音乐课堂

儿童对有色彩的、有声音的、会变化的刺激物最感兴趣，也最能集中注意力。多媒体技术具有变静为动的特点，这也正符合儿童注意的活动性特点，课堂中使用欢快的音乐、丰富多彩的图像、生动形象的动画来传递知识素材，给音乐课注入了充分的兴趣和活力，使抽象的音乐理论形象化、虚幻的音乐形象具体化、复杂的音乐知识简单化、枯燥的音乐知识趣味化。从而激活了教材内容，有效地引发学生愉快主动地学习，大大提高学生们学习音乐的兴趣。

例如，传统的音阶教学用阶梯图展示和教师弹琴示范进行集体教学，模式呆板，不能充分调动学生学习的积极性。运用多媒体课件进行教学，在课件中展示音阶图：每个台阶上有一个小动物，不同的小动物代表不同的音，对照音阶图帮助学生认识音阶。学生可用鼠标任意点击一个台阶上的小动物，这个小动物就会跳出来演奏相应的音。

再比如，过去在欣赏钢琴曲《苗岭的早晨》时，乐曲的背景知识、曲式结构和旋律特点等的讲解与乐曲欣赏不能同步进行，即使教师介绍一段播放一段，介绍与欣赏同步，但音乐作品本身的完整性被肢解得支离破碎，影响了学生对音乐形象的想象、削弱了艺术魅力。而利用多媒体就能使音乐作品塑造的形象更加鲜明。可以先用描述乐曲内容，然后播放制作好的电脑课件，在悠扬的乐曲声中依次出现一幅幅美丽的画面：太阳出来了，阳光射进树林，一群小鸟醒来后叽叽喳喳唱起了歌。事先制作好的提示性文字资料也同步显示在屏幕上，这样多举并用给学生提供了视觉和听觉方面的刺激，把乐曲欣赏环境变成了画面与声音交相呼应的宽松的学习场景。音乐形象生动地展现出来，学生如闻其声、如见其景，大大激活了教学内容，使学生情不自禁地萌生了喜爱音乐的兴趣。

## 二、多媒体手段与教材完美结合，合理构建有效音乐课堂

培养学生的音乐素质和能力是音乐教学中的主要任务。运用电教手段可以通过听觉刺激加上直观动作的练习来培养学生的节奏感和节拍感。教师插放一首歌曲让学生掌握音符的时值，按一定节奏进行"朗诵"，并能按照乐曲的旋律以击掌、跺足等多种动作来表示乐曲中的节奏。

　　例如，民族器乐合奏曲《瑶族舞曲》的曲调就是一首利用多种民族乐器同时发音奏出的优美旋律。在学习这一课时可以利用多媒体辅助教学，选取某种民族乐器范奏或几种乐器合奏。在欣赏第二乐段时，那种歌舞欢腾的场面如果单用钢琴很难表达出来，但是用多媒体技术不但可以把其音响效果表达得十分完美，而且还可以让学生们直观地欣赏那载歌载舞的动人画面，给学生一种身临其境的感觉。再如在人音版四年级教材中歌唱作品《小小少年》的合唱教学，可充分利用现代的音频软件，激发学生学习构唱音程的兴趣，培养和声的耳朵。另外，还可通过 Cool Edit Pro 2.1 录音软件的使用，积累大量的分轨、分声道的二声部音响资料，为学生学习提供方便。

　　对于速度快、音域宽、声部多的和声谱例的学习，运用传统的教学手段教起来难度较大，但利用多媒体辅助教学则可迎刃而解。多媒体技术提供了足够的空间任你书写谱例，可以随意操作电脑演奏某个谱例、某个段落、某个小节甚至某个和弦。

### 三、多媒体技术与教学目标完美结合，有效创新音乐课堂

　　音乐作品主要是用形象思维并结合优美、动听的旋律来塑造形象。它不仅具有听觉的真实感而且容易拨动人们的心弦，激起人们的想象和联想，小学生由于受知识水平和生活阅历的局限，其思维能力较弱，要使他们将听觉感受转化为视觉形象则需要一个过程，因此，音乐教师在课堂教学中紧密结合教学目标，适当地采用多媒体进行教学，会为学生在较短的时间内了解音乐形象、学习音乐要素、感知音乐文化及提高创造能力提供便捷和帮助。

　　例如，在小学欣赏课《茉莉花》的课堂中，教师采用建构式的教学方法，用问题引领课堂，紧扣课堂教学主题与目标，逐步引导学生，详细分析和探讨民歌中涉及的音乐要素，教师采用多媒体教学与板书相结合的方式，让学生通过自己的演唱、体会，从地域、旋律、节奏、方言等多方面，总结出南、北方两首不同地域风格的民歌作品《茉莉花》。在教学过程中教师一边使用多媒体的音、视频媒体欣赏乐曲，一边利用课前准备好的课件，逐一以文字形式总结归纳音乐要素特征，两者有机结合，相互补充，从感性到理性，直观地为学生呈现课堂教学成果，给学生出其不意的效果。板书设计如下：

| 影响民歌的音乐要素 | | |
|---|---|---|
| 《茉莉花》 | | |
| | 南方 | 北方 |
| 地域 | 江苏 | 东北 |
| 旋律 | 悠扬 | 高亢 |
| 节奏 | 舒缓 | 紧凑 |
| 方言 | 吴侬软语 | 东北话 |
| 风格特点 | 抒情、优美 | 热情、豪放 |

由以上表格及文字可见：在音乐课堂上，合理使用所有的辅助教学手段，充分发挥教师的引导作用，给学生足够的空间，发挥他们的主体作用，既调动了学生们的学习积极性又进一步拓展了他们的思维，培养了创造意识。

# 第四节　网络音乐资源的优化

随着全球一体化进程的加快，网络问题日益凸显出来。对于中小学音乐教学来讲，网络因素也起着非常重要的作用，因此本节内容是专门介绍网络音乐资源的相关内容，希望与广大的一线音乐教师一同学习、讨论。

## 一、丰富的音乐网络信息资源

### （一）丰富的网络音乐资源，海纳无穷信息

网络时代的到来使互联网上丰富多彩的音乐资源成为音乐教育、教学巨大的"资源库"，网络不仅缩小了人与人之间的距离，更是一个极高的知识传播系统，在这个大"熔炉"中海纳了众多的音乐信息资源，不仅形式多样且内容日新月异，更包括了网上图书馆、网上书店、网上购物等不同载体，网络中的音乐信息资源像自来水一样，只要打开"水龙头"，信息就自然而然地流到每一个学生手中。只要我们加以有效的利用，就能使之成为一线音乐教师手中不可缺少的、又最具价值的教学资源。

据了解目前全世界音乐技术类网站已有数十万个，其数量还在与日俱

增。这些数量巨大的音乐网络作为音乐信息资源的传播者，具有相当大的广度和深度，且时时刻刻都在参与音乐全方位的传播工作，其内容广泛涉及音乐的各个方面，包括音乐视频、音响资料、音乐新闻、音乐理论、音乐创作、音乐教育、音乐与出版等。音乐的网络传播具有即时性、反复性、自由性，超越了时间与空间的束缚与制约，人们可以通过网络随时随地搜索、查询和发布各类需要的音乐信息，并及时发表评论与意见，也正因为网络的这些特性，提供了无限的发展空间，这就决定了音乐的网络传播也必将有更多的探索空间和更广的研究前景。

### （二）大量的网络音乐传播，丰富感官享受

众所周知，音乐的学习是时间与空间的结合，是听觉与视觉的感知，是感官与体验的共享，互联网的迅速发展给音乐领域的发展与拓展带来了全新的机遇和挑战。音乐信息资源的数量大、范围广、传播快、应用方便是其最本质的特征。因此，互联网也为音乐教学带来了一个全新的视听空间，当中丰富的音乐资源以超越时空的方式将大量信息压缩于屏幕之上，使人们在任何时候都可以通过网络获得有关音乐的教育、文化、娱乐等服务。从音乐信息资源形式的类型上分为：文字信息、图片信息、音响资料信息、视频信息等；针对同一音乐作品的不同版本，音乐信息资源又被分为：交响乐、民族管弦乐、声乐、器乐等；另外，许多网络音乐信息资源还通过博客、论坛等形式，为广大的音乐教师及学生提供了更为广阔的平台……因此，在某种程度上，网络音乐超越了以往所有音乐类型所受到的种种限制，几乎无限地扩大了人们的感官经验，尤其是从视觉与听觉经验入手，以最灵活、多样的方式向人们输送信息、思想意识、价值观念，而且将现实性与虚拟性相兼容，极大地开拓了人们的想象力、创造力。在音乐教育方式上，网络音乐一改以往教育过程中强制性的方式，遵循审美的规律，通过恰当的艺术手段使人们在愉悦的心情中受到美的教育。这种教育方式具有强烈的亲和力，在真正意义上做到了"寓教于乐"，也可以说网络音乐给学校教育带来了最新也最有力的革命。

### （三）便捷的网络服务手段，开阔学生视野

现在的小学生都具备一定的电脑操作水平，方便的网络服务为他们提供了广阔的学习平台，他们可以在网络上获取与音乐相关的大量信息，其内容丰富、形式多样、种类繁多，丰厚的网络资源既开阔了学生的视野，

又使他们了解了大众的音乐欣赏口味；而且在课堂音乐学习的基础上，以此来丰富和完善自己的音乐文化修养，以达到事半功倍的效果。在这里需要特别注意的是面对当今良莠不齐的网络音乐资源，教师要引导学生选择有利于其身心健康的音乐，培养学生形成高尚、健康、全面的审美趣味。

## 二、音乐学习与网络资源的开发利用

### （一）当代音乐网络资源的现状分析

对于新时代的学生和教师来说，音乐学习与网络资源的开发利用是紧密结合的，二者相辅相成、互相促进。电脑网络为音乐学习提供广阔的空间，使用它既是现代社会一个人必备的基本能力素质之一，而且也，为学生走出教室、走出课本、走向更广阔的学习领域提供了有效的操作平台，能够更好地为音乐学习服务。因此，音乐学习与网络资源的开发利用具有以下几个特点：

1.利用网络信息资源进行课堂教学，不断提高教学效率

没有人能说清互联网网络中到底有多少信息资源，可以说从天文地理到社会文学，从物理化学到历史政治，从休闲娱乐到网上购物，从新闻评论到个人资料，大到宇宙空间小到微生物。古今中外，网络犹如一个存放了大量信息的图书馆，从内容上看，包括了古典的、浪漫的、古代的，到现代的、世界的、民族的，音乐资源可以跨越时间与空间的束缚呈现在音乐学习者的面前；从音乐形式来看，既有单一的声乐、器乐等作品，也有民族、交响等综合艺术作品；对于音乐的传播与呈现方式而言，网络资源更为丰富，不仅有音频、视频更有供音乐学习者学习的音乐制作软件等。总之，网络资源以音乐知识面之广、音乐资料之丰富、查询速度之快，为音乐学习者创造了良好的学习空间与平台。

2.利用网络音乐资源进行素质教育，不断提升审美情趣

作为进行美育的重要手段之一，音乐教育正可以发挥其独特的育人作用。音乐教育通过各种不同的教育手段和音乐特殊的表达方式，把受教育者培养成为永远追求真善美的人。而音乐教育的这一本质对网络文化的无序性、虚拟性所带来的负面效应，真正可以起到消解作用。更重要的是任何时代都会有消极的东西，但对美的追求却是人类永恒的努力，音乐教育的任务就在于努力提升人的审美理想和审美趣味，促使社会审美意识趋向高雅。掌握了这种审美价值评价尺度，学生在网络文化面前就能趋利避害

具备充分的自主能力，并能充分利用网络文化不断提升审美趣味。

3.利用网络音乐资源进行艺术教育，不断拓展艺术视野

网络具有传播速度快、覆盖面广的特点，使音乐教育更具有及时性和广泛性，使音乐教育更直接、更深入；网络音乐资源极大地丰富了学校音乐教育的资源；网络音乐教育为学校音乐教育开辟了新的空间，提供了新的教育方法和手段；网络音乐教育使学校音乐教育工作具有更高的工作效率，有利于学生综合能力的培养。

4.弥补网络音乐资源的缺陷和不足，遏制网络负面影响

针对网络音乐资源的多元信息流冲击，学校音乐教育工作者要对网络音乐资源保持高度的关注；针对网络音乐资源中的内容、结构不平衡，我们要大力弘扬民族音乐文化，促进东、西方音乐文化的交融。

5.正确对待和利用网络音乐资源，开拓学校音乐教育新局面

教师介绍并推荐互联网中的优秀网络音乐网站；带领学生欣赏、分析优秀网络音乐作品；利用学校局域网创建音乐网站，鼓励学生自主丰富和维护学校音乐网站，利用网络手段开拓学校音乐教育的新局面。

**（二）教师正确使用网络音乐资源进行有效教学**

1.共享网络资源，推行合作性音乐学习策略

由于网络音乐提供的广阔资源，为学生的音乐学习提供了自由选择的平台。音乐教师可以根据所选的教学内容将学生分成网络学习小组，针对不同的学习内容进行资料查询，例如，在第五届黄山优秀音乐课评选活动中，音乐欣赏课《莫扎特》的教学就是将同学们分成组在网络资源上查询莫扎特的生平、作品及贡献等，然后在音乐课堂上相互交流，这样的学习方式不仅培养了学生的合作意识、促进学生与他人资源共享的意识，更能提升学生的审美与评价能力。

2.利用网络资源，鼓励自主性音乐学习策略

自主学习是相对于被动学习（机械学习、他动学习）而言的。概括地说自主学习是一种"自我导向、自我激励、自我监控"的学习方式。能够用自己的眼睛去观察，用自己的头脑去判别，用自己的语言去表达，能够成为一个独特的自我。应该倡导学生主动参与、探究发现、交流合作的学习方式，注重学生的体验与学习兴趣，改变课程实施过程中过分依赖教材、过分强调接受学习、死记硬背、机械训练的现状。

　　将学生当作学习的主体，充分相信每一个学生，并把这种信任的态度传递给学生，使学生充分相信自己的能力和潜能，并对自己的学习持乐观积极的态度，也就是说允许学生根据自己的兴趣、爱好在网络上自主选择所需要的相关音乐资源进行学习和研究，这样的学习是一种民主、宽松、和谐的学习氛围，既可以鼓励学生积极、主动地思考问题，发表自己的看法，形成自己独特地看问题的方法，有利于个性的形成与发展，又能引导学生自己发现问题、解决问题，留给他们足够的思考空间，激发他们学习音乐的积极性。

　　另外，音乐教师也可将课堂上学生表演或演唱的优秀作品，进行录像、刻盘，课后可将其放在学校或音乐教师自己的博客、网站上，以积极地鼓励学生学习音乐。具体做法如下：

　　（1）合理分组，异质互补。在分组中，将学生合理分配，发挥自身的个性差异，相互借鉴与补充，获得合作的快感与成果的愉悦。

　　（2）精心设计，有效讨论。在讨论中，学生各抒己见，互相启发，互相帮助，在积极地互动与交流中获得新知，拓展思维，发展能力。

　　（3）及时评价，促进发展。采取自评和小组互评等方式，总结经验，分析存在的问题和原因，找到合理的解决办法，各组之间取长补短，互相促进。教师认真倾听学生的发言，给予及时的鼓励以促进学生的能力发展。

　　下面是运用网络教学的课堂效果测评表。

表7-1　运用网络教学的课堂效果测评表

学生姓名：＿＿＿＿＿＿＿＿　　　　小组编号：＿＿＿＿＿＿＿＿

| 项目＼评价指数 | ★★★★★ | ★★★★ | ★★★ | ★★ |
|---|---|---|---|---|
| 版面编排 | 制作美观方便、有吸引力。网页设计与课程结合紧密，适宜学生摄取资料；图片、动画、声音和其他多媒体的使用目的性很强 | 制作美观方便。网页设计与课程结合适当，学生能够选择性地摄取资料；图片、动画、声音和其他多媒体的使用目的性较强 | 演示观看方便。网页设计与课程结合一般，学生可摄取资料较少；图片、动画、声音和其他多媒体的使用目的性一般 | 版面不够美观，网页设计不够合理，只适合演示观看；图片、动画、声音和其他多媒体的使用目的性较差 |

续 表

学生姓名：＿＿＿＿＿＿＿＿　　　小组编号：＿＿＿＿＿＿＿＿

| 项目 ＼ 评价指数 | ★★★★★ | ★★★★ | ★★★ | ★★ |
|---|---|---|---|---|
| 组织结构 | 网页上的标题和其他重要点能够标出；网页之间衔接恰当，组织结构合理；术语性词语设有超级链接，加以详细说明 | 网页上的标题能够标出；网页之间衔接恰当，组织结构一般；术语性词语设有超级链接，但不详尽 | 网页上仅标出标题；网页之间衔接不够合理，组织结构较差；术语性词语没有超级链接或注解 | 网页上仅标出标题，网员之间衔接混乱，组织结构不合理；术语性词语没有注解 |
| 课件内容 | 多媒体演示有效地对重要信息进行了概括并能体现课题所表达的意图；教学资源丰富，材料有据可查，便于学生浏览 | 内容翔实无误，多媒体演示对信息进行了概括；基本体现了课题所表达的意图；有一定的教学资源，材料有据可查，学生：可大概了解所学内容 | 多媒体演示展示了基本信息；对课题作了一般性解释；只展现了课本上的教学资源内容，不够深入、拓展 | 教学资料较少，只言片语；只展示课本并做了注解；多媒体演示与板书无多大差别 |
| 教室演示 | 演示作品的速度适中，每位学生均可上机自行操作，获取资料；演讲者的语言准确、清晰、语速恰到好处 | 演示作品的速度适中，学生可操作性一般；演讲者的语言表达能力一般 | 演示作品只适合于大屏幕演示，全体学生观看；演讲者的语言表达能力较弱 | 演示不顺畅；语言不准确；但表达意思明了 |

＿＿＿＿＿＿年＿＿＿＿＿＿班　　　＿＿＿＿＿＿小组　　　共有＿＿＿＿＿＿人

3.精选网络音乐资源，培养发展性音乐能力

丰富的音乐网络资源确实为我们的音乐学习提供了广阔的空间，但任何事物都具有两面性，网络音乐资源也存在一定的缺陷与不足。现将其主要表现归纳如下：

首先网络音乐资源的内容、结构不平衡。音乐网站上有很大一部分音乐信息资料来源于流行音乐，缺乏古典音乐；而且国外的相关音乐资料居

多，而我国民族、民间音乐资源的相关资料不够充足，并且有些音乐网站为了追求纯粹的商业利益，传播一些格调低俗的流行音乐，造成网络音乐资源内容结构的严重失衡。

其次存在内容不健康的音乐网络资源。例如，一些所谓的"口水歌曲""集市歌曲"在网络上随处可见，这样的歌曲没有任何审美意义，而且有些还加入了低俗的词汇和字眼，对尚未成熟的小学生的身心健康发展也会造成极大的危害。

再次由于网络音乐资源的开放性，允许音乐传播形式多样化的存在，有一些垃圾音乐也存在其中。比如说一些噪音音乐或质量很差的电脑合成音乐等，这些音乐并不能培养小学生审美的耳朵，反而会对他们鉴赏音乐起到消极的损害作用。因此，音乐教师在利用网络资源音乐学习时，一定要对其做出客观的判断选择恰当的资源进行使用才行，构建适合课程的网络资源库，具体操作如下：

（1）为传播者提供庞大的素材资源，形成数据库；

（2）为受传者提供教材资源，适应其需求与发展；

（3）为通过超链接实现远程共享资源而提供信息检索资源。

资源库中图形、动画、声音文件的生成、链接、反馈的实现主要通过以下方式实现：

（1）使用网站编辑软件生成网页框架及内容；

（2）通过 Photoshop 9.0 生成图片的制作、处理，并使用".jpg"格式进行存储；

（3）采用 mp3 等格式声音文件进行声音文件录制；

（4）利用 rm 和 avi 格式生成视频文件及部分 flash 动画；

（5）运用标记语言 html 实现各文本、图片、声音与动画的链接。

音乐资源库的建设需要信息技术的支撑，因此，在学校开设相应的信息技术课程是必要的，其主要学习目的是学习基本操作技能和基本工具的使用，培养学生利用信息技术解决问题的能力，也是学生进行"数字化学习"的基础。但是，音乐学习仅仅掌握基础的信息技术能力是不够的，除此之外还得培养学生以下几种能力：

（1）指导学生网上收集、查找资料，培养学生自主获取信息、处理信息的能力。

（2）引导学生借助网络赏析与音乐相关的各类名家名作，如歌剧、舞蹈、乐器独奏等，以培养其鉴赏能力。

（3）指导学生使用 cakewalk 等作曲软件或简单的打谱软件进行初级的自由创作练习。

（4）带领学生利用 ICQ、e-mail、BBS 等网络通信工具，实现相互之间的交流、探讨、研究，培养学生解决问题的能力。

构建一个现代化的音乐教室，创建良好的学习、视听环境对学生非常重要，这里所指的"良好的环境"不仅简单地指教室的环境，还要有经过教师挑选的庞大的网络 Internet 以及以计算机、MIDI 设备为中心的多媒体音乐教室。

总之，在音乐学习与网络资源的开发利用过程中，教师一定要有自己的标准和判断，对网络资源首先要进行客观评价，然后再优化组合、合理使用。只有资源恰当使用才能丰富课堂，提升学生的学习与评价能力。

# 第八章 小学音乐教学的评价与反思

音乐教学评价是指人们根据音乐学科教育的性质、目的、理念和课程标准，对音乐学科的教育目标、教育手段，对实施音乐教学活动的过程与效果，以及对个体完成和满足音乐学习与发展需要的程度做出的价值判断。

在音乐教学评价中，利用科学可行的评价技术，对音乐的教与学以及教学过程的诸因素给予价值判断。它是以音乐教育的价值观为标准，以达到音乐教学目标的程度衡量音乐教学成绩和效果，它要求对音乐教育和音乐学习做知、情、意各方面全面性的考察。

广义的音乐教学评价以音乐教学的全部领域为对象，它涉及音乐教学的所有方面，除了涉及教师、学生和教学管理以外，还涉及音乐教学与社会、家庭等方面的问题。狭义的音乐教学评价是以学生为评价对象，专指在学生的音乐学习领域中对学生的音乐素质发展，以及音乐才能、审美能力、艺术情操的形成给予价值上的判断。

通过音乐教学评价，促进学生不断发展；促进教师不断提高；促进学校不断发展；促进课程不断完善，以达到音乐教学价值增值的目的。

## 第一节 小学音乐教学评价的目的、功能与意义

### 一、音乐教学评价的目的

目的是指对所进行的活动未来状况及结果的预期。所谓教学评价的目的，就是指评价者在开展教学评价之前设想或规定的教学评价活动所欲达到的效果或结果。评价的目的指导和支配着整个教学评价过程，决定了教学评价的发展方向。

教学评价是从测量中发展而来，早期的教学评价主要是为了测量教学目标的达成度或为了比较与鉴别。随着教育改革的不断发展，现代教学评

价更注重通过评价促进教学工作的改进，促进教学质量的提高。对于评价的改革，《基础教育课程改革纲要（施行）》明确指出："改变课程评价过分强调甄别与选拔功能，发挥评价促进学生发展、教师提高和改进教学实践的功能。"

新《标准》指出："音乐课程评价应充分体现全面推进素质教育的精神，贯彻本标准所阐述的课程理念，着眼于评价的诊断、激励与改善的功能。通过科学的课程评价，有利于学生了解自己的进步，增强学习的信心和动力，促进课程教学质量的不断提高。"

## 二、音乐教学评价的功能

音乐教学评价是整个音乐教学活动中不可缺少的重要环节，它在整个教学活动中具有其他活动不能替代的功能。

### （一）导向功能

教学评价的导向功能是指教学评价起着引导评价对象朝预定目标前进的功能和能力。合理的评价行为具有明确的评价目的与标准、一定的评价指标系统、严格的评价程序及科学的评价结论。教学评价的目的与标准将直接引导评价对象向标准方向努力。即评价的内容与标准将有力地引导评价对象在教与学的过程中做什么、怎么做。这使教学评价就像一根"指挥棒"、一把"标准尺"，对教育教学的发展起着"定标导航"的作用。它可以为学校教育教学工作指明方向，明确目标，可以帮助教师与学生诊断教与学过程中存在的问题，改进教学策略，促进其不断地发展等。例如，若评价以情感为第一目标，那么音乐教学必然重视师生之间心灵的沟通与对话，教学中将重视学生的情感体验与情感培养，重视教学的愉悦性与趣味性。因此，音乐教学评价对教与学具有推动、导向的作用。

为了更好地发挥教学评价的导向功能，必须依据教学目标与课程标准制定恰当的评价内容与评价标准，对评价对象进行全面、科学的评价。教学评价要适应时代的发展变化，了解教育改革的动态，了解课程进展的信息，使教学评价既适合教学实际，又体现发展性与前瞻性。

### （二）鉴定功能

教学评价是价值判断的活动，对教学具有鉴定功能。教学评价的鉴定功能是指对教学对象或教学工作的目标性、合格与否、优劣程度、水平高低进行诊断与判断，以确定其能力与功用。即评价者通过评价，给评价对象（包括教师、学生、教育机构和方案）的教学、管理情况作出价值判断，排出名次，分出等级或层次，最终评选出先进，或甄别、筛选出优劣。它主要通过对教学评价对象相关资料的收集、整理、分析、判断的运作机制得以实现，通过检查、比较、判断等评价工作而获得。教学评价的鉴定功能通过对评价对象的认可与鉴定为教育决策服务，如进入高等学校的入学考试制度、各级各类学校学生是否符合毕业条件的学业成绩考试制度等，直接影响教学评价体系的制定。另外，教学评价也具有资格鉴定的作用，如教师的资格评定，学生的毕业鉴定等。教学评价的鉴定功能为我国高等学校选拔合格的人才起了十分重要的作用，也对教育和其他社会领域有着重要的影响。

### （三）激励功能

所谓教学评价的激励功能，是指通过教学评价对评价对象进行某种刺激，使评价对象对教学活动处于积极活跃的状态之中。教学评价的正确运用，能够激发评价对象的内在动力，调动评价对象的潜能，增进他们学习、工作的积极性与创造性等。通过教学评价，激励教师与学生努力工作与学习，使教学取得最佳效果。在教学评价的过程中，首先，要肯定师生的工作和学习成绩，以赞扬、鼓励为原则，从而激发他们对工作、学习的兴趣与热情；其次，要帮助师生发现自己工作和学习的差距，进而主动要求改进工作、学习方式方法，不断提高自己工作、学习能力。再次，通过评价要给评价对象一定的心理压力，这种压力能转变为动力，促使他们认真工作，努力学习，在工作和学习中保持积极向上的心态和愿望。

### （四）改进功能

教学评价的改进功能是指通过教学评价将获得的信息向评价对象做出反馈，使评价对象反省自身状态，用以调整、改进教学策略，克服不足，促进发展。教学评价的目的之一是提供评价对象优缺点的反馈，即获取评价对象的各种信息，发现教学活动的成功之处或存在的问题，通过分析，提出解决问题的对策。在肯定成绩的同时，指出存在的问题及其成因，并设计出针对性的解决方案。教学评价的改进功能主要通过教学信息反馈，及时调整、改进教学状况，有利于教学目标的实现，使教育教学工作朝着良性的方向发展。

## （五）调控功能

教学评价的调控功能是指其对评价对象的教育教学或学习情况进行调节和监控的功能和能力。教学评价可以通过依据预期目标而制定的评价指标体系和评价标准，监控评价对象的变化情况，对于偏离目标的行为及时进行调整，实现对评价对象的调控。教学评价的调控功能主要表现在两个方面：一是管理者对教学工作进行调控，如学校领导根据教学目标加强对教学工作的调控；二是评价者对评价对象的调控，如通过评价，评价者认为评价对象已达到教学目标，于是，便将教学目标适当调高。如评价者认为评价对象难以达到教学目标时，就将教学目标调低，使之符合评价对象的实际情况。

此外，音乐教学评价还有教育、管理、反馈、服务等功能。

## 三、音乐教学评价的意义

音乐教学评价不仅具有导向、鉴定、激励、改进、调控的功能，而且对于促进学生发展、教师提高和课程的建设与发展具有非常重要的意义。

### （一）音乐教学评价工作能促进音乐教育的改革

教学评价通过评价信息的反馈，能及时发现教学工作中存在的问题，通过对问题的分析与研究，提出改革的方案与措施。通过对教学改革信息的反馈可以使评价者洞察音乐教学改革情况的变化，掌握音乐教学改革的发展状况，以便对改革做出合乎逻辑的调整，进一步深化改革，使改革保持良好的状态。

### （二）音乐教学评价工作能促进教师提高

音乐教学评价可以帮助教师更好地理解音乐教学的基本特征，明确音乐教师的职责，明确音乐教学的发展方向，从而调整教学方式方法，改进教学策略，进行富有创造性的音乐教学活动，使音乐教学工作更加具有针对性，不断提高素质教育的能力与水平。

### （三）音乐教学评价工作能促进学生发展

合理的音乐教学评价，能使学生增强自信，激发学习音乐的兴趣与愿望；丰富学生的情感体验，提高其音乐审美能力，培养良好的审美情趣与人文关怀。

### （四）音乐教学评价工作能促进学校音乐教育管理

科学地对音乐教学进行评价，有利于学校领导对音乐教师加强业务能力培训，建立符合具体校情和学情的音乐教学目标，从而达到和完善学校各项管理目标。因此，搞好音乐教学评价工作不仅有利于音乐教育的改革，而且能促进学生与教师的主动发展，使教师的教育工作更加令人满意，学校目标和教师目标的关系得到协调。

# 第二节　小学音乐教学评价的形式与方法

音乐教学评价形式与方法因音乐学科的特点而具有多样性。不仅有封闭式的、静态的笔试考试测验方法，而且有动态的、开放式的实践表演活动评价形式；不仅有他人评价，还有他评、互评与自我评价相结合的形式；不仅有结果评价，更有过程与方法的评价、全程性的学生成长记录袋的评价与实地考察研究的评价方式等。这些评价方式贯穿于音乐教学全过程，并形成生动活泼的良好评价氛围。

本节将从形式与方法的角度，对学生学习的评价和教师教学的评价进行研究。

## 一、学生音乐学习的评价

### （一）学生音乐学习评价的形式

#### 1.考试或测验

考试或测验是音乐教学评价中的常见形式。考试或测验通常采用综合测量的方式，即通过试卷考题对学生进行多方面的测试，包括音乐常识、乐曲欣赏、音乐创作等内容，并进行量化评定。考试的方式可以是开卷，也可以是闭卷。

考试或测验方式的评价具有操作简便，评价范围大，内容广等优点。但由于考试内容是统一的，学生的参与形式是被动的，因而无法对学生进行分层评价，尤其是对于后进生来说缺少鼓励作用，学生的主体地位得不到体现。

考试或测验应与其他评价方式相结合，要根据考试的目的、性质、内容和对象，选择相应的考试方法，要从单纯通过书面考试检查学生对音乐知识、技能掌握的情况，转变为运用多种方法综合评价学生在情感态度与价值观、过程与方法、知识与技能以及创新意识与实践能力等方面的变化与进步，使考试真正有利于学生的发展。

2. 音乐实践活动

音乐教学过程就是音乐艺术的实践过程。因此，音乐教学评价应重视学生的音乐实践活动。学生的音乐实践活动非常丰富，既有课堂教学的活动，也有课外实践活动。对学生音乐实践活动的评价可将课堂与课外有机地结合起来，使音乐教学生活化。如果将学校音乐教育与平时的音乐休闲活动结合起来，让课余音乐生活进课堂，让学生把平时爱唱的"卡拉 OK"、课余学习的乐器及其他与音乐有关的节目在课堂上进行展示，并将这些作为学生评价内容之一，这对提高学生音乐学习兴趣及丰富课余生活具有很大的导向作用，同时为学生终身学习音乐奠定了基础。

音乐实践活动的评价方式不仅符合音乐艺术的特点，而且符合学生的心理特点。音乐艺术是一门实践性很强的学科，学生的音乐能力只有在音乐实践中才能显露。在实践中考查学生一方面，可信度高，可测的内容比较多，如唱歌、乐器演奏、创作等；另一方面，能减轻学生的心理负担，使学生不感到紧张，乐于接受。且实践活动的评价方式不受时间与场合的限制，如期中与期末结合、校内校外结合、课内课外结合，也可以是音乐会、音乐小品、音乐擂台赛、艺术迷宫等形式进行，使学生在不知不觉中接受考查。

3. 音乐成长记录袋

音乐成长记录袋是重要的质性评价方式，它体现了课程、教学与评价的整合。音乐成长记录袋渗透在学生的日常课堂生活中，是记录学生整个音乐学习成长过程的资料夹。建立音乐成长记录袋，旨在帮助学生对自己的音乐学习过程进行反思和评价。既包括音乐学习过程中的感受与体会，也包括学生对音乐的表现与创造；既记载有学生的学习态度、音乐学习习惯、音乐学习兴趣，也有学生音乐学习过程中的"成果"与"闪光点"；既有他人的评价，也有自我反思以及各种学习资料及学生搜集到的音乐资料等。音乐成长记录袋是一种学生自我收集、自我记录、自我反思和评价的方式，它通过音乐日记、随笔、反思、录音和录像等形式记录，是教师与学生、家长与学生、学生与学生交流的纽带。

音乐成长记录袋注重对"过程"的记录，特别注意记录学生在真实情景中对音乐的感受与体验、表现与创造的心理过程，尤其注意记录在音乐教学过程中，老师对学生的表扬与奖励。这种评价通过对记录袋的反思，使学生明确的认识自己的独特性，意识到自己究竟关心什么，自己的优点和弱点是什么；透过记录袋，学生了解自己的进步与变化，体验到成功与自信，能看到自己良性发展的轨迹，从而明确自己的发展需要，帮助自己主导自己的学习进程，变被动为主动；反复观看和评价自己的作品，重温别人对自己的评价以及各种摘录的音乐评论，可以使学生从多角度思考问题，加深自己对音乐艺术的认识和理解，提高其音乐艺术修养。

**（二）学生音乐学习评价的方法**

1.自评、互评与他评相结合

自评是评价主体根据一定教育教学活动的价值、理念、目标，对自己的教育、学习工作进行评价的一种方法。例如，学校对自身的教育教学管理和教育教学质量的评价；教师对自己的教育思想、业务能力、教学方法、文化素养的评价；学生对自己审美情感、学习过程与方法、知识与技能的评价等，都是自我评价在教育教学、学习评价中的具体体现。自评的最大优点是评价者能够对自己的教育教学工作、学习情况进行反省，且评价不受时间和场合的限制，简便易行，省时、省力，花费少，可在较长时间内连续操作，机动灵活。但是，自评缺少外界参照系数，不易进行横向比较，主观性强。

互评是评价主体之间互相进行评价的一种活动。例如，学生与学生之间的评价；教师与教师之间的评价等。

他评是指评价对象以外任何评价者的评价。例如，上级教育行政部门对下属学校教育教学质量的评价；学校管理者对教师教学工作的评价；教师对学生、学生对教师的评价以及社会舆论对学校教学质量的评价等都属于他评。他评也包括互评。他评是评价者独立于评价对象之外的评价方式，一般来说，他评要比自评相对客观、真实一些，容易使评价对象看到成绩和问题所在。但是，他评要求严格，在组织实施的过程中花费的人力、物力、财力较多，因而不宜频繁进行。

学生音乐学习评价应采用自评、互评及他评三种评价方式相结合的方式。主张把被评价者的自评作为整个评价过程的预评阶段，有利于被评价者自己发现问题，改进学习方法，同时，有利于被评价者在自我评价的基础上，接受和理解教师以及其他方面所给予的评价。对学生的自评要根据不同学段和年级，广泛地、灵活地加以运用。学生的自评应以描述性评价为主，通过生动活泼的形式，让学生对自己的音乐学习进行总结、回顾和比较。学生自评应注意调动学生的积极性，注意承认学生音乐学习的个体差异。因此，学生评价的重点应该放在自我发展的纵向比较方面。

学生之间的互评也是值得提倡的音乐学习评价方式。根据不同年级学生的实际能力，采用简便、可行的方式方法，开展阶段性或经常性的学生自评和互评活动。学生的自评和互评，与单纯由音乐教师对学生进行"成绩考核"相比，在评价的价值和效果上，有很大的差别。通过各种形式的自评或互评活动，可以充分发挥学生的积极性，达到相互交流和激励、发展学生各种能力的目的。

为了使音乐教学评价能够更加真实，在评价对象自评的基础上，还应尽量采用多元决策的评价方式，即采取教师、学生、领导、本人相结合的参与决策的评价方式。通过各种形式的评价，人们可以从多种渠道获取改善音乐课程的信息，及时调整和改善教学，提高音乐教学质量。评价活动要注意讲求实效，尽量简化评价过程和方法，评价不宜过多、过滥，防止流于形式。

2.形成性评价与终结性评价相结合

形成性评价是检验学生阶段性学习效果的评价方式，其功能是了解和检验学生一定阶段的学习效果，把握教师阶段性教学的进展情况，有利于及时调整教学计划，改进教学方法。音乐教学的实践过程是音乐教学评价的重要方面，应该予以充分的关注，教学评价应该在教学过程中经常进行。对于学生音乐学习的评价，可采用观察、谈话、提问、讨论、抽唱（奏）等方式进行。在音乐教学过程中，教师经常采用对学生口头表扬的形式，如果没有具体记载，时间一长就容易丢失。建立"资料档案袋"或"成长记录册"不失为一个较好的方法，每次上课，学生将受到的表扬及奖励记录下来，形成阶段性评价，反映学生一定时间不同方面的进步，使每个学生体会到成功与自信，看到自己良性发展的轨迹。音乐教学要对学生的经常性的形成性评价加以记载，尽可能地对所有学生（至少是大部分学生）实施日常的形成性评价。

终结性评价是指对期末课程结业的检测。检测的内容为整个学期内的全部学习内容，在形成性评价的基础上，对学生学期和学年音乐学习所进行的终结性检测评价。每个学期或学年的阶段性终结性评价，学生和家长、社会都比较关注，这对学生总结、回顾音乐学习具有重要作用，应该予以重视。要把平时经常性评价和阶段终结性评价相互结合起来。

3.定性述评与定量测评相结合

定性述评是指用较为准确、形象的文字对被评价者简要地描述的评价方法。定性述评的优点是可以对被评价者进行较为具体的、个性化的描述。例如，对学生的音乐学习定性述评，可以针对学生的兴趣爱好、情感反应、参与态度、交流合作、知识与技能的掌握情况等评价。但是，定性述评的缺点是工作量大，实际操作起来比较困难，在学生班级人数不太多的情况下可以实行。

定量测评是指用分数或等级形式对被评价者进行评价的方法。定量测评具有比较准确、便于实施等优点，但由于该方法主要使用分数或等级的形式进行评价，因而对于许多学习中的因素无法进行评价，如情绪情感、学习态度、学习兴趣等。

采用定性的评语进行描述性的述评和采用测量进行定量的评价这两种评价方式各有其优点和局限性，为了使评价的各项原则能够更好地实现，使评价更加科学、真实、准确、便于实际操作，必须尽可能地将这两种方法互相结合起来，使其利弊互补。

## 二、教师音乐教学的评价

### （一）教师音乐教学评价的形式

音乐课堂教学评价一般采用课堂观察与录像评价两种形式。

1.课堂观察

（1）听课

听课是指听课者深入到课堂教学中，和学生坐在一起认认真真听教师上课，听课者在听课前应明确听课的目的任务，选好角度，突出重点，使听课有针对性，解决主要问题。如果听课比较盲目，或者没有侧重，就抓不住重点，效果就不会太好。一般情况下，评价人员听课时，应将教师和学生的语言、行为、活动转换的时间记录下来，记录的内容必须根据评价的重点有所侧重和选择。应重点记录教师的导入语和过渡语、教师的提问、教师的范唱（奏）、教师独特的见解与创意、学生的表现与参与度、学生完成各项活动所用的时间等。通过对这些内容的记录，可以分析教师的教学设计、教学方法和教学效果。

听课的目的是为评课搜集信息资料，为评价提供有价值的事实依据。听课的目的不同就决定了有不同的听课类型，一般来说，听课类型有以下几种。

第一，指导帮助型听课。指导帮助型听课多数是针对新上岗的青年教师或教学能力较差的教师，评价者通过听课给予他们帮助、指导，使这些教师更好地进行教学工作，从而达到提高教学质量的目的。指导帮助型听课要求评价者有一定理论修养和教学经验，在本学科具有骨干带头作用，这种指导帮助要贯穿于教学的全过程，评价者与授课教师一起备课、研究教材、教法、设计教学思路与教学案例，必要时还要指导试讲。每次听课后应及时交换意见，帮助授课教师改进教学方式方法。这种类型的听课经常不间断地进行，直至该教师在教学中有了明显的进步为止。例如，教育实习的学生，老教师带新教师属于此类型。

第二，优课推广型听课。经过专家认可，具有先进的教学理念与科学的教学方法，同时能使师生共同提高与发展的课就是优秀课。优秀课推广目的是帮助骨干教师总结推广他们的教学经验，为广大教师交流课堂教学经验提供了一个很好的平台，特别是为青年教师提高课堂教学水平提供了一条重要途径。首先，优秀课要适应教育改革的需要；其次，要激发学生的兴趣，有利于师生共同发展。优秀课的推广可在地区进行，也可在省级甚至全国推广。优秀课只是相对的，不同地区、不同对象，应有不同的要求，切不可用同一"优课"模式来规划。

第三，教改研究型听课。教改研究型听课的目的在于进行教改实验，实验的课题可以根据教学的实际情况由学校领导或课题主持人提出。教改研究型听课对象一般应选择有一定教学经验的中、青年教师骨干。要做充分准备，课题组成员首先要共同研讨制定试教方案，设计教学思路，然后教师试教实验，最后共同研究总结。因为是实验研究，试教过程中可能会出现许多问题，听课者要善于发现问题，提出改进意见，然后设计修改下一步方案并再次进行试教实验，经过反复试教最后得出结论，看教改实验是否可行，是否具有推广价值。

第四，了解检查型听课。了解检查性型听课的目的是为了解学校教学情况。了解检查型听课包括教师执行《标准》与教学计划情况、教学理念与教学改革情况、教学态度与教学能力情况等。这种类型的听课方式在运用上有一定的灵活性。开学后一两周听课，主要了解教师有无充分准备，以达到督促目的。期中或期末听课是为了解教学进度执行情况等。

第五，考核评比型听课。考核评比型听课的目的是为了评定业绩、职称或选拔优秀课。听这类课要按有关规定的条件，客观、公正，结论力求准确。

（2）看课

对教师的课堂教学情况进行观察与评价，不仅要会听课，而且要会看课。看教师如何组织课堂教学；看学生能否积极参与课堂学习；看教师是否注重学生的情感体验，如何处理知识技能与情感的关系、如何处理课堂偶发事件等。

看课活动一般包括以下几种情况。

第一，看教师的上课情况。看教师上课准备工作是否充分，教具准备是否完善；看教师安排的教学内容是否适当，是否根据学生身心发展规律组织课堂教学内容；看教师精神是否饱满，教态是否亲切、自然，富有激情；看教师运用教具是否熟练，教学方法与手段的选择是否得当；看教学反馈是否及时，是否能及时调控；看教师范唱、弹奏是否流畅、规范、富有感染力等。总之，看教师主导作用发挥得如何。

第二，看学生学习情况。看学生在音乐学习过程中是否主动参与表现，是否真正对音乐感兴趣；看课堂气氛是否活跃，学生是否真正感受、体验了音乐，获得了审美体验，增强了音乐表现的自信心；看学生思维是否活跃，是否善于想象、创造，创新思维是否得到培养；看学生与教师的情感是否交融等。总之，看学生主体地位是否得到真正体现与发挥。

第三，看教师上课教案。教案是教师上课的重要依据，教案既能反映教师的备课情况，也能反映教师课堂教学的设计思路。看教案是否符合新《标准》要求，是否符合学生实际，教学结构是否科学合理等。看教案的同时可向对方提问。可要求看学生的听课笔记和作业，以求进一步对教师课堂教学情况的了解。

总之，看课应是全方位的，除了上述几种情况外，还要看师生合作是否愉悦、和谐等。

（3）整理课堂观察记录

整理课堂观察记录的主要任务有两个。一是理清课堂教学的过程与思路。对课堂教学进行观察记录，同时也是评价者领会教师的设计思路和教学活动安排的过程，课堂观察结束后，评价人员应重新看一遍课堂记录，有必要对课堂教学的过程和思路进行再次梳理，这样有利于对教师的教学设计与目标、内容等作出统筹考虑和评价。二是补充重要的细节。听课看课时，由于来不及把细节记录下来，只是大概地记一两个提示性关键词，因此课堂观察结束后要及时整理，以免随着时间的延长而丢失许多有价值的内容。

（4）课堂教学评价结论

评价结论指评价者对评价对象的教学工作的总结性言论，它是评价者对评价对象所要进行的一项非常艰巨的劳动，也是集中体现评价价值的劳动。评价者的评价是否能深入评价对象内心，他的评价是否具有社会效益，要看他的评价结论是否科学公正，看他下结论的方法是否能为评价对象所接受。评价结论是评价目的的关键环节，它关系到评价工作的再评价，甚至决定着整个教学评价工作进行得成功与否。

课堂音乐教学评价结论有两种方法。

① 用定性描述的评价方法。它主要从教学理念、教学目标、教学内容、教学方法与手段、学生参与情况和教学效果等方面评价这节课的得失，既要有观点，又要有依据，要体现这节课的"质"。这种评价要突出重点，不必面面俱到，要选择比较有创造性、有典型性的方面做点评，评价者要从评价对象的实际出发，提出有建设性的评价意见。

② 采用指标体系的评价方法。这种评价方法在基层课堂音乐教学评价中经常使用，但这种评价只重视评价结论，对教师教学水平的提高难以有切实的帮助。着眼于教师发展性评价应避免采用这种评价方式。发展性评价是对教师个人教学水平和个人进步进行比较，而不是与他人做比较。所以，在使用指标体系评价的同时，要重视"质"的描述。

2.录像评价

录像评价有别于课堂观察，评价者与被评价者并不是面对面地进行评价，而是评价者通过看被评价者的课堂录像进行"非直接"的评价。录像评价一般包括录像分析、教师访谈过程纪实和录像评价结论三个步骤。

（1）录像分析

① 把录像内容转述为文字。这是录像评价重要的基本工作，虽然烦琐，但有利于评价分析。

② 课堂教学过程分析。根据录像和文字描述，把课堂教学过程划分为有机的环节，对每个环节进行的教学活动进行概括性的描述，并记录各个环节的开始时间和持续时间。

③ 制作课堂记录表。课堂记录表概要地记录课堂教学活动的过程和主要内容，可以让人一目了然地了解课堂教学的基本过程。表格可分为三列。第一列记录课堂教学环节和每一个环节的开始时间、结束时间；第二列是学生活动描述，记录活动的行为类别以及是全班学习还是个别学习、小组学习，还要注明个别学习和小组学习的时间；第三列是教师活动描述。概括地描述教师的教学行为以及教师提出的主要问题和要求。表格中的一行用于记录一项活动，如学生音乐课活动可以分为：准备活动、感受、体验、表现（演唱、演奏）、创造、讨论、课堂交流或问答、学生提问等。教师音乐课活动也可分为几个基本类别，包括示范讲解、板书、范唱（奏）、提问、总结等。

（2）教师访谈过程纪实

在课堂录像纪实之后，要进行教师访谈，并将访谈的过程记录下来。教师访谈之前，应拟订访谈提纲，并把访谈提纲发给任课教师，向其说明访谈的目的。提纲可以起到提示的作用，使访谈紧扣主题；也可让教师对访谈的主题有大致的了解，使教师有心理准备。访谈的目的主要是了解教师的教学理念、教学设计与目标、教学背景以及教师对这节课的自我评价等。

（3）录像评价结论

录像评价结论与课堂观察的评价结论是相同的。在此不再复述。

**（二）教师音乐教学评价的方法**

1. 反馈、调整法

课堂教学评价的功能在于激励教师对教学加以整合，提高教学质量。因此评价者在评价时，注重将课堂教学中所呈现的客观状态，反馈给授课教师，对此加以分析、阐明，用以促进和强化成功的效应，避免失败的效应，这就是反馈、调整法。采用这种方法，要注意避免信息反馈给授课者带来的不安感和消极反应。

## 2.归纳法

从若干个教学事例中分析、归纳、总结出体现一堂课教学特色的评价结论。这种方法非常便捷，关键在于听课时需要收集相关相同的教学实例，然后对其作出分析、归纳、总结。采用这种由具体事例分析推出结论的方法，有利于帮助教师形成个人教学风格。

## 3.演绎法

先提出理论依据，然后从课堂教学中撷取实例加以印证。这种方法高屋建瓴，对教师教学观念的快速更新、教学方法的创新具有实效。但是，在采用这种方法的同时，要注意理论贴近课堂教学实例，不牵强、不生硬，否则评价将缺乏价值。只有评价者注意将理论和实际水乳交融，听评价的人才能心领神会，在须臾之间有顿悟之感。

## 4.量的评价与质的分析相结合的方法

在评价课堂教学时，通常会设计一张提供客观数据的表格，这是课堂教学中量的记述。评价结论则从教学目标、教学观念及要求等方面，根据量的记述，通过观察所获得的质的分析做出解释。

人们采用这种量的评价和质的分析相结合的评价方法，就能比较客观、公正、有效地对课堂教学做出评价结论。

此外，对音乐教师的教学评价还可以采取自我评价、同行评价、专家评价、领导评价等方法进行，即把自评、互评、他评结合起来进行综合评价。

# 第三节　小学音乐教学评价的内容与要求

音乐教学评价包括学生、教师和课程管理三个方面，本节主要研究怎样对学生、教师进行教学评价。

## 一、学生音乐学习评价

### （一）音乐学习评价的目的

音乐学习评价的主要目的是考核学生的学习情况，促进学生的学习。通过评价，教师既可以考察学生的学习现状，对学生的学习提出更加合适的要求，也可以对自己的教学进行反思和调整。音乐学习评价应以表扬和鼓励为主，要有利于激发学生的音乐学习兴趣，有利于学生了解自己的进步，发现和发展自己的音乐潜能，建立自信，促进音乐感知、表现和创造能力的发展。

## （二）音乐学习评价的内容及相关要求

### 1.情感态度与价值观评价

（1）作为学生音乐学习评价的重要方面，情感态度与价值观目标的具体表现

①丰富情感体验，培养对生活的积极乐观态度。音乐学习可以丰富学生的情感体验，使其情感世界受到潜移默化的感染和熏陶，建立对人类、对自然、对一切美好事物的关爱之情，进而养成对生活的积极乐观态度和对美好未来的向往与追求。

②培养音乐兴趣，树立终身学习的愿望。通过各种有效的途径和方式引导学生走进音乐，在亲身参与音乐活动的过程中喜爱音乐，掌握音乐的基本知识和基本技能，逐步养成欣赏音乐的良好习惯，为终身喜爱音乐奠定基础。

③提高音乐审美能力，陶冶高尚情操。通过训练学生对音乐作品情绪、格调、人文内涵的感受和理解，培养学生的音乐欣赏能力，养成健康向上的审美情趣，使其在真善美的艺术世界里受到高尚情操的陶冶。

④培养爱国主义情感，增强集体主义精神。通过音乐作品中表现的对祖国山河、人民、历史、文化和社会发展的赞美和歌颂，培养学生的爱国主义情感；在音乐实践活动中，培养学生良好的行为习惯和宽容理解、互相尊重、共同合作的意识，增强集体主义精神。

⑤尊重艺术，理解世界文化的多样性。尊重艺术家的创造劳动，尊重艺术作品，养成良好的欣赏音乐艺术的习惯。通过系统地学习母语音乐文化和不同民族、不同国家、不同时代的作品，感知音乐中的民族风格和情感，了解不同民族的音乐传统，热爱中华民族音乐文化，学习世界其他民族的音乐，理解音乐文化的多样性。

（2）情感态度与价值观的评价要点

①情感体验，生活态度，音乐兴趣，人生规划能力，终身学习愿望；

②音乐鉴赏能力，音乐批评能力，审美情趣与审美观；

③社会责任感，民族精神，爱国主义情怀；

④国际视野，多元文化观。

（3）情感态度与价值观评价的要求

情感态度与价值观的评价是音乐新课程学生评价的重要内容。音乐课属于美育的范畴，是实施美育的主要途径，其特质是情感审美，其教育方式是以情感人、以美育人。传统的音乐学习评价只偏重于音乐知识与技能的掌握，以解决音乐作品中若干个知识点为中心，缺乏对学生的音乐兴趣、需要和经验的关注，颠倒了知识技能与学习者的关系。实际上，对学生情感态度的关注，远比知识与技能重要，这是关系到人的情感内涵、人生态度、人格健全的重要问题。因此，评价学生的音乐学习效果，首先要体现在熏陶、感染、净化、震惊、顿悟等情感层面上。在测评学生对中外不同题材、体裁、形式音乐作品的体验时，首先要关注学生对作品情感内涵的感受、理解和表现力。在评述学生的综合音乐学习成就时，首先要关注学生的音乐趣味、音乐态度、音乐习惯等方面，这是音乐学习评价的核心目标。

2.音乐学习过程与方法评价

（1）《标准》中学生音乐学习过程与方法评价的具体要求

①体验。完整而充分地聆听音乐作品，在音乐体验与感受中，享受音乐审美过程的愉悦；体验与理解音乐的感性特征与精神内涵。

②模仿。通过亲身参与演唱、演奏、编创等艺术实践活动，并适当地运用观察、比较和练习等方法进行模仿，积累感性经验，为音乐表现和创造能力的进一步发展奠定基础。

③探究。培养学生对音乐的好奇心和探究愿望，重视自主学习的探究过程，使学生能够积极参与，以即兴式自由发挥为主要特点的探究与创作活动。

④合作。在音乐艺术的集体表演形式和实践过程中，能够与他人充分交流、密切合作，不断增强集体意识和协调能力。

⑤综合。通过以音乐为主线的艺术实践，渗透和运用其他艺术表现形式和相关学科的知识，更好地理解音乐的意义及其在人类艺术活动中的特殊表现形式和独特的价值。

（2）学生音乐学习过程与方法的评价要点

①体验性学习。直接经验，独立见解，感悟能力。

②模仿性学习。观察仿效，感性经验，模仿能力。

③比较性学习。比较鉴别，分析评价，判断能力。

④探究性学习。即兴创造，思维方式，研究能力。

⑤合作性学习。团队精神，分享意识，协作能力。

⑥综合性学习。姊妹艺术，相关学科，整合能力。

（3）音乐学习过程与方法评价的要求

对学生的音乐学习评价应注意考察学习过程与方法的有效性。音乐学科具有不同于其他学科的特征，对于音乐审美教育来说，许多目标就蕴含在学习过程中。学会音乐，不如会学音乐。因此，学会学习并努力使自己优秀，善于运用各种学习策略提高自己的音乐学习水平和效果就变得十分重要。教师要善于引导学生对自己的学习过程和学习结果进行反思，不断地调整和改进自己的音乐学习。在音乐学习中，注意沟通与交流，学会理解他人的想法与思路，善于运用各种交往手段达到与他人共处的目的。通过音乐学习过程与方法的评价，还要引导学生主动地参与到探究音乐的活动之中，进行积极的思考与推理，对已有的音乐信息进行合理组织和归类，并参与研讨和论证，提出解决问题的有效策略和方法。要善于在音乐学习中进行有效的合作，能与他人一起确立音乐学习目标和实现音乐学习目标，能把自己当作学习集体中的一员，碰撞交流，集思广益，学会贡献，学会分享。

3. 音乐知识与技能评价

（1）《标准》中音乐知识与技能的评价内容

①音乐基础知识。学习并掌握音乐基本要素（如力度、速度、音色、节奏、节拍、旋律、调式、和声等）、常见结构、体裁形式、风格流派和演唱、演奏、识谱、编创等基础知识。

②音乐基本技能。学习演唱、演奏、创作的初步技能，能够自信、自然、有表情地演唱歌曲和演奏课堂乐器，了解音乐创作的基本方法。在音乐听觉感知基础上识读乐谱，在音乐实践活动中运用乐谱。

③音乐历史与相关文化知识。了解中外音乐发展的简要历史和有代表性的音乐家，初步识别不同时代、不同民族的音乐。认识音乐与姊妹艺术的联系，感知不同艺术门类的主要表现手段和艺术形式特征。了解音乐与艺术之外其他学科的联系，扩展音乐文化视野。根据自己的生活经验和已

学过的知识，认识音乐的社会功能，理解音乐与社会生活的关系。

（2）音乐知识与技能的评价要点

①音乐基本知识。音乐表现手段，音乐体裁与形式，音乐风格与流派，中外优秀音乐创作，中外优秀民族音乐。

②音乐基本技能。歌唱、演奏、创作、舞蹈、戏剧的基本技能。

③音乐与相关文化。音乐简要历史，音乐与社会生活，音乐与姊妹艺术。

④音乐与相关学科。音乐美学，音乐社会功能。

（3）音乐知识与技能评价的要求

对于音乐学习来说，音乐知识与技能的内容是必要的，既是人的整体文化素质中的需要，也为学生进一步学习音乐提供了发展的平台。因此，对音乐知识与技能的评价同样是学生音乐学习评价的一个组成部分。音乐知识与技能的评价内容应以学习领域和模块的内容标准为依据。

对于音乐知识与技能的评价，要注意体现学生音乐学习的差异性。就音乐学科来说，每个学生都具有音乐先天素质的不同和音乐潜能的不同，因而对不同的学生应体现评价的差异性特点和个体性特点。评价要关注和理解学生个体音乐发展的需要，注重学生在音乐学习上的自我纵向比较，尊重学生认识自我和完善自我的努力，充分调动学生的积极性，从多方面引导学生从不同的角度正确评价自己和他人，学会自我反思和促进自我发展。

## 二、教师音乐教学评价

教师评价的内容很广泛。在实际工作中，对教师的音乐教学评价主要从课堂音乐教学、课外音乐活动、音乐科研成果三方面考查。这里主要从课堂音乐教学方面研究音乐教师教学评价。

### （一）课堂音乐教学评价的目的

课堂教学评价具有考查和激励的作用。课堂教学评价能对教师产生一定的压力与动力，促使教师不断加强自己的业务学习，提高课堂教学的能力与水平。

课堂教学评价按目的划分有两种：一是以奖惩为目的的评价；二是以发展为目的的评价。奖惩性的评价把课堂教学评价的结果与对教师的奖惩结合起来，根据评价结果对教师做出增加薪水、嘉奖、晋升或减少薪水、降级、解聘等决定。目前，我国一些地区和学校的教学评价主要是以奖惩为目的的评价，如各种优课评比、教学基本功比赛和学校中的考评等。以奖惩为目的的课堂教学评价，通过外部奖励可以调动教师教学工作的积极性与创造性，而不称职的教师由于害怕惩罚，也不得不改进自己的教学。这种评价在某种意义上可以促进教师教育教学改革，最大限度地实现学校的教学目标。但是，这种评价的动力是自上而下的，常常只能引起少数人的共鸣和响应，因而这种评价难以引起全体教师的重视，也难以调动全体教师的工作积极性。

以发展性为目的的评价注重音乐教师教学水平的提高和发展，评价结果不与奖惩挂钩，评价是为教师提供课堂教学的反馈信息，帮助教师发现各自的优点和缺点，促进教师彼此互相交流，改进教学方法，为教育决策、制定教学目标、提高教学质量服务。以发展性为目的的评价由于没有外部的奖惩制度，因而教师发展的动力来自内部奖励，即工作进步所带来的满足感和成就感。教师作为专业工作者，本身具有"好为人师"的职业本能，如果能满足其必要的工作条件，他们就会发挥极大的工作热情和创造力。课堂教学评价应促进教师改进教学工作，促使教师把注意力集中到追求教学质量本身，而不是追求功利的外部奖励。

**（二）课堂音乐教学评价的内容及相关要求**

1.教学准备的评价

（1）教学准备及其作用

教学准备，是指教师在课堂教学前所做的所有准备工作。教学准备评价就是对这些准备工作的实现价值进行实事求是的评价判断。教学准备评价的范畴包括教案书写、教学设计、课件制作、技能准备，学生预习作业布置、教具与学具准备等。评价者应注意，所有这些都是依据《标准》对各年级学段的学习要求和学生现实生活的实际状况，为音乐教学活动进行的准备。

教学准备是上好课的前提，只有教学准备充分，教师在课堂上才能游刃有余，把握教学的重点和关键，才能使学生有最大效益的发展。否则，教学便会流于形式，不能很好地达成目标。

（2）教学准备评价的要求

第一，教师教学准备必须围绕提高课堂教学质量进行，教学准备工作的评价也必须依据教学质量标准，求实而不求虚。

第二，通常的课堂教学准备评价是综合的。评价者应着重从教师对课程的钻研和教案的准备、教学设计、磁带、录像资料、课件制作与教学活动的结合程度等方面进行评价。

第三，对教案的评价，应注重教学实际。引导教师不照抄、照搬参考资料，注重教案的创造性，注重对学生情况的分析，设计符合自己教学实际、真正有利于提高教学质量的教案。教案评价要注意教学目标是否恰当；教学过程是否有学生积极参与；教师提问是否属于引导学生理解、感受与表现音乐；教学设计是否有艺术性、是否有提问和解疑环节等。

第四，磁带、录像资料的收集以及教学课件的制作须依据课程教学内容，使之具有科学性与实效性。要正面评价教师把握课程与教材的基本能力。

2. 教学目标的评价

（1）教学目标评价及构成

教学目标是指教学活动预期达到的结果，或是预期的学习活动要达到的标准。教学目标的评价是对课堂音乐教学中师生预期达到的学习结果和标准进行客观分析和判断。教学目标是由一系列具有层级关系的目标组成的目标群，包括远程目标，即国家规定的教育目的，它属于最高层次；中程目标，即各级各类学校的培养目标，它是远程目标的下位目标；短程目标，即课程目标、单元目标和课时目标，它是对教育目的和培养的具体化。课堂音乐教学目标评价以音乐课程价值的实现为依据，具体包括对情感态度与价值观、过程与方法、知识与技能三个维度的评价。

（2）教学目标评价的要求

第一，行为主体必须是教师和学生。教学是教师和学生共同探索、学习的过程。教学是否有效益除了看教师的教学设计和主导作用之外，更重要的依据是学生有没有获得具体的进步，而不是教师有没有完成教学任务。"拓宽学生的音乐知识面""通过教学活动，培养学生的音乐感受能力与音乐创造能力"等，这些写法都是不规范的，因为目标行为的主体是教师，没有包括学生。

第二，行为动词必须是可测量、可评价、具体而明确的，而不是笼统、抽象、模棱两可的，否则就无法评价。例如，通过编配打击乐、即兴创编活动，培养创造性思维。

第三，行为方式必须是灵活、多样、可操作的，而不是单调、乏味、缺少情感与活力的。教师只有真正熟悉、理解、研究学生，才能制定出深受学生喜爱、符合学生年龄与心理特征、贴近学生实际生活与实际水平的行为方式。

第四，行为表现程度（指学生学习之后预期达到的最低表现水平）必须是面向全体的最低线，而不是个别尖子生能达到的最高标准。行为程度要适当，用以衡量多数学生学习表现或学习结果所达到的程度，既符合大多数学生的实际水平，又能让那些接受快的学生有继续发展的空间。例如，"能熟悉或记住音乐主题""感受音乐作品浓郁的地方风格""体验创编活动的快乐"等众所能及的标准与层面。

3. 教学内容的评价

（1）教学内容评价及程序

教学内容是指音乐课堂教学所涉及的有关音乐学习的知识、文化、情感、技能等，它是教师在音乐课堂的授课行为中所利用的一切相关材料和手段。教学内容的评价则是评价者对评价对象驾驭教材、内容分量、把握重点、注重学生实际、重视能力与情感等方面的考查。教学内容评价的目的是使教学内容最优化。

优化设计教学内容的过程是教师科学地、艺术地处理教材的过程。在教学过程中，教师应根据教学目标和学生实际，对教材进行某种增减、调整和选择，使教学内容更趋于合理，让教材的教育、教学功能得以充分实现。

教学内容的评价应着重考核教师对教材的驾驭能力与处理能力。只有教师很好地驾驭教材，才能对教学内容进行优化处理，教学才能被学生接受，才能实现教学的最优化。因此，教师要把自己的教学思想和教材的科学性、艺术性融为一体，根据教学需要合理地、灵活地使用教材，形成自己的教学特色，这是一个教学艺术再创造的过程。

（2）教学内容的评价要求

第一，在处理教材时要突出教学重点。所谓教学重点，是指教材中最基本、最主要的内容，在知识结构中起纽带作用的知识，它包括基本概念、基本理论、基本技能等。教师在处理教材时应敢于对教材进行大胆的取舍，以保证突出教学重点。

第二，在处理教材时要突破教学难点。所谓教学难点，是指那些教学内容比较抽象、复杂，学生学习较困难的知识与技能。难点不一定是重点，难点要根据学生的实际水平确定，同样的问题在不同班级里不同学生中，就不一定都是难点。

教学难点与教学重点既有区别又有联系。教学重点具有基础性、规律性、全局性，因而占教材总量的比例较大。教学难点多数处于教学重点之中，少数处于教学重点之外，它们占教材总量比例较少。教师在教学中不应把重点与难点混淆起来。

第三，在分析教材时要把握情感要素。传统教学内容的组织评价过度地强调知识技能，忽视对情感要素的评价。而音乐是表达人情感的艺术，音乐教育的本质是情感的教育，情感要素在音乐教学中不仅"比知识技能更重要"，而且是音乐课堂教学的核心与灵魂。因此，音乐教学内容必须富有情感性。

第四，在处理教材中要抓住新知识的生长点。新知识的生长点是指任何新知识的产生，都是对旧知识的引申与发展，新知识可转化成旧知识认识。如果教师在教学中抓住了新知识的生长点，在教学设计中适当引入旧知识做铺垫和准备，有助于学生对新知识的学习和掌握。

第五，在组合教材时要有协同教学的观念。这一观念具体体现在三个方面：其一，在教学领域上体现感受与欣赏、演唱、演奏、音乐与相关文化的协同教学；其二，在教学形式和教学方法上体现音乐与姊妹艺术的协同教学；其三，在教学思维和挖掘作品的内涵方面体现音乐与非艺术学科的协同教学。

4.教学过程的评价

（1）教学过程评价及流程

教学过程是指课堂教学经过的程序。因此，教学过程的评价主要是从课堂教学的结构、课堂教学的节奏、课堂教学的整体布局及效果考虑。在对教学过程进行评价时，评价者应该对局部与整体进行有逻辑思维的分析，评价必须建立在有价值的事实基础之上。先要做好听课与记录工作，如果听课记录不全，评价者可向评价对象咨询，做到记录和咨询相结合。这样既能明晰客观事实，又能使评价在轻松和谐的氛围中进行。评价中应提出教学过程中的"闪光点"与不足，以引起授课者和听课人的注意。评价者要对"闪光点"加以肯定，对不足之处进行客观分析，提出建设性修改意见。

（2）教学过程评价的要求

第一，在教学过程中，注重学生的参与度与教学过程产生的效能。教学过程是教师教和学生学的过程，音乐学科又是一门实践性很强的学科，因而在教学过程中，不能只是教师一味地灌输，而必须要关注学生的参与度以及对学生日后学习音乐的影响。

第二，在教学过程中，巧妙地将审美性、知识性与趣味性相合。音乐学科是以审美为核心的学科，在教学过程中，教师要注意培养学生感受美、体验美、表现美、创造美的能力。在教授"双基"时，要富有美感和趣味性。

第三，在教学过程中，有创意地进行教学内容的优化整合以及与教学形式、教学方法的合理搭配。

第四，在教学过程中，教学层次清楚，各教学环节之间衔接自然且具有整体感。教学结构合理，教学节奏张弛有序，教学高潮安排得当且富有教学特色。

5.教学手段的评价

（1）教学手段的评价及作用

教学手段是指教师在教学过程中为完成教学目标与任务而采取的教学形式、教学方法和教学设备的总称。它包括教师"教"的方面，也包括学生在教师引导下"学"的方面，是"教"与"学"的辩证统一体。教学手段的评价是对授课者在课堂教学中运用的教学手段和策略进行价值判断。

教学手段是为实现教学目的服务的，教学手段选择得是否恰当，直接关系到课堂教学效率的高低。然而，教学是一种复杂多变的系统工程，一种好的教学手段或方法是相对而言的，它总是因课程、学生、教师的特点和条件而相应变化的。适合的就是好手段、好方法，不适合，再好的手段和方法也不会取得好的效果。

（2）教学手段评价的要求

第一，教学手段的选择要符合教育教学改革的方向。目前，教育改革强调课程改革，音乐课程的目标注重培养学生爱好音乐的情趣，注重发展学生的音乐审美能力与人文素养。因此，评价音乐教师的教学手段应看其是否有利于学生学习积极性与学习兴趣的培养；是否能丰富学生的情感体验，提高音乐审美能力；是否有利于学生个性特长的充分发挥等。

第二，教学手段的选择应切合实际，科学合理。评价音乐教师的教学手段应符合教材、学生、教师与教学条件的实际情况。首先，应从教材的实际出发，教材不同，教法也应不同，所谓教无定法，贵在得法；其次，要从学生的实际出发，学生千差万别，不同地区、学校、班级以及个体都有差异，需要教师针对不同的教学对象而采取不同的教学手段；再次，要从教师实际出发，每个教师都有自己不同的教学经历、知识结构、教学能力和性格特点，运用到教学中就会形成自己的教学特色与教学个性。因此，教师在选择教学手段时，应考虑是否能够发挥自己的专业特长，施展自己的教学才能；最后，教学手段的选择要从学校教学条件的实际出发，因地制宜。如果教师选择的教学手段与学校实际情况不符，手段再好也不能发挥其作用。

# 第四节　小学音乐教学的反思与自我评价

在音乐课中，教学反思是指音乐教师自觉地把自己的音乐课堂教学实践作为认识对象，进行全面而深入的冷静思考和总结，是对自己的教学行为、教学观念和教学效果的再认识，再思考。教学反思的真谛就在于教师要敢于怀疑自己，敢于和善于突破、超越自我，不断地向高层次迈进。教学反思并不是必须一定在课后进行，它可以贯穿于整个教学的准备、实施阶段。

## 一、教学反思的角度

根据音乐课堂教学的环节，对课堂教学有效性的反思，可以考虑针对各教学环节是否有效，分环节进行反思。

重点讨论针对教学目标、内容、过程及结果四方面的反思。

### （一）教学目标

这里反思的是教学目标的有效性，包括目标制定的科学、合理和有效，以及对教学目标达成的指向有效。

1.“三维目标”整体把握问题

根据课程标准，从“知识与技能”“过程与方法”“情感态度与价值观”三维目标要求来总体把握；制定教学目标能体现音乐学科的特色，体现对学生音乐素质、审美素养培养的学科功能，符合学科教育的逻辑。

2.根据学生和内容的针对性问题

教学目标能根据具体音乐学科教学内容和全体学生的实际情况,体现针对性、适合性和层次性;能突出伴随学习过程并与学习内容相应的音乐学习能力培养、音乐思维方法和情感教育等方面的要求。

3.根据具体课型要求的明确性问题

针对本学科不同的课型(新授课、复习课等),制定较具体而有所侧重的教学目标;能克服教学目标过于大、空、虚等现象,能注意落实三维目标,体现有机整合。

对于音乐学科来说,就是结合学科特点,将这些指标要求具体化。例如,内容的针对性,是对不同音乐作品的掌握?了解?还是迁移?程度的定位,在这一课型(唱歌课、欣赏课、器乐课等)的范畴中,教学目标是否得当?教学目标的达成度如何?

（二）教学内容

包括反思教学内容的分析、处理和补充等方面的有效性等。

音乐学科教材是最主要的学生音乐学习资源,必须充分利用好教材是基本的要求。根据内容主题和学生的实际,有针对地补充一些资料也是需要的。但是,补充的资料要体现具有一定的亲和力、说服力和感染力,注意提高材料的教育价值。这里所说的教育价值,首先要考察与落实音乐学科"育人"要求的一致性。

1.与主题的一致性

音乐新课程的学习内容以主题编排,而主题具有一定的人文和社会意义,因而要求选取的教学内容能支持主题。这是效度问题。

2.对学生的可接受性

学生的知识基础和认知基础是同年龄相关的,从群体来说,教学内容要符合不同阶段、不同层次学生的学习基础。这是难度问题。

3.容量的合适性

教学内容需要在一节课或者一个单元的教学活动中完成,因而其数量多少需要有相应的匹配性,过多过少都不足取。这是适度问题。

（三）教学过程

教学过程设计是否科学合理,可以说是影响教学有效性的关键。人们可以从以下几个方面考察反思。

在教学过程中，主要是通过一定的训练（包括预先设计和实施中生成的），促进学生的学习方式的完善。在音乐课堂教学中，尤其需要提倡的是"情景化学习""合作学习"和"可选择的学习"这些新方式，以培养学生的能力素养。同时，还需要在体验这些新的学习方法中，自然地落实教学目标。

在对教学过程设计与实施进行反思性分析时，重点可以考察几对关系的把握。

第一，师生关系。重心在教还是在学？教学民主和师生互动等情况。

第二，启发方式。是直接提问还是用情境问题启发？注意培养学生质疑意识与音乐学习思维能力等；

第三，技术使用。运用现代教学手段和技术的有效或无效？高效或低效等。

第四，步骤环节。是否层层深入地体现重难点的突破？明显或含糊等。

第五，教学主线。是否有育人主线，教学思路清晰明确？有无育人的教学线索等。

第六，教学策略。是否得当？能否引起学生音乐学习兴趣？多元或单一等。

**（四）教学结果**

对于教学结果有效性的反思，应该全面对照教学目标进行。但其前提是建立在对教学目标反思并有效的基础上。

对整个课堂教学的有效性，大体可以从"效率""效益""效能"等方面来进行分析。所谓"效率"，主要是指单位时间的利益率，音乐课堂中用于教学的真正时间要多，要注意"挤掉"和音乐教学无关的"泡沫"；所谓"效益"，主要是针对三维教学目标的达成度，一堂高效益的音乐课，一定是达标度高的课，当然，其前提是教学目标的设计要科学合理；所谓"效能"，主要是指对学生音乐及相关素质发展所起的长期作用，对学生终身音乐学习奠定的基础作用等。

音乐学科的教学设计同样需要从上述指标来考察。

## 二、自我反思与评价的类型

自我反思是音乐教师立足于自己的音乐教学实践经验，通过深刻的内省调控自己的音乐教学行为，整合自己的知识和信念的活动。它是"思考"的一种形式，但又不同于思考。首先，自我反思强调对问题的深度思考。其次，它是循环推进、逐步深入的。

按照自我反思的水平和层次，将其分为以下三种类型

## （一）事件记录型

事件记录型反思是指音乐教师把自己经历过的或正在进行的教学活动/事件记录下来，已供分享、保存或后续研究之用。所记录的事件往往蕴含着值得探询的音乐教育问题或有价值的教学思想。准确地描述问题的情境是教学研究的开始，是人们做出最佳的判断和决策、选择音乐教学策略、方案的前提。

## （二）他人比较型

他人比较型反思是把自身音乐教学经验与他人经验对比，从不同的视角，发现并澄清自己的音乐教学问题或优势。每个音乐教师都有自己独特的文化背景、生活经历、音乐学习经历、音乐教学方式和思维方式，这些因素决定了每个人理解问题的角度和处理问题的方式不可能相同。

比较反思的对象可以是自己的同事，也可以是音乐学科知名的专家或专家型教师。

## （三）自我批判型

如果说事件记录是为了积累自身的直接经验，他人比较是为了分析自己的片段音乐教学经验，那么，自我批判则是立足于音乐教学经验之上的或者说超越经验的理性加工。面对一个音乐课堂教学事件或情境，批判反思不仅关注它的现象和过程，更关注它的根源和背景，关注它与别的事件或情境的联系，关注经验背后的诸如规律、信念等理性的东西。例如，观摩同一节音乐课，一般音乐教师最可能关注的是这节课"教了什么""是怎么教的"，而专家教师更多考虑的则是"为什么这样教"。前者关注的是技术，而后者在关注技术的同时，还考虑到支撑技术的教学理念。

在具体评价实施中，教师应注重评价的过程也是激励学生喜爱音乐学习、帮助其建立正确的审美鉴赏、甄别观念的过程，所以因材施教合理运用评价方式，比评价结果更为重要。评价的方式要灵活多样，重视学生的自评，应有利于增强学生学习音乐的信心、提高学习音乐的兴趣和音乐情感的表现。在实际运用中可以将定性评价和定量评价结合起来综合运用。

要根据各学段不同的目标及学生不同的音乐水平，恰当选用评价形式和评价方法，在众多的考核的项目中，让学生自选有兴趣、有特长的项目进行考核，可以让学生根据个人的能力，扬长避短，满足表现欲，发展特长。能对自己或他人的教学进行有效、深入的反思，将会使教学能力的提高进入良性循环状态。

# 参考文献

[1] 中华人民共和国教育部.义务教育音乐课程标准 [M].北京：北京师范大学出版社，2011.

[2] 基础教育教学研究课题组.小学音乐教学指导 [M].北京：高等教育出版社，2015.

[3] 尹爱青.学校音乐教育导论与教材教法 [M].北京：人民音乐出版社，2007.

[4] 王安国，吴斌.音乐课程标准解读 [M].北京：北京师范大学出版社，2002.

[5] 钟启泉，崔允郭，张华.基础教育课程改革纲要（试行）解读 [M].上海：华东师范大学出版社，2001.

[6] 刘均逸，邰方.小学音乐教学方法与策略 [M].上海：华东师范大学出版社，2011.

[7] 沈玉顺.现代教育评价 [M].上海：华东师范大学出版社，2002.

[8] 马永霞.教育评价 [M].北京：当代世界出版社，2001.

[9] 戴定澄.音乐教育展望 [M].上海：华东师范大学出版社，2001.

[10] 吴跃跃.新版音乐教学论（修订版）[M].长沙：湖南文艺出版社，2013.

[11] 曹理.音乐学科教育学 [M].北京：首都师范大学出版社，2000.

[12] 曹理，何工.音乐学习与教学心理 [M].上海：上海音乐出版社，2000.

[13] 吴跃跃.学生音乐学习心理研究 [M].长沙：湖南大学出版社，2008.

[14] 谢嘉幸，郁文武.音乐教育与教学法（修订版）[M].北京：高等教育出版社，2006.

[15] 金亚文.小学音乐新课程教学法 [M].北京：高等教育出版社，2003.

[16] 郑莉.现代音乐教学理论与方法研究 [M].北京：中国文联出版社，2004.

[17] 陈玉丹.音乐教学论 [M].北京：高等教育出版社，2003.

[18] 刘沛.音乐教育的实践与理论研究 [M].上海：上海音乐出版社，2004.

[19] 徐慧琴 . 新课程小学音乐教学课例与评析 [M]. 上海：上海音乐出版社，
2014.

[20] 费承铿 . 小学音乐教学 [M]. 南京：河海大学出版社，2004.

[21] 吴跃跃 . 音乐教育协同理论与素质培养 [M]. 长沙：湖南教育出版社，
1999.

[22] 郑莉，杨俐嘉，李磊 . 中小学音乐有效教学 [M]. 北京：北京师范大学出
版社，2015.

[23] 吴跃跃 . 实用音乐教学论 [M]. 北京：文化艺术出版社，2002.